扬州大学·大运河文库

运河王朝

从东周到明清

姜师立 著

扬州大学出版基金项目

扬州大学中国大运河研究院科研项目

扬州大学苏中发展研究院开放课题

中国地图出版社

图书在版编目（CIP）数据

运河王朝 ：从东周到明清 / 姜师立著. — 北京 ：
中国地图出版社，2021.6
ISBN 978-7-5204-2303-8

Ⅰ. ①运… Ⅱ. ①姜… Ⅲ. ①大运河－历史 Ⅳ.
①K928.42

中国版本图书馆CIP数据核字(2021)第105957号

策划编辑 王 跃
责任编辑 王 跃
出版审订 余易举
地图绘制 王 跃 刘 东

运河王朝：从东周到明清
Empire's Grand Canal: From the Eastern Zhou to the Ming and Qing

出版发行 中国地图出版社
社 址 北京市白纸坊西街3号
邮政编码 100054
网 址 www.sinomaps.com
印刷装订 北京时尚印佳彩色印刷有限公司
成品规格 185×260mm
经 销 新华书店
印 张 19
版 次 2021年6月第1版
印 次 2021年6月北京第1次印刷
定 价 98.00元

书 号 ISBN 978-7-5204-2303-8
审 图 号 GS（2021）2692号

前　言

大运河与历代王朝

大运河纵贯中国东中部地区，是世界上开凿时间较早、沿用时间最久、规模最大的一条人工运河。它由隋唐大运河、京杭大运河、浙东运河三条运河组成，最早的河段开凿于2500年前。它沿途经过北京、天津、河北、山东、安徽、河南、江苏、浙江8个省级行政区，沟通了海河、黄河、淮河、长江、钱塘江五大水系，全长3200千米，堪称一部大地史诗。

对于大运河的价值，《中国大运河申遗文本》是这样描述的："大运河是世界上唯一一个为确保粮食运输（漕运）安全，以达到稳定政权、维持王朝统一的目的，由国家投资开凿和管理的巨大工程体系。它是解决中国南北社会和自然资源不平衡的重要措施，以世所罕见的时间与空间尺度，展现了农业文明时期人工运河发展的悠久历史，代表了工业革命前水利水运工程的杰出成就。它实现了在广大国土范围内南北资源和物产的大跨度调配，沟通了国家的政治中心与经济重心，促进了不同地域间的经济、文化交流，在国家统一、政权稳定、经济繁荣、文化交流和科技发展等方面发挥了不可替代的作用。大运河由于其广阔的时空跨度、巨大的成就、深远的影响而成为文明的摇篮，对中国乃至世界历史都产生了巨大和深远的影响。"

从东周到明清，长达两千多年的时间里，大运河很好地发挥了上述作用，深刻地影响了中华文明的运行和发展。可以说，一部运河史就是一部中国的王朝史。

一、政治一统的权杖

中国的大一统观念由来已久。夏商周三代实行的是以天子为首的宗法贵族世袭分封制，随着秦汉王朝的形成，建立了以皇帝为首的地主官僚中央集权制，并确立了儒学的正统地位，自此中国逐步成为多民族、大一统的国家，大一统的观念也逐渐深入人心。秦汉之后，中国虽然也曾短暂地陷入分裂的局面，但是绝大多数时间都维持了大一统的局面，可见大一统观念的强大力量。

秦代以来中国历代王朝均以实行大一统的郡县制为主，中国古代的交通动脉的建立也多出于控制国土、巩固统治的需求。由国家投资建设、统一规划实施的大运河就是在这样的需求下产生的，并服务于这样的功能。隋代大运河全线贯通后，巩固了关洛地区的统治中心地位，为隋唐宋时期王朝政权的维护和经济、文化的繁荣提供了有力支撑；元代对大运河进行截弯取直，通过大运河可以直接沟通北京和江南（后明清继续沿用），加强了北京地区的政治地位和军事地位，为北京成为统治中心奠定了基础。

某种程度上，秦汉之后的大一统王朝，正是通过大运河这一根强有力的权杖，巩固了皇朝统治，维护了国家统一的局面。因此，可以说，大运河是中华大一统王朝的重要载体，也是大一统观念的直接印证。

二、王朝漕运的通道

中国古代王朝的政治中心和军事中心大多坐落在北方，而中国的经济重心自魏晋南北朝后逐渐由北方地区转向南方地区，以至于在之后一千多年中，直至清王朝，中国都处于政治军事中心与经济重心分离的局面。为了紧密联系经济重心和政治军事中心，保证南方的赋税和物资能够源源不断地运往北方，满足政治军事中心的需求，历代王朝开辟并维持了大运河这样一条纵贯南北的运输干线，并利用其调运专门物资（主要是粮食）到首都（或其他由王朝指定的重要政治军事目的地）。这种专门运输体系被称作漕运。

漕运是古代中国这一巨大的农业王朝顺利运行的基本保障之一，也是最重要的赋税方式和治理国家的统治手段。自隋代至清代的大一统王朝，漕运都是重大的国家事务。漕运这一独特的制度和体系，跨越多个朝代，稳定地延续了一千多年，对古代中国的发展产生了巨大的影响。

大运河是漕运的主要通道，沿大运河持续运行的漕运系统，促进了运河沿岸经济的发展和繁荣，并带来了商业文明，形成了一批重要的转口贸易城市和重要节点城镇。因此，从隋唐开始，大运河沿岸都是中国古代最繁华的地区之一。

三、文化融合的纽带

隋唐大运河贯通后，江南地区与北方和中原地区紧密联系在了一起，形成了北方和中原地区的文化沿运河南迁的局面。北方的生产技术、生活方式、文化成就、经济物资等，通过运河融入南方地区的社会发展之中，直接促进了之后南方经济重心的兴起。隋唐以后，北方和中原地区屡次遭受战争与灾荒，人口大量南迁，古代中国的经济重心逐渐转移至江南地区。雄厚的经济基础也使江南成为全国人文荟萃之地，大量江南士子或游学或求仕，多由运河北上，把江南社会的文化、风俗、生活方式带往中原和北方，融入当地的社会和生活。大运河促进了中国历史上传统的两大区域——南方与北方之间的相互交流，推动了南北方各个民族之间的融合，推动了中华民族多元一体文化的产生，最终奠定了国家的文化基础。

另外，作为沟通陆海丝绸之路的内陆航运通道，大运河对中外文化交流也产生了深远的影响。中国的丝织工艺、陶瓷制造术、建筑术、造纸印刷术、指南针以及各种文化书籍通过大运河向海外传播，东南亚的优质木材、宝石、象牙、香料由运河传遍全中国，西方的近代科技也通过大运河在中国广泛传播。僧侣、官员、商人、传教士、旅行家、使团等频繁地由运河来往中国内地，并经由海上、陆上交通，促进了中国与世界政治、经济、文化的广泛联系。

四、沿岸人民的母亲河

大运河联通了由于自然环境差别而分割的若干地理区域，将其转化成一个大的具有共性的人文环境。在便利交通运输、繁荣两岸商业的同时，也孕育了运河两岸特有的民情风俗，深刻影响着沿线人民的生活方式。人们沿着大运河逐水而居，沿运河而兴起的城镇打下了鲜明的运河烙印。在南方，运河水系与城市水系巧妙连接，形成了独特的“枕水人家”居住模式，扬州、苏州、杭州、绍兴等历史城镇的运河街区均生动展现了大运河对生活方式的塑造。

大运河流经的地区是中国东中部最为核心的地区，沿线人口达到3亿。大运河用她的乳汁哺育着依河而居的人们，并在他们的生活中留下了鲜明而又深刻的印记，成为跨越南北各文化区一代代人的共同记忆。“不是生母，便若乳娘”，大运河通过对沿岸风俗传统、生活方式的塑造，与运河沿岸广大地区的人们产生了深刻的情感关联，成为他们共同认可的 “母亲河”。2020 年 11 月 13 日，习近平总书记在视察扬州运河三湾时指出，千百年来，运河滋养两岸城市和人民，是运河两岸人民的致富河、幸福河。

在大运河申遗和大运河文化带建设的热潮中，研究大运河的专业图书已有很多，但是，真正适合大众阅读的通俗读物却很少。不少人看到的还只是大运河这个浩大的实体，而对其背后的历史和文化价值却了解有限。笔者从小在运河边长大，对大运河满怀深情；后有幸参与大运河的申遗工作，进而深刻体会到大运河文化的博大精深，领悟到大运河对中华文明的重要作用。因此，笔者结合长期研究和切身体会，精心撰写本书，目的是让运河文化走进大众，让大众真正理解和读懂大运河。

本书根据中国的历史脉络展开叙述，包括大运河的时空演变、诸侯争霸的水利大战、秦汉王朝的粮道、曹魏运河与晋室南渡、隋炀帝的眼界与魄力、大唐王朝的生命线、清明上河图的繁华、忽必烈的征服野心、南京到北京的距离、满汉一统的权杖，以及大运河申遗和运河文化复兴，共 11 个章节的内容。它从运河始建的春秋战国直到大清王朝，融合了历史、水利、地理、军事、农业、交通、文化等综合知识，集中讲述了大运河如何深刻影响中国古代王朝的运行和变迁，在历史的时空中发现和认识大运河的作用和价值。在每一个朝代，主要围绕与大运河相关的重大事件来展开讲述，包括都城的选择、军队的部署、粮食税赋的分布及运输、运河的水利建设、运河带来的南北融合等方面，深刻地揭示了大运河是历代王朝的命脉。

另外，本书还结合大量的地图、遗址图片等，方便读者更加直观生动地阅读，建立起大运河形成、发展和运行以及中华文明绵延发展的完整画面。

大运河承载了极其厚重的历史，文化内涵更是博大精深，由于笔者研究所限、时间仓促，书中不当之处在所难免，欢迎读者朋友批评指正，不胜感激。

目 录

序章　大运河的时空演变

大运河的形成与发展和中国特殊的地理环境密切相关，与中华文明的发展历史也紧密相连。中国西高东低的地理结构，使中国的自然河流都是自西向东流，这就把中国分割成了一块又一块不同的地理区域。如果在欧洲，就很容易因自然河流的分割，形成一个又一个独立的国家。而我们的祖先们从 2500 年前就致力于开凿连接各区域的人工河道，经过数百年的努力，终于在隋代和元代完成了大运河的两次大沟通，分别形成了以洛阳和北京为中心，沟通中国南方北方的大运河。正是大运河的开凿，将南北连成一个整体，使中国在大多数的时间里成为一个统一的国家。依托大运河的联结与沟通，中央集权制封建国家运行了两千多年，成为世界上延续时间最长的古代政治文明。

第一节
大运河的地理环境

中国地形总体上为西高东低，呈三级阶梯，自西而东，逐级下降。山系以东西走向和东北西南走向为主。这种山系分布情况决定了中国河流也以东西走向为主，天然形成的江河水系大体都是从西往东汇入大海。在中国东部，自北向南分布着海河、黄河、淮河、长江、钱塘江以及甬江，这些水系把大地分割成一块又一块相对独立的区域。而这些天然水系大体都是从西往东汇入大海，利用它们不能达到沟通南北的目的。因此，大运河大致以南北为走向是地理环境的客观要求，它自北向南依次连接了六大水系，沟通了六大流域。

同时，自北向南，地形、气候和水资源条件千差万别、极不均衡，这样的自然条件对于建设联系南北的超长人工水道工程极其不利。但是，在隋代、元代，我们勤劳而智慧的先祖却奇迹般地完成了大运河历史上的两次大沟通，即隋唐大运河和京杭大运河。它们与浙东运河一起组成了今天的中国大运河（简称大运河）。

大运河沿线的气候分布

大运河几乎横贯了中国中东部的主要地区，南北向大运河南至浙江杭州、北至北京，纬度 30° 12′ ~ 40° 00′；东西向大运河西至河南洛阳、东至浙江宁波，经度 112° 25′ ~ 121° 45′。大运河沿线自北向南横跨两大自然气候带——温带季风气候、亚热带季风气候，气候条件千差万别，水资源分布在地域和空间上存在极大差异。北方的华北平原多年平均降雨为 500 ~ 700 毫米；淮河以南至钱塘江流域，则为 1000 ~ 1500 毫米不等。并且，中国东部地区全年降雨量的 60% ~ 80% 集中在 6 月—9 月的 4 个月里，其中主汛期一个月的降雨量占全年的 50% 以上。降雨量体现出地域分布不均，年内、年际分布不均的特点。这样的气候水利条件决定了水源问题、防洪防汛问题是大运河面临的严峻挑战。

大运河沟通六大流域示意图

大运河沿线气候示意图

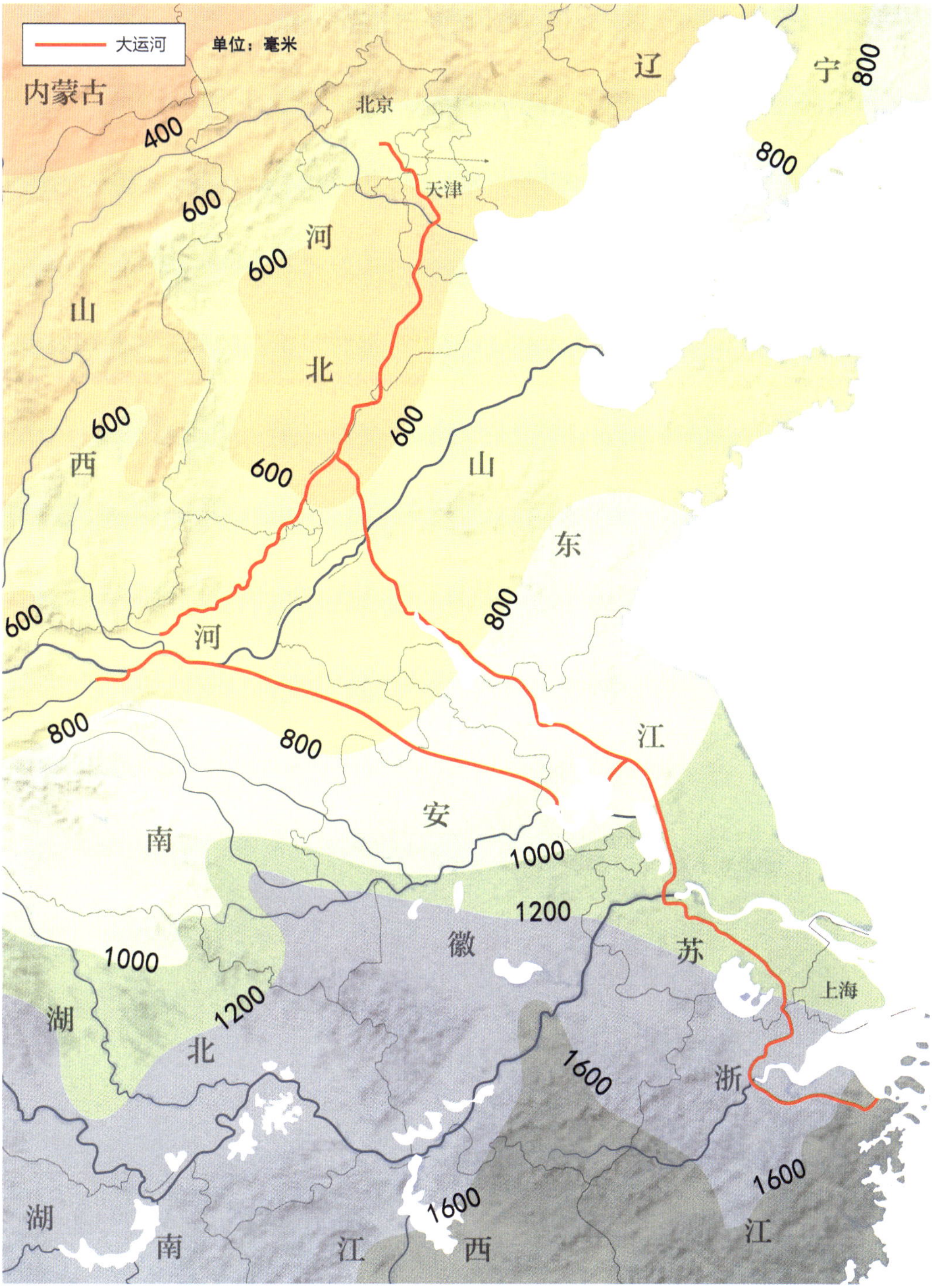

大运河沿线降水量示意图

大运河沿线的主要地形

自北向南，大运河沿线经过的主要地理分区包括华北平原、山东丘陵、长江三角洲和宁绍平原。

其中，华北平原位于中国华北地区，它西起太行山和伏牛山，东到黄海、渤海和山东丘陵，北依燕山，南至大别山区一线与长江流域分界，面积达30万平方千米。华北平原地势低平，海拔多在50米以下，是典型的冲积平原，由黄河、海河、淮河、滦河等所带的大量泥沙沉积而成。流经此处的南运河弯道较多，水流平缓。

但是，华北平原是旱涝、盐碱、风沙等自然灾害频发的地区，又以黄河的影响最大。由于黄河含有大量的泥沙，在中国历史上多次决口和改道，给大运河的维护和运行造成了很大的困难。为此，从隋代开始，中国历代政府不得不投入大量人力物力疏浚河道，修建和维护大量的水工设施和综合枢纽，以保持大运河的持续通航。在位于黄河、淮河交汇处的中河和淮扬运河，为了解决运河穿黄河、减少黄河淮河水患、避免泥沙淤积等问题，中国建设了代表17世纪世界处理泥沙问题先进水平的清口枢纽。

清口枢纽水利工程分布图

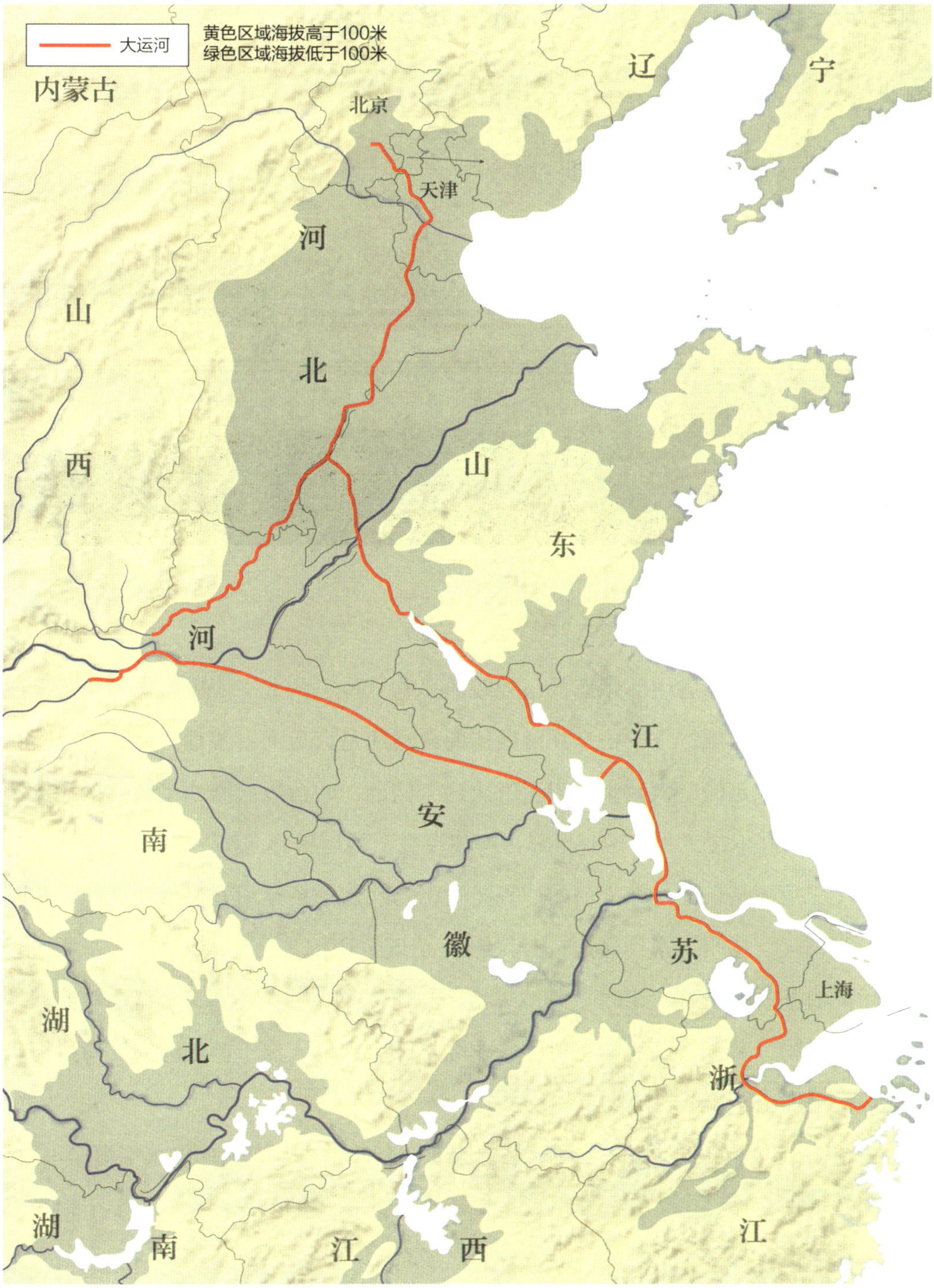
大运河
黄色区域海拔高于100米
绿色区域海拔低于100米
内蒙古
北京
辽
宁
天津
河
北
山
西
山
东
河
南
江
安
徽
苏
上海
浙
湖
北
湖
南
江
西
江

大运河沿线地形示意图

高邮湖夕照

山东丘陵是山东省中部东部低山丘陵的总称，位于华北平原以东，是华北平原周边地势较高的区域。位于山东丘陵西侧的会通河是大运河沿线地势最高的段落，面临水源供给不足的巨大困难。为了解决这个问题，明清政府修建了规模巨大的水源工程——南旺枢纽工程，这是世界运河建设史上的里程碑之作。

长江三角洲是长江入海之前的冲积平原，它北起通扬运河，南抵钱塘江、杭州湾，西至镇江、扬州，东到海边，面积约 5 万平方千米，是一片坦荡的大平原。长江三角洲的海拔多在 10 米以下，有“水乡泽国”之称，河湖密布，气候温暖湿润，土地肥沃，物产富饶，是我国主要的农业经济区。因此，位于该地区的江南运河水源充沛，呈现出网状形态的水道体系。

宁绍平原位于宁波、绍兴之间，是中国浙江东北部一片东西向的狭窄海岸平原。它北起钱塘江南岸，东至东海海滨，气候温和湿润，多旱涝及台风。位于宁绍平原的浙东运河是大运河的出海口。

总之，中国东部多样的地理气候特点给大运河的建造和维护带来了艰巨的任务，同时也造就了大运河沿线各具特色的河道特征。

第二节
大运河的开凿历史

大运河的开凿肇始于公元前 5 世纪的春秋时期。隋代完成第一次大沟通，形成了以洛阳为中心，沟通中国南方北方的大运河，后唐宋继续沿用。元代政治中心迁往北京，因而将大运河改线为直接沟通北京与南方地区，完成了第二次大沟通，后明清继续沿用。历经两千多年，大运河的开凿、发展与演变，主要可以分为三个阶段。

早期的运河（前 5—6 世纪）

春秋战国时期，各诸侯国出于战争和运输的需要竞相开凿区间运河，但都各自为政，规模不大，时兴时废，没有形成统一体系。这一时期最著名的是邗沟的开挖。公元前 486 年，为北上争霸，吴国在今扬州附近开挖邗沟，沟通长江与淮河两大水系，成为中国文献记载的第一条有确切开凿年代的运河。[①] 早期的邗沟，利用了白马湖、宝应湖、高邮湖、邵伯湖等一系列天然湖泊水域，通过人工挖掘，将这些天然湖泊连缀成一条畅通的水路，长度约 200 千米，后来成为隋代大运河山阳渎段和京杭大运河淮扬运河段的河道基础。

战国中期，魏国为争雄称霸，于公元前 361 年前后开凿鸿沟，北接黄河，南边沟通了淮河及其支流。鸿沟大体走向是自今河南省荥阳市北引黄河水南流入圃田泽（今郑州市东），经魏国都城大梁（今开封市西北），在大梁之东转而流向东南，到陈国都城宛丘（今周口市淮阳区），又折向南，最终入淮河的支流颍水，在黄淮平原上形成了以鸿沟为干线的水道交通网络，成为后来隋代通济渠的河道基础之一。

西汉时期，为了向京城长安运送漕粮，政府将运河向西延伸到达关中地区。东汉定都洛水北岸的洛阳，开凿阳渠以沟通洛水与黄河，洛阳成为全国最大的漕粮集

① 《左传・哀公九年》：“秋，吴城邗，沟通江淮。”

古邗沟扬州城区段

散地。这一时期，鸿沟水系的许多支流均已因黄河泛滥而淤塞，只有其主水道汴渠尚未断流。东汉政府十分重视汴渠的修治，并对邗沟进行了整治。当时的水路交通是由京城洛阳入汴渠，至彭城（今徐州）入泗水，由泗水入淮水，再转经邗沟可达于江南。

东汉末期，为征战北方，曹操利用黄河故道，开挖了白沟等运河，使运河向黄河以北延伸，抵达今河北省东部地区。此后的东晋和南朝时期，南方统治阶层着力开凿修治浙东运河，自杭州东渡钱塘江至萧山的西兴镇，再由西兴镇东通至宁波，沟通了姚江、甬江、钱塘江、曹娥江等自然河流。

经过春秋战国以来一千多年的陆续营建，到隋代统一中国之前，以中原地区为中心，贯通东西南北的大运河体系已初步形成，为隋代大运河的第一次贯通奠定了基础。

第一次大沟通阶段（7—12 世纪）

到了隋代，中国的经济重心已经逐渐向长江流域等南方地区转移，而政治中心

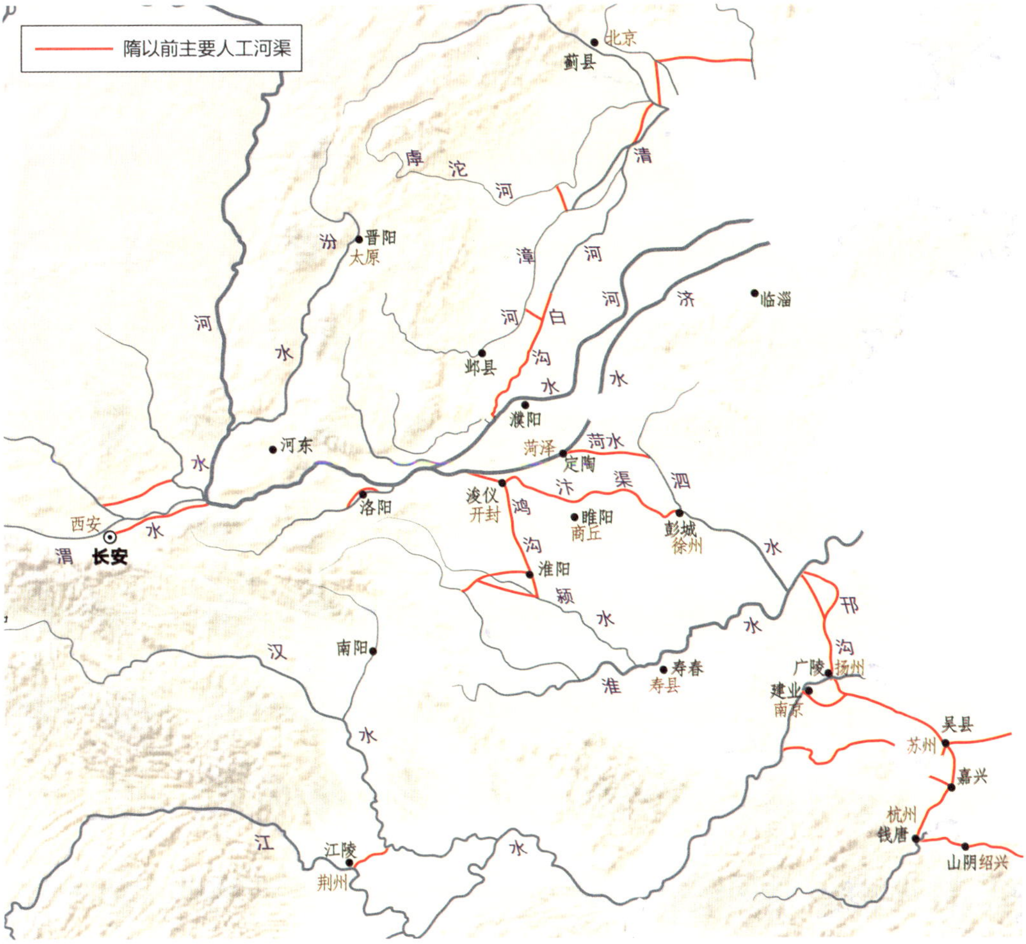

早期的区间运河分布示意图

仍处于北方的关中地区和中原地区。公元 605 年，为了加强政治中心与南方经济发达地区的联系，保证南方的赋税和物资能够源源不断地运往北方，隋炀帝在前代汴渠的基础上下令开凿通济渠，以沟通黄河与淮河。同时，重新疏浚邗沟，疏凿长江以南的江南运河，并对前代开凿的浙东运河加以整治，使大运河越过钱塘江，到达宁绍平原。此后，为了开展对北方的军事行动，隋炀帝又于公元 608 年，在黄河以北东汉末年开凿的河道基础上，开凿永济渠，直抵涿郡（今北京南郊）。[①] 从而完成了以洛阳为中心，东北方向到达涿郡，东南方向延伸至江南的一条“Y”字形运河，

① 《隋书》卷三《帝纪第三 · 炀帝上》：“春正月乙巳，诏发河北诸郡男女百余万开永济渠，引沁水南达于河，北通涿郡。”

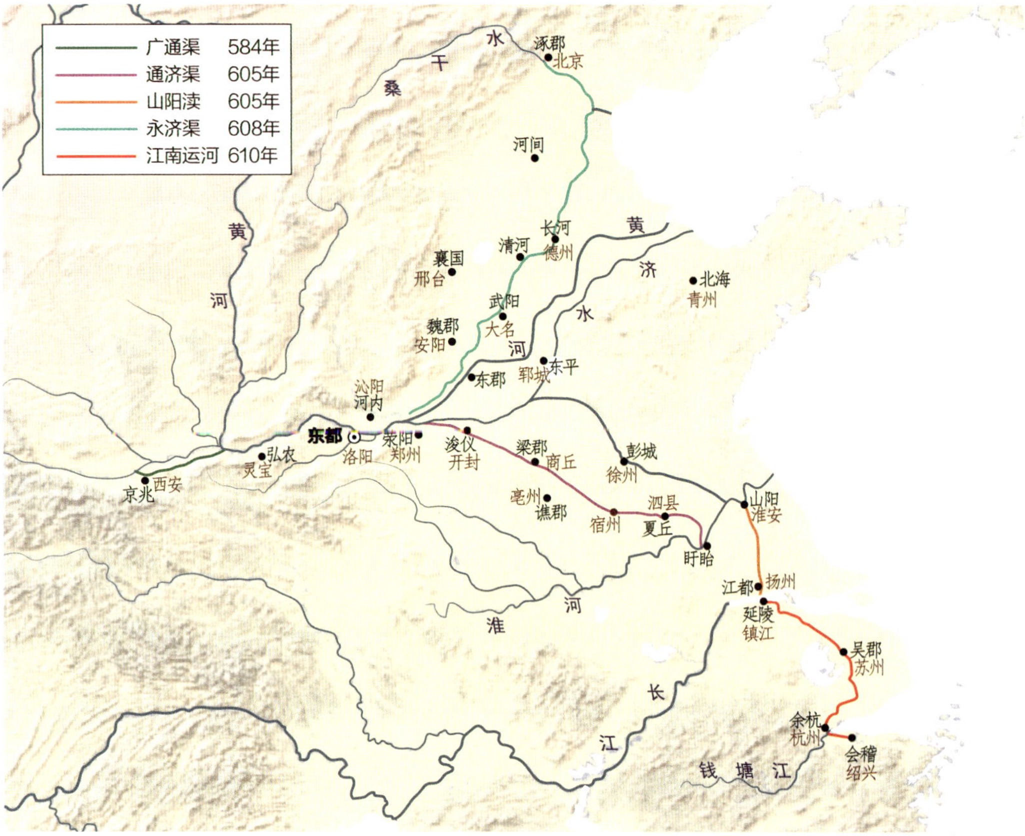

隋唐大运河示意图

即隋唐大运河。它是中国历史上第一条沟通中原地区政治中心、南方地区重要农业产区、华北地区军事重镇的内陆水运交通动脉。

隋代之后，对于以农业立国的中国古代王朝，大运河已经成为维持南北统一格局的必要的经济和政治措施。唐宋时期，运河各段的名称多有变化，但大运河的主要河段、格局和走向都基本没有变化，中央政府对运河的主要任务在于维护航道、大规模疏浚与改建部分航段，同时建立粮食仓储、转运等运河配套设施，并逐步完善统一进行运河维护和运输管理的漕运行政体系，以保障大运河系统的正常运转。

经过第一次大沟通，大运河已经成为沟通经济重心与政治中心兼顾军事需要的大动脉，大大方便了漕粮物资的大跨度调配，弥补了中国南北自然及经济资源的不平衡，不仅为维持中国大一统的局面做出了重要贡献，还促进了运河沿线地区经济和社会的发展繁荣。

第二次大沟通阶段（13—20 世纪初）

北宋晚期，宋、金对峙，战乱不断，运河航道维护逐渐松弛，航道不断淤积，航运逐渐中断。其间黄河数次泛滥，淮河以北的大运河河道大多被黄河堵塞，以洛阳为中心的大运河体系逐渐宣告结束。伴随着宋政府南渡，南方正式成为中国的经济重心。南宋政府充分发挥江南运河和浙东运河的作用，来维持王朝的运转。

元朝统一中国，定都大都（今北京），从南方经济重心供给北方政治中心的需求再一次被提上议事日程。公元 1289 年，元朝政府组织开凿了会通河，北通卫河，南接泗水、黄河，从根本上改变了淮河以北大运河的格局与走向。由此开始，大运河不再流经洛阳，河南和安徽北部的河段被废弃，大运河形成了基本南北直行的走向，缩短航程 500 多千米。公元 1293 年，沟通大都城内与城东通州的通惠河建成，来自南方的漕粮物资可直接抵达城内的积水潭，从而实现了大运河的第二次大沟通。自元代形成的直通南北的大运河的运输线路设置，结合陆上与海上丝绸之路，使欧亚大陆史无前例地紧密联系起来，在世界范围内产生了深远的影响。[①]

自明成祖朱棣再次定都北京，直至清朝灭亡的五百年间，北京一直是中国的政治中心。为了保障漕运的持续畅通，明清政府维系了大运河的这一基本格局，投入了巨大的人力和物力，对大运河不断进行整治修葺，陆续新建、改建多处河道和水工设施（特别是南旺枢纽和清口枢纽等工程），并不断完善漕运管理制度和机构，使大运河一直发挥着漕粮北运、维系国家稳定繁荣等重要功能。

其中，为了减少清口以北借黄河行船所带来的危险，清政府于 1686—1688 年在宿迁与淮安间于黄河故道平行的东侧组织开凿了中河。中河的建成标志着大运河彻底脱离了借自然河道行运的状况，实现了完全的人工控制。

到了清代后期，特别是太平天国起义时期，南方地区遭受严重战乱，民户无力交纳漕粮。1855 年 6 月，黄河在河南兰考铜瓦厢决口，于阳谷张秋镇穿过运河夺大清河入海，不仅影响航道，还造成了运道补水不足，通航困难。清政府虽采取了许多措施，但仍未能从根本上解决问题。到了清末，由于内忧外患，清政权岌岌可危，无力顾及运河之事，因此逐渐放弃了修复运河的计划，宣布各省漕粮全部改折银两

---

① 国家文物局：《中国大运河申遗文本》，2013 年 1 月。

在大地上流淌的中国大运河

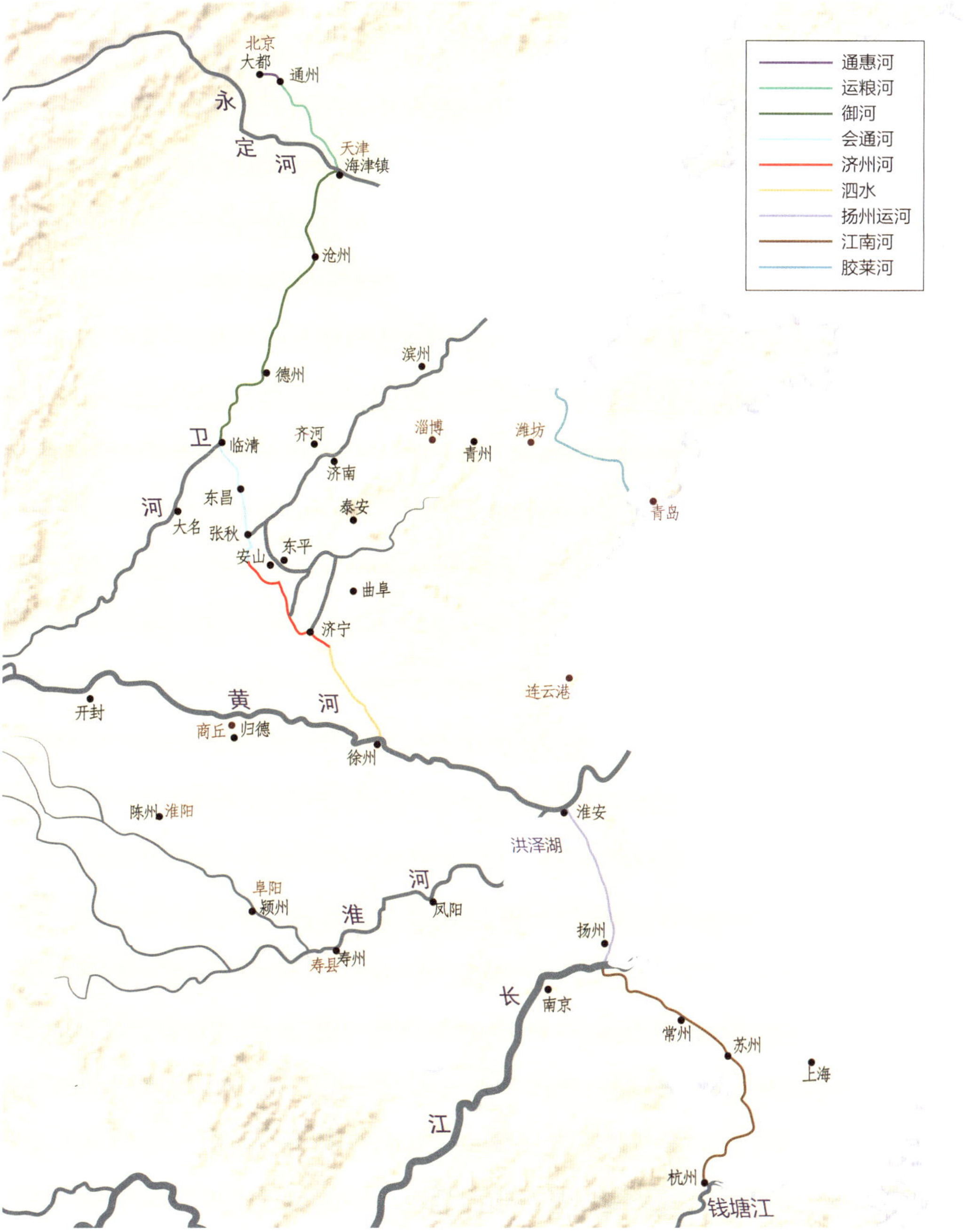

元朝大运河示意图

交纳，运河及漕运管理机构也陆续裁撤。至此，运河承载了两千多年的漕运使命已经完成，沟通南北的大运河逐渐中断，变为多条局部通航的地区性运河，除浙东运河、江南运河、淮扬运河、中河和会通河等河段外，其他河段渐渐淤废。

第三节
大运河的空间分布

大运河是一个复杂变化的时空体系，由10段始建于不同年代、处于不同地区、各自相对独立发展演变的河道组成，包括通济渠段、卫河（永济渠）段、淮扬运河段、江南运河段、浙东运河段、通惠河段、北运河段、南运河段、会通河段、中河段。这些河段大多经历了复杂的发展过程，所处地理环境、人文条件不同，其构成、主要特点在不同历史阶段存在着较大的差异。但是，7世纪和13世纪的两次大沟通，将这些河段改造、连接起来，组成了贯通中国南北的大运河，并持续运行了数个世纪，对中国和世界产生了巨大而深远的影响。

通济渠段

通济渠又称汴河，修建于隋朝，是隋唐大运河的重要组成部分，并且是较早开凿的一段。通济渠东段可上溯至战国时的鸿沟水系，西段始于东汉的阳渠。隋大业元年（605年），在区域性运河的基础上，统一勘察设计，修建了通济渠，并于一年之内完成全线建设施工，反映了中国古代高超的水利工程技术。整个汴渠分为三段：西段起自洛阳西苑，引谷水、洛水，向东注入黄河；中段自洛口（今河南省巩义市）到板渚（古津渡名，在今河南省荥阳市汜水镇东北黄河侧），是利用黄河的自然河流；东段起自板渚，引黄河水向东注入淮水，沟通黄河与淮河水系。史籍记载：通济渠宽约60～80米，可容纳规模很大的船只通航。宋时，为了阻挡金兵南下，黄河人为决堤，导致黄河向南改道，使汴河断航，并逐渐被黄河泛滥所带来的泥沙所湮埋。明代以后，安徽以上汴河基本不存，安徽境内尚存部分河道，现为景观、灌溉用途。曾经由于水运而繁华的城市和乡镇，由于水运中断，逐渐衰落。特别是北宋首都汴梁（今开封），由于黄河水患不断，曾数次被黄河洪水淹没，消失在黄河的泥沙之下，现位于地表之下10米。通济渠沿线有洛阳、郑州、开封、商丘、淮北、宿州等城市。

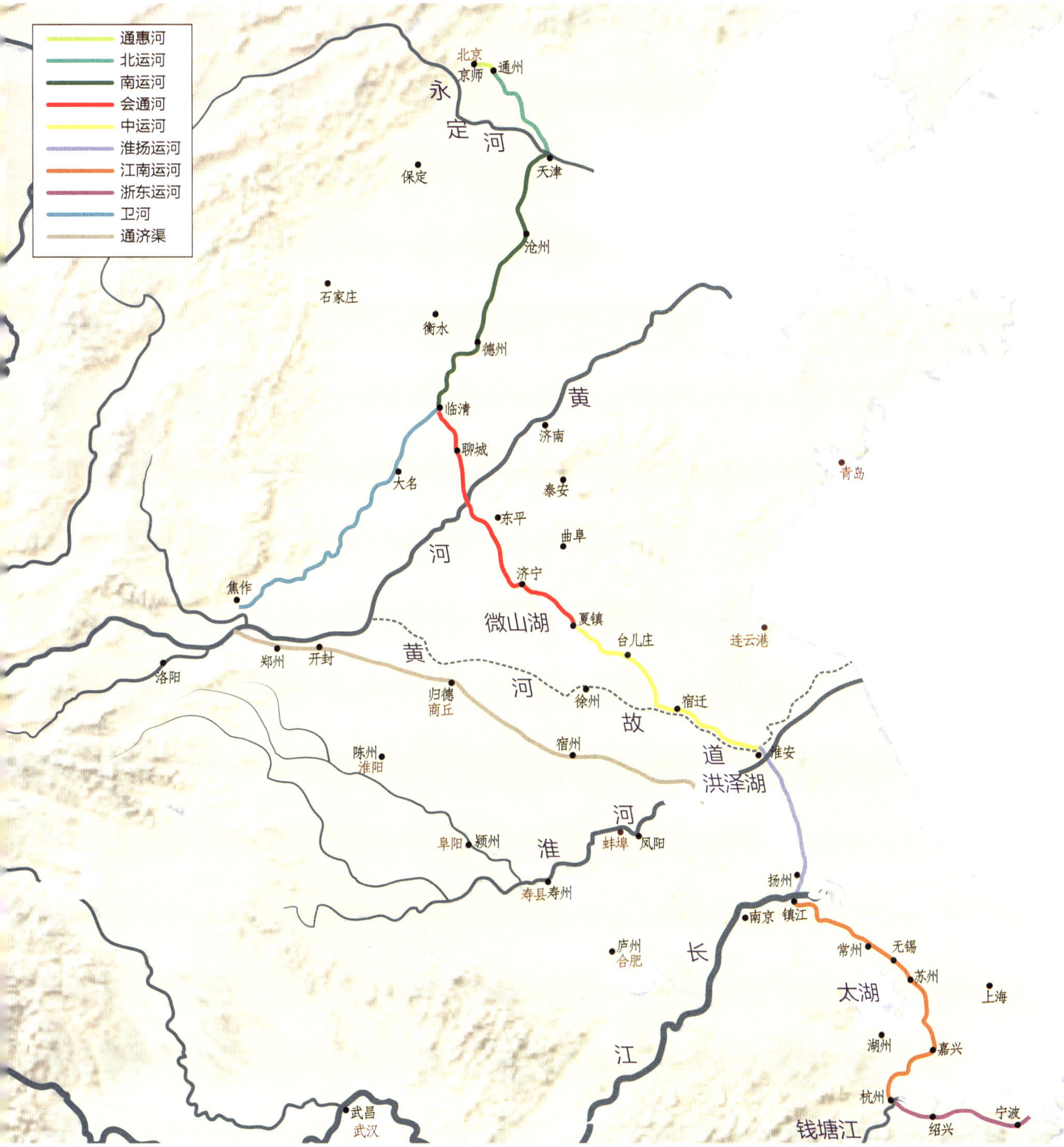

通惠河
北运河
南运河
会通河
中运河
淮扬运河
江南运河
浙东运河
卫河
通济渠
北京
京师
通州
永
定
河
天津
保定
沧州
石家庄
衡水
德州
黄
临清
济南
聊城
大名
泰安
青岛
东平
曲阜
河
济宁
焦作
微山湖
夏镇
台儿庄
连云港
郑州
开封
黄
洛阳
归德
商丘
河
徐州
宿迁
故
道
淮安
洪泽湖
宿州
陈州
淮阳
河
阜阳
颍州
淮
蚌埠
凤阳
寿县
寿州
扬州
南京
镇江
常州
无锡
庐州
合肥
长
苏州
太湖
上海
江
湖州
嘉兴
杭州
宁波
绍兴
武昌
武汉
钱塘江

大运河十大河道示意图

卫河（永济渠）段

卫河是由古代清水、屯氏河、白沟、永济渠演变而来的，并且与黄河的变迁关系密切。[①] 曹魏时期，卫河（时称白沟）是华北平原上的区间运河；隋唐时期，作为永济渠，成为大运河的一部分，贯通华北平原；宋元时期改称为御河，明代改称为卫河，直到20世纪70年代之前，一直作为区域性水运要道。卫河（永济渠）从曹魏时期的区间运河，到演变为隋唐时期贯通华北平原南北的永济渠，历经约400年；从隋唐时期的永济渠到宋元时期的御河，历经约500年；从明代改称卫河，作为明清大运河的南运河运用至今，又经历了约700年；其连续运用时间长达1600年。卫河沿线有焦作、新乡、鹤壁、安阳、邯郸等城市。

淮扬运河段

淮扬运河（近代又称“里运河”）是连接长江和淮河两大自然水系的人工河道，

淮扬运河航运图

①《畿辅安澜志》记载：“卫河，古清、淇二水所导也，汉为白沟，亦曰宿胥渎，隋为永济渠，宋元曰御河，明曰卫河。”

它北起淮安清口枢纽，南至扬州入长江。淮扬运河的前身是公元前5世纪开凿的邗沟，由古邗沟发展演变而成，是大运河全线最早开凿的一段。淮扬运河南有长江，北有淮河，其间河湖相连，水源条件较好。淮扬运河在明末至近代以来曾起过分泄淮河洪水入海、入江的作用，现在是一条综合利用的河道，既可航运、分泄淮河洪水，又是南水北调东线的输水干线，其东堤则是保障里下河地区安全的屏障。目前航道达二级标准，可通2000吨级船舶。淮扬运河沿线城市为淮安和扬州。从邗沟的历次变迁可以看出两千多年来大运河变化的历史。

江南运河段

江南运河北起江苏镇江，绕太湖东岸经常州、无锡、苏州、嘉兴、湖州，南至浙江杭州，贯穿长江、太湖和钱塘江三大河湖水系。江南运河于公元前3世纪已经出现雏形，隋炀帝大业六年（610年）在沟通大运河过程中对这段运河进行整治拓宽，形成了南抵杭州的运河，是大运河形成时间较早、连续运用时间较长、自然条件最好的河段之一。从隋代至清代，作为大运河主要通航河段的江南运河，一直是中国历代政府通过大运河从江南地区收集和汇聚漕粮的主要通道，其间历经多次疏浚、整治，但主要运河线路一直保持相对稳定，反映了古代高超的工程勘察、设计、施工以及后期管理技术和能力。江南运河的线路规划，充分考虑了地形条件，使整个线路能够在较小的纵比降[①]下进行平稳地过渡，线路的规划充分利用了长江、太湖、钱塘江的水资源条件，使运河具有稳定的水源，保障了江南运河在一千多年的时间里，以基本稳定的线路保持着持续的航运通行。

浙东运河段

浙东运河位于大运河最南端，是大运河内河航运通道与外海连接的纽带，是古代海上丝绸之路的重要端点之一。浙东运河西起杭州市钱塘江南岸，跨曹娥江，经过绍兴市，向东汇入宁波市甬江入海，与海上丝绸之路相连。浙东运河包括西兴运河、绍兴城内运河、绍兴护城河、山阴故水道、虞余运河、慈江、刹子港等河段。浙东

① 即纵坡降，河段水面沿河流方向的高程差与相应的河流长度的投影（即水平距离）相比，它间接地反映势能大小。

江南运河杭州段航运

运河的兴建始于春秋越国的山阴水道，约建成于公元前5世纪。唐代的浙东运河在绍兴以西有局部改建。宋代是浙东运河的形成时期，其标志是运河上的工程设施和管理制度的完备，国家对运河实行准军事化的管理，而且在文献中也开始正式有了"运河"之名。① 宋代浙东运河上的工程设施也更加完善，至此浙东运河自钱塘江经绍兴、宁波通海的完整水运体系已经形成。南宋时临安（今杭州）为都城，明州（今宁波）、绍兴是经济最富庶的地区，浙东运河成为水路干道，也是沟通海外的水道。目前浙东运河仍发挥着区域性的航运、水利作用。

通惠河段

通惠河由北京向东流经通州，在通州与北运河交汇于通州北关闸，总长度20多千米，全部在北京境内。通惠河是元代初期第二次大沟通时开凿建设的运河河段，与元大都城（现北京城）同期勘察、规划、兴建、完工，是在全面勘察、规划、设

① 据姚汉源先生研究成果，宋《元丰九域志》中在两浙路，越州的萧山、上虞二县下中均注有"运河"，于山阴县下注有"莲河"，疑为"运河"之误。

计基础上兴建的水利航运工程。通惠河解决了之前漕船无法向北抵达当时中国的政治中心——大都的问题，使漕船可以通过通惠河直达元代中国大运河的北方终点——积水潭（包括现今的什刹海、后海一带）。19世纪末20世纪初，在漕运结束后，通惠河逐渐失去了航运的功能，成为北京城市主要排水河道和景观河道。

北运河段

北运河位于海河流域北部，其上游为温榆河，它从通州北关闸蜿蜒向南，于天津三岔口汇入海河，河段纵比降约0.17‰，曾称沽水、潞水、白河，至明代多称运粮河，清雍正四年（1726年）改称北运河。北运河最早是金代开凿的运河河段。元初期挖通惠河，将漕运的航道向北延伸至大都，使漕运航船能够直抵大都，促使北运河的航运业在元代兴盛一时。元代至明初，大运河内河漕运与海上漕运均经过北运河。明清两代，北运河主要承担内河漕运的功能。北运河主要流经今廊坊市和天津市。

南运河段

南运河是“三湾抵一闸”的弯道代闸技术的代表性河段，作为海河南系干流沟通了海河南系上游的诸多支流，河段纵比降约0.076‰。它南起山东临清，向北在天津三岔口汇入海河。南运河是在东汉末年曹操所开平虏渠和利漕渠等区间运河基础上形成的，始建于3世纪初。南运河在隋代初期为隋唐大运河中永济渠的北段，宋元时期为御河的北段，到明代为卫河的北段。清代，山东临清至天津三岔口段称为南运河。自元代大运河通过山东北上，不再绕道中原，南运河也成为漕运在华北地区重要的交通干线。南运河流经今天津市、沧州市、衡水市、邢台市、德州市。

会通河段

会通河是元朝政府在之前以洛阳为中心的大运河的基础上为了避免绕道迂回，而新修建的一段人工运河。明朝永乐九年（1411年），因严重淤塞，政府对运河进行了重新整修。会通河开凿前，曾经有周密的区域河流水系考察和工程规划。1275年，郭守敬勘察黄河、御河以及山东境内汶泗沂三河，确认了御河、汶水、泗水、黄河四河相互沟通的可行性，对大运河南北贯通的关键河段会通河进行了初步规划。

会通河微山段

会通河上的南旺枢纽水源工程和节制闸群工程是具有创造性的伟大工程，成功解决了会通河面临的水源和通航难题，使会通河在 5 个多世纪的时间里持续畅通和运行。会通河流经放今聊城市、泰安市、济宁市。

古纤道

中河段

中河北起山东济宁市微山县夏镇，经枣庄市、徐州市、宿迁市和淮安市，南抵江苏淮安清口枢纽。中河北接会通河，南接淮扬运河，是为了进一步畅通漕运而开凿的河段。明代自 1593 年便开始规划改移运河路线，为在南四湖东侧接之前开成的南阳新河而开凿泇河（1593—1604 年）。清代又开皂河（1680 年）和中运河（1686—1699 年），并改造黄河北岸运口（1703 年），最终实现了运河与黄河的分离，不再通过黄河河道航运行船，标志着大运河全段实现了完全的人工控制。此后漕船沿中河北上，避黄河二百里之险，运河过淮后抵北京通州的时间，较此前提前一个月。

大运河的建造并非一次形成，而是在各个区域运道不断发展丰富的基础上，经数朝数代，不断加以贯通、疏浚，终成一体。

表 1 大运河分段特征表

名称	气候条件	流域背景	形成时期	繁盛时期	现状功能	河段特点
通济渠	温带季风气候	黄河、淮河流域	东汉	隋唐时期	行洪排水	开凿时间较早、规模较大、体现中国古代早期规划思想和建造工艺的技术高峰的重要河段
卫河（永济渠）	温带季风气候	黄河、海河流域	东汉	隋唐时期	行洪排水	开凿时间较早、具有关键性的军事战略意义的重要河段，是维系了中国中原与北方地区紧密联系的河段之一
淮扬运河	亚热带季风气候	长江、淮河流域	春秋	隋代 元代 明代 清代	航运 灌溉 排涝	开凿时间较早、修建和维护历史较长、体现了受到运河影响的时空范围内大规模河湖变迁和运河逐渐人工化过程的河段
江南运河	亚热带季风气候	长江、钱塘江流域	春秋	隋代至清代	航运 排涝	开凿时间较早、修建和维护历史较长、网状分布的河道系统
浙东运河	亚热带季风气候	钱塘江、曹娥江、甬江流域	春秋	宋代 明代 清代	航运 排涝	连通了大运河与海上丝绸之路的段落
通惠河	温带季风气候	海河流域	元代	元代 明代 清代	行洪 排水	大运河北方终点，对北京城市格局的形成具有重要的影响
北运河	温带季风气候	海河流域	东汉	元代 明代 清代	行洪 排水	历史上见证海漕转运的节点
南运河	温带季风气候	海河流域	东汉	元代 明代 清代	行洪 输水	以众多弯道工程降低纵比降，以保证航运畅通的河道
会通河	温带季风气候	海河、黄河、淮河流域	元代	元代 明代 清代	行洪 排水	具有众多节制闸群、穿越大运河全段水脊的水利枢纽工程的河道
中河	温带季风气候	淮河流域	明代	明代 清代	航运 灌溉 排涝	大运河完全人工化的标志性河段

第一章　诸侯争霸的水利大战

为了巩固统治、拱卫王室，西周之初大举分封诸侯，由此华夏大地上出现了诸侯国林立的局面。到了春秋战国时期，周天子的控制力急剧下降，诸侯争霸愈演愈烈。

各诸侯国为了整合局部资源，以粮食运输和兵力运送为目的，纷纷开始开凿区间运河。因此，春秋战国时期成为中国运河建设的勃兴期。这个时期的区间运河虽然是为了服务于诸侯争霸，但是它们也客观上促进了农业、交通和经济的发展，为后来大运河的两次大沟通奠定了坚实的基础。

第一节
从“泛舟之役”说起

河流是人类古代文明的摇篮。河流两岸土地肥沃，水中有大量水产，河水可以用于饮用和灌溉，河流便于交通往来，因此，靠近河流有利于农耕、畜牧、渔猎和交通。于是，人们纷纷在河流边定居下来，进而形成一个个傍水而居的文明。中华文明就是一个傍水而居的文明。华夏儿女与水的故事，最著名的就是大禹治水，面对滔天的洪水，西方人寄托于上帝的诺亚方舟，而华夏儿女却在大禹的带领下，勇敢地与洪水斗争，疏通河道，并最终治水成功。从某种意义上说，之后发生在中华大地上的史诗般的水利工程，都是这种伟大斗争精神的延续和传承。

河道与桴舟

华夏儿女利用河道进行交通运输的历史非常久远。早在远古时代，我们的祖先就已懂得使用水上交通工具。古籍中就有黄帝作舟车的记载。商代甲骨文中的“舟”字，像极了由多块木板拼成的船。目前发现的最原始的水上交通工具是桴和舟。在新石器时代的许多文化遗址中，都发现了陶制的船模型。在浙江余姚的河姆渡遗址中发现了船桨，在浙江萧山的跨湖桥遗址中发现了堪称“中华第一舟”的独木舟，经碳 -14 测定，距今已有 7000 多年，是迄今我国发现的年代最早的独木舟。

泛舟之役的背景

远古时的先祖曾利用哪些水道行船已无法考据。但据相关记载，春秋早期先祖已在黄河及其支流中行船。《左传》记载的秦晋“泛舟之役”，是中国历史上第一次有明确历史记载的长里程内陆河道运输。

春秋时期，秦穆公和晋文公都曾登上过春秋霸主之位。秦国地处现在的陕西一带，晋国地处现在的山西一带。秦国的祖先原是给西周王室养马的官员，不算诸侯。秦襄

大禹治水图

公时因为护送周平王东迁有功，被封为诸侯。而晋国的首任国君唐叔虞是周武王的儿子，是传统的大国。从地理上看，两国互为邻国，以黄河为界。秦襄公征讨西北戎狄，占领了渭水流域的大片土地，兵强马壮后，就谋求向东方的中原发展。而秦国要想向东发展，就必须经过晋国的势力范围。因此，秦穆公在位时，为了东出大计，与晋国联姻，娶了晋献公的大女儿伯姬，这便是“秦晋之好”这个成语的由来。后来，秦穆公又将自己的女儿怀嬴先后嫁给晋怀公、晋文公，这是秦晋之好的后续。

晋献公之后，晋国发生内乱，秦国看到了机会，于是帮助流亡在外的晋公子夷吾回国登上王位，这就是晋惠公。晋惠公原本承诺在登上君位后将河西地区的 5 座城池送给秦国，但回国后就反悔了。不巧的是，晋惠公即位后，接连几年都遇到灾荒，五谷歉收。

惠公四年（前 647 年），晋国又发生饥荒，仓廪空虚，只好向外国买粮。向谁买呢？思来想去，秦国离晋国最近，两国之间又有姻亲，于是晋惠公厚着脸皮向秦国买粮。秦穆公考虑再三，最终还是答应了晋国的请求。他说的一番话很有王者风范：“有负于我的，是夷吾。受到饥荒威胁的，却是晋国百姓。我不忍心因为晋国的国君有负于我而让百姓受灾。”[1] 当然，其中肯定有秦穆公更长远的战略考虑。

① 《东周列国志》：“负我者，晋君也。饥者，晋民也。吾不忍以君故迁祸于民。”

泛舟之役的路线

据史书上记载，秦国向晋国运输粮食的场景相当壮观。秦国派了大量的船只运载了数万斛粮食，由秦都雍城（今陕西省凤翔县）出发，沿渭水自西向东行了五百里水路，随后借道黄河，再由山西汾水北上，直达晋都绛城（在今山西省新绛县）。运粮的白帆从秦都雍城到晋都绛城，八百里路途首尾相连，络绎不绝。其过程艰险丝毫不亚于劳师远征，史称“泛舟之役”。

巧合的是，第二年秦国发生灾荒，晋国却粮食大丰收。因此，秦国向晋国提出买粮。晋国大臣虢射说，早先晋国不履行割让五城给秦的诺言，已经得罪了秦国，借粮也不能改善关系。晋国大荒，秦国不乘机攻晋，却卖粮给晋国是秦国犯傻。上天又给了晋国机会，晋国不能像秦国一样傻，应该借机灭秦。愚蠢而又小气的晋惠公采纳了虢射支的昏招，不但不卖粮给秦国，反而趁机攻打秦国。大怒之下，秦穆公派兵攻打晋国，并活捉了晋惠公。这场战役史称“韩原之战”，以晋国割让河西

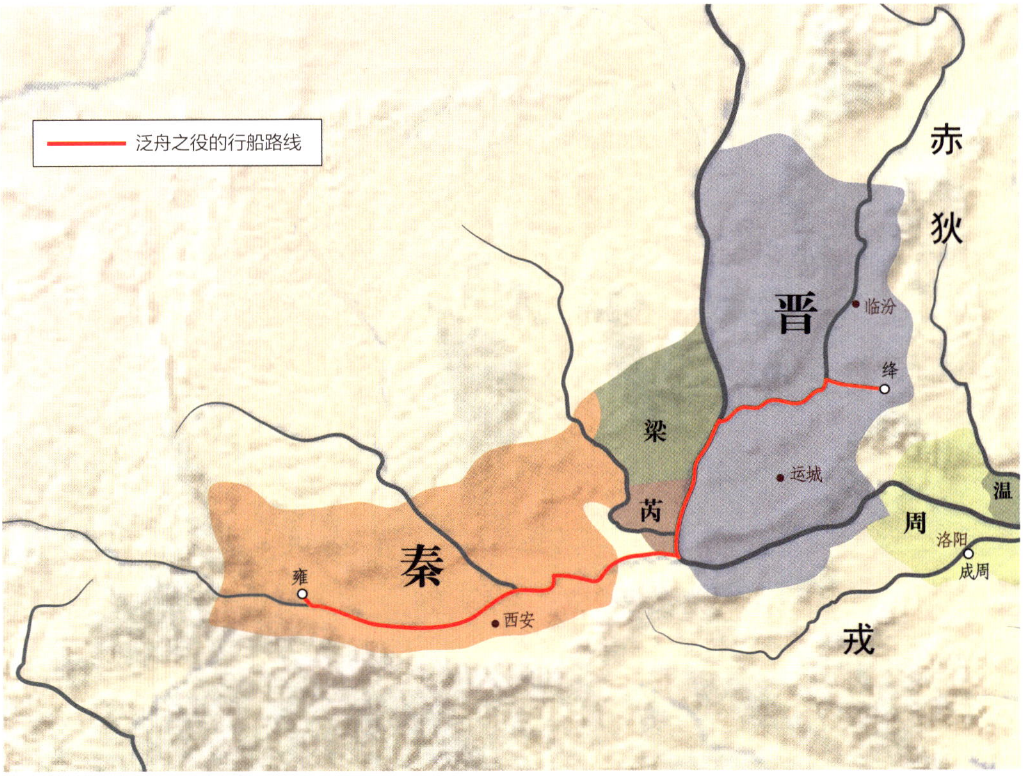

“泛舟之役”的行船路线示意图

五城给秦国，晋派世子圉到秦国当人质，秦国送晋惠公归国复位收场。

开凿人工河道的勃兴期

远古时期，人们都是选用自然河流作为交通运输的通道。直到春秋战国时期，为了弥补天然河流的限制，才开始有了人工开挖的运河。那么，哪条河道是中国最早人工开凿的运河？现在学界并无定论。但从现有的史料分析，春秋战国时期肯定是中国早期运河开凿的高潮期。

这一时期的运河主要表现为区间运河，如徐国开凿的陈蔡运河、楚国开凿的江汉运河、魏国开凿的鸿沟、秦国开凿的都江堰和郑国渠，还有齐国在淄水、济水之间开凿的运河。另外，还有秦统一六国后，为了平定岭南而开凿的灵渠。而大运河最早的一段，即古邗沟，也是开凿于这个时期的区间运河。它沟通了淮河与长江，成为大运河成型最早的河段，并作为重要的区域性交通要道得到不断的维护与经营。古邗沟也许不是最早开凿的人工运河，但却是这些区间运河中沿用时间最长，作用发挥最为明显的一段运河。

第二节
陈蔡运河与江汉运河

春秋战国时期，诸侯国林立，诸侯之间战争不断，粮食运输和兵力运送直接带来了运输的需要。在当时的生产力条件下，水路运输是最快捷最经济的交通方式。为了弥补天然河流的限制，各诸侯国开始人工开凿运河。但哪一条才是最早的人工运河呢？

徐偃王的故事

西周时期徐国国君徐偃王开凿的陈蔡运河，传说是最早的人工运河。徐国位于东夷，又称徐戎或徐方。周初，徐国曾多次联合淮夷反抗周王朝。后周公旦两次东征平息了叛乱，但徐国仍然保持着东方盟主地位。到周穆王时，徐国出了个徐偃王，徐偃王的出生很有传奇色彩。据《述异记》说，从前徐国国君夫人生下了一个大肉球，扔在了野外。徐国有一条叫后苍的狗，把它衔了回来，加热后，卵打开了，发现里面有一个小孩子，有筋没有骨头。后来这个卵生的孩子成为徐国的君主，号为偃王，施行仁义之政。

徐国统辖今淮、泗一带，建都下邳（今江苏徐州睢宁县古邳镇）。徐偃王是徐国第 32 代国君。由于他好行仁义，国力强盛，来归附他的诸侯国越来越多，势力范围不断扩展。徐偃王乘周穆王西巡会西王母之时，僭号称王，联合九夷伐周。周穆王命造父为御，急速返回，遣师抵御。九夷军失败，退出中原。后来双方协商，各退一步，徐偃王去除王号，周穆王任命其为东南蛮夷首领。后有人说，徐偃王是不想战争使老百姓家破人亡，才实行仁义的不抵抗政策而自动投降的。

陈蔡运河的开凿

徐偃王除了以仁义著称外，还有一个功绩，就是开凿了陈蔡运河。据史料记载，徐偃王时期，由于治国有方，徐国五谷丰登，国力不断增强，当时各地来朝者“三十

陈蔡运河走向示意图

有六国”。陈、蔡两国是徐国统领的三十六国中的两个小国家，徐偃王为了联合盟国与周天子抗衡，也为了阻挡西面强大的楚国，决定修建陈蔡运河。

徐偃王开凿的陈蔡运河，沟通了陈国和蔡国在淮水的两条支流——沙河（又名蔡水、蔡河）与汝水。陈国和蔡国本来就是邻国，这条陈蔡运河规模比较小，且不久即被荒废，因而在历史上也无迹可寻。陈蔡运河可能是我国历史上最早开挖的人工运河。经过两三千年的沧海桑田，陈蔡运河具体走向已无所考证。我们也只能通过淮河流域的水系，来推测出当时陈蔡运河的大概走向。

中国最早的运河

在稍后的时间里，楚国也在江汉平原上开凿了一条从都城郢（今湖北荆州）到汉水沙洋一带的水道，称为江汉运河，又称扬水、子胥渎，这才是有确切记载的中国最早的运河工程。

江汉运河走向示意图

楚国受封于周成王时，活动于汉水和长江中游之间，因为靠近南方少数民族，一直被排除在正统的华夏之外。进入春秋后不久，楚国国君即自称为王，后被周惠王授为南方夷越之长，是春秋时期诸国中疆域最大的国家。楚庄王刚即位时年纪较小，面对内忧外困，他不理朝政，躲在深宫之中，整日饮酒作乐，还在宫门口挂起块大牌子，上写："进谏者，杀毋赦。"后来经过大臣苏从的激将法，他终于醒悟过来，解散了乐队，打发了舞女，决心要大干一番事业。从此，他远离酒色，亲自处理朝政，开启了一段霸业。楚国争霸的主要对手是晋国，楚庄王八年（前606年）春，楚庄王亲领大军北上，以"勤王"名义攻打陆浑之戎，至于洛水，直抵周天子都城洛邑附近。后来又在邲之战中打败晋国，饮马黄河，进逼中原国家，迫使郑、许归附，继而灭萧，又攻宋并使其与楚媾和。这样，中原主要的诸侯国皆背晋向楚，楚庄王成为中原的霸主。

开凿江汉运河是楚国走向强盛的一项重要工程。先秦时期位于楚国管辖范围内的"云梦泽"是一片江河漫流的区域。长江与汉江流入江汉平原后，逐渐形成烟波浩荡的水泽，泽地周边，河流或合或分，水道或通或塞，变化无常。公元前601年，楚国为了方便作战和运输，利用并疏通"云梦泽"中的天然河道——扬水，修建了江汉运河。当时，楚国的政治中心在郢都，而粮草却要依赖襄阳到沙洋一带的汉水沿岸富裕地区。为了方便位于都城的军队获得粮食，需要便捷的水上运输通道，于是楚国令尹（当时楚国的最高官衔）孙叔敖主持修建了江汉运河。孙叔敖通过反复勘察地形，决定从今天的沙洋一带到长湖开一条水路，直通郢都，沟通长江与汉水。江汉运河通航后，舟船可由汉水中游经这条运河到达今天的荆州沙市区附近入长江。楚国因这条“水上捷径”占尽舟楫之利，国运兴盛一时。

《史记 · 河渠书》中记载：“于楚，西方则通渠汉水云梦之野”。这条运河是引江水循入古汉水支流扬水，东北流到今湖北潜江，西北注入汉水，沟通江汉。谭其骧先生在《黄河与运河的变迁》中曾考证：“西方一渠当为扬水，是沟通长江与汉水的一条人工运河。工程的关键是在郢都附近，拦截沮水与漳水作大泽，泽水南通大江，东北循扬水达汉水，所经过的地方正是当时所谓云梦泽，约当在今荆州到荆门沙洋一带。”①

江汉运河的发展

到了晋代，江汉运河有了新的发展。据《晋书 · 杜预传》记载：“预乃开杨口，

宋代江汉运河示意图

① 谭其骧：《黄河与运河的变迁》，《地理知识》1955 年第 9 期。

今天的江汉运河示意图

起夏水达巴陵千余里。”从这段叙述我们可知，杜预开凿杨夏水道的目的，仍然是为了解决长江汉水之间的水上交通问题。杜预所开“杨口”，应为今沙洋一带。杨口开通后，成为晋时南北运输的咽喉要道。宋代，为了通漕运，在江陵与潜江之间也开了一条江汉运河，史称“荆襄漕河”。到了 21 世纪的今天，为了南水北调中线工程引江济汉，同时也为了发展汉江的航运，国家开挖了总投资 22.6 亿元的江汉运河。这条江汉运河的路线与宋代基本一致，但与春秋时江汉运河的路线有所不同。

第三节
邗沟：夫差北上争霸的水道

邗沟由吴王夫差于公元前486年开凿，是中国历史文献中记载的第一条有确切开凿年代的运河，也是大运河全线最早开凿的一段，后来演化为大运河的淮扬运河段。邗沟开凿的时间也成为扬州建城的时间，后来大运河申遗确定为2014年申报的项目，也是考虑到正好与大运河开凿2500周年以及扬州建城2500周年这一节点时间相契合。

夫差雕塑

邗沟的开凿

吴国由周文王的伯父泰伯奔吴创立，国力在阖闾、夫差时达到鼎盛，成为春秋中后期最强大的诸侯国之一。当时，北方地区以齐国、晋国最为强大，只有征服这

古邗沟遗址

两个国家，吴国才能称霸中原。但要北上争霸，首先要安定后方的越国。公元前496年，吴王阖闾进攻越国战败而死，死前嘱咐儿子夫差勿忘杀父之仇。夫差继位后，励精图治，重用伍子胥和孙武，吴国迅速强大起来。公元前494年，吴国打败越国，占领会稽城（今浙江绍兴），包围会稽山。越王勾践无奈，采纳大夫范蠡、文种的建议，以美女、财宝贿赂吴太宰伯嚭，请其劝吴王夫差准许越国附属于吴。夫差不听伍子胥之计，而听太宰伯嚭之言，答应越国的投降，把军队撤回了吴国，同时让勾践到吴国为质，这为后来的失败埋下了隐患。

吴国地处水乡泽国，以船为车，以楫为马。北上争霸，靠车马运输军事物资比较困难，而水路运输是最好的方案。当时吴国北上中原有两条水路，一条是由长江入海，北上后再入淮河向西，但海上风浪大，行船没有保障；另一条是开凿由长江到淮河的人工水道。公元前486年，吴王夫差在今扬州市西北的蜀岗尾闾修建了邗城。因为当时的江岸在今天的仪征西北的胥浦、扬州东面的湾头和江都宜陵一线，所以当时的邗城就在长江边上。今天，由于长江江岸的南延，扬州城已离长江15千米了。《左传·哀公九年》记载："秋，吴城邗，沟通江淮。"邗沟的路线是从邗城下挖沟，引江水经茱萸湾北上，经武广湖（今邵伯湖）和陆阳湖（今绿洋湖）间，下注到樊良湖（今高邮湖），转向东北流入博芝、射阳二湖，出湖西北经夹耶到末口（今淮安）流入淮河。

春秋战国时，长江与淮河之间的分水岭并不明显，大致位于今扬州市江都区邵

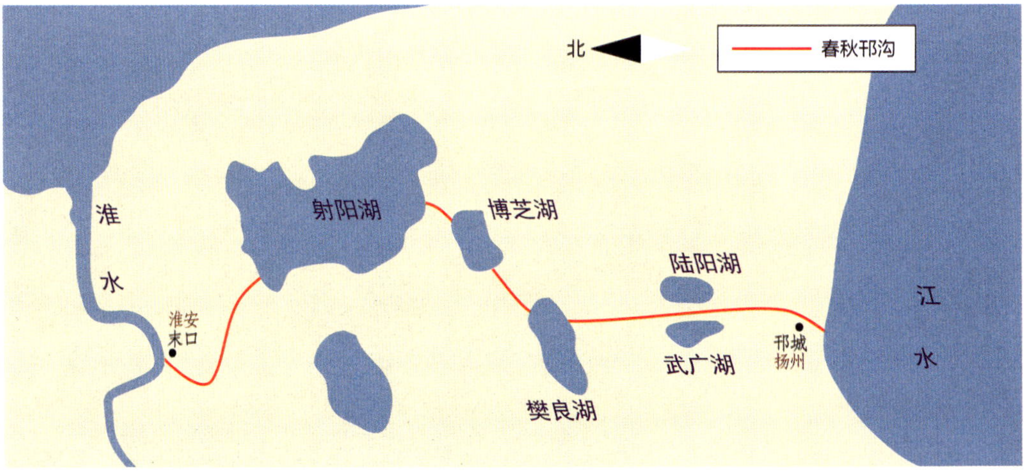

春秋时邗沟路线示意图

大运河古邗沟碑

伯镇东至仪征陈集镇一线。为了凿通这一分水岭，沟通江淮，减少工程量，当时的邗沟尽量利用天然河道和湖泊，以较短的人工河道相沟通。但天然的湖泊风浪大，容易造成船只倾覆，因此，后代不断对邗沟进行改造。

北上与齐争霸

公元前485年春，邗沟凿通后，吴王夫差率军乘船北上。船队从邗沟抵达淮水，又由淮水入泗水，一直抵达鲁国。吴军联合鲁国、邾国、郯国军队攻打齐国，迫于吴国的压力，齐国人杀死了齐悼公。这时从海上攻齐的吴将徐承率领的水军被齐人打败，夫差迫不得已，只好退兵。公元前484年，夫差再次率军通过邗沟北上，联合鲁国伐齐，在艾陵（今山东莱芜一带）大败齐军，俘获齐国战车800乘、甲士3000人。

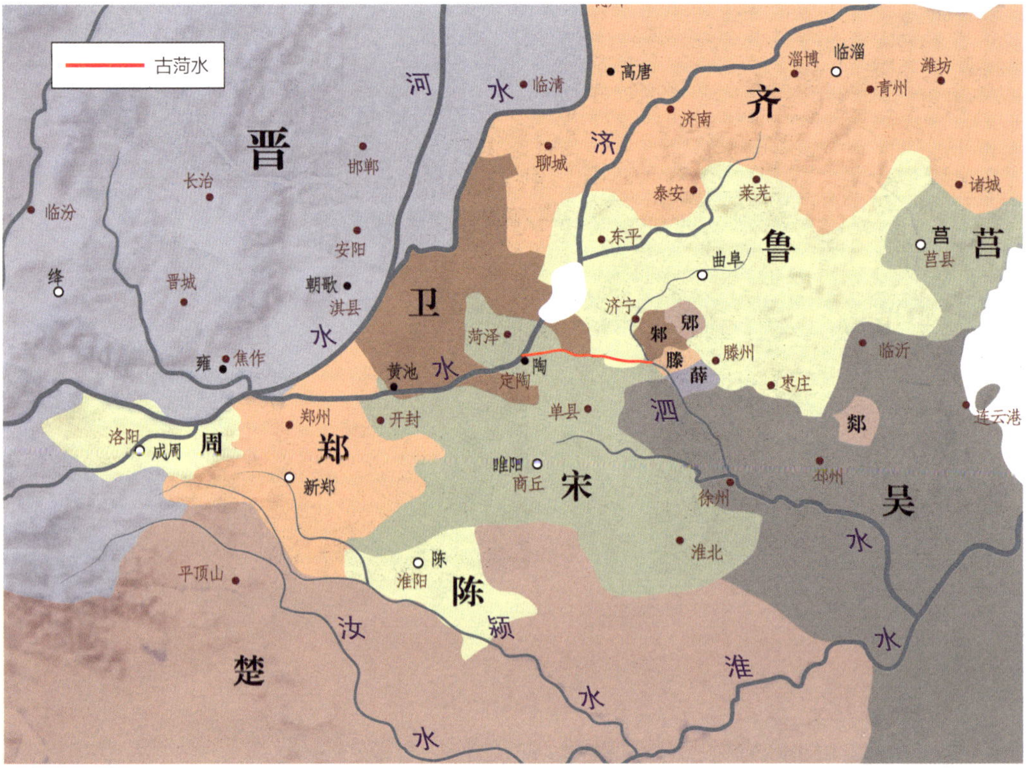

古菏水示意图

菏水的开凿

征服了齐国后，晋国成为夫差争霸中原的主要目标。于是夫差便借齐、鲁、宋等国的力量，胁迫晋国接受吴王之命，尊其为霸主。但从齐地西进会见晋侯，路途遥远，陆路运送军队和给养都十分困难。当时的泗水与济水之间是一片沼泽地，除了水面广阔的大野泽之外，还有雷泽、菏泽等。于是夫差利用开凿邗沟的成功经验，在今山东的定陶和鱼台之间，又开凿了一条沟通泗水和济水的水道，后人称为菏水。菏水的开凿，开辟了夫差西进与晋侯争雄的水上通道。公元前 482 年，夫差倾全国之兵，北上会盟于晋侯。他的舟师顺利地由淮水入泗水，再由泗水入菏水，再入济水，最后到达他和晋侯会盟的济水岸边的黄池（今河南封丘南）。

勾践乘机反击

就在夫差志得意满之际，曾经被夫差打败的越王勾践卧薪尝胆，逐步强大起来。

他见吴国大军远征，后方空虚，便命大夫范蠡自海道入淮，断绝吴军的归路。他则亲率大军攻入吴国国都，焚烧了姑苏，夺取了吴军大批船只，斩获吴太子友等。夫差闻讯，强作镇静地与晋侯匆匆会盟后，赶紧返回吴国。

吴国军队遭受重创，自此以后元气大伤，吴王从霸主地位一落千丈。又过了4年，越国再次攻打吴国，此时吴军与百姓都已疲惫不堪，越军大败吴军。夫差被包围在姑苏山上，派人向勾践求和，被拒绝，只好自杀身亡，吴国也被灭亡。尽管夫差最后的下场不是太好，但夫差首开运河之功被扬州人民牢牢记住，位于扬州古运河畔的邗沟大王庙至今还供奉着春秋吴王夫差和开运盐河的汉代吴王刘濞。

运河开凿发轫于江淮地区

与邗沟、菏水同时，吴国还在江淮地区开凿了一系列运河。为了征讨劲敌楚国，夫差命伍子胥开挖沟通太湖与长江的胥溪运河，此后又开挖了阖闾运河、丹徒运河、胥浦运河、百尺渎等，形成了江淮地区最初的运河交通网。对此，复旦大学教授邹逸麟先生分析道："中国运河的开凿，最早发轫于江淮地区。一方面是因为江淮地区水系比较发达，早期运河大多是加工天然河流而成，并非平地开挖，江淮地区具备了这种条件；另一方面，是因江淮地区是中国南北自然和人文的过渡带，古代南北的政治、经济和文化的交流需要通道，而水运是理想的交通方式。"①

① 邹逸麟：《舟楫往来通南北：中国大运河》，江苏凤凰科学技术出版社，2018年。

第四节
鸿沟：魏惠王在中原的扩张

魏国的崛起

公元前453年，赵襄子、魏桓子和韩康子三家分晋，建立赵、魏、韩三个诸侯国。魏国建都安邑（今山西夏县西北）。当时魏国西邻秦国，南有楚国，北面则有赵国，处于强国包围圈中。面对忧患的环境，雄心勃勃的魏文侯开始变法图强，成为战国最早推行变法的君主。他用翟璜为相，改革弊政；用乐羊为将，攻掠中山国；用李悝变法，教授法经，依法治国，魏国蒸蒸日上。魏文侯死后，他的儿子魏武侯即位。魏武侯在位25年间，任用军事家吴起进行改革，国力继续上升，并不断东征西讨，夺取楚国在中原的大部分土地，为后来魏国迁都大梁打下基础。

魏惠王即位后，魏国东部的领土已包括今河南北部、中部的河内、河南一带，成为魏国领土的主要部分。由于秦国人的不断进逼，魏惠王决定向东发展，争夺齐国的势力范围。于是，公元前365年，魏惠王把国都从安邑东迁到梁（今开封一带），又称为大梁。因此，魏惠王又被称为梁惠王。

鸿沟的开凿

魏惠王迁都大梁后，为了便于对东部地区的统治，加强对东方诸侯的控制，进一步争雄称霸，于公元前361年前后开始开凿鸿沟。鸿沟大体走向是自今河南省荥阳市北引黄河水南流入圃田泽，经魏国都城大梁，在大梁之东转而流向东南，到陈国都城陈（今河南省淮阳县），又折向南，最终入颍水。后人将从大梁南流的这段水道称为狼汤渠，这就是后来项羽与刘邦楚汉相争时分界的鸿沟。楚汉相争，中分天下，以鸿沟为界：东为楚，西为汉。今天我们称界限分明还是说“划若鸿沟”，出处也就在这里，后来还演变为中国象棋中的楚河汉界。秦统一六国后，更是充分利用了鸿沟水系，把各地的粮食源源不断地运往关中。后来鸿沟演化为大运河通济渠段的一部分。

司马迁在《史记·河渠书》写道：“自是以后，荥阳下引河，东南为鸿沟，以通宋、郑、陈、蔡、曹、卫，与济、汝、淮、泗会。”鸿沟北接黄河，南边沟通了济、濮、汳（获）、濉、涡、颍、汝、泗、菏等主要河道，构成了黄淮平原上以鸿沟为干线的水上交通网，灌溉了黄河和淮水之间五百平方千米的区域，对促进中原地区运输、农业的发展，起到了巨大的作用。

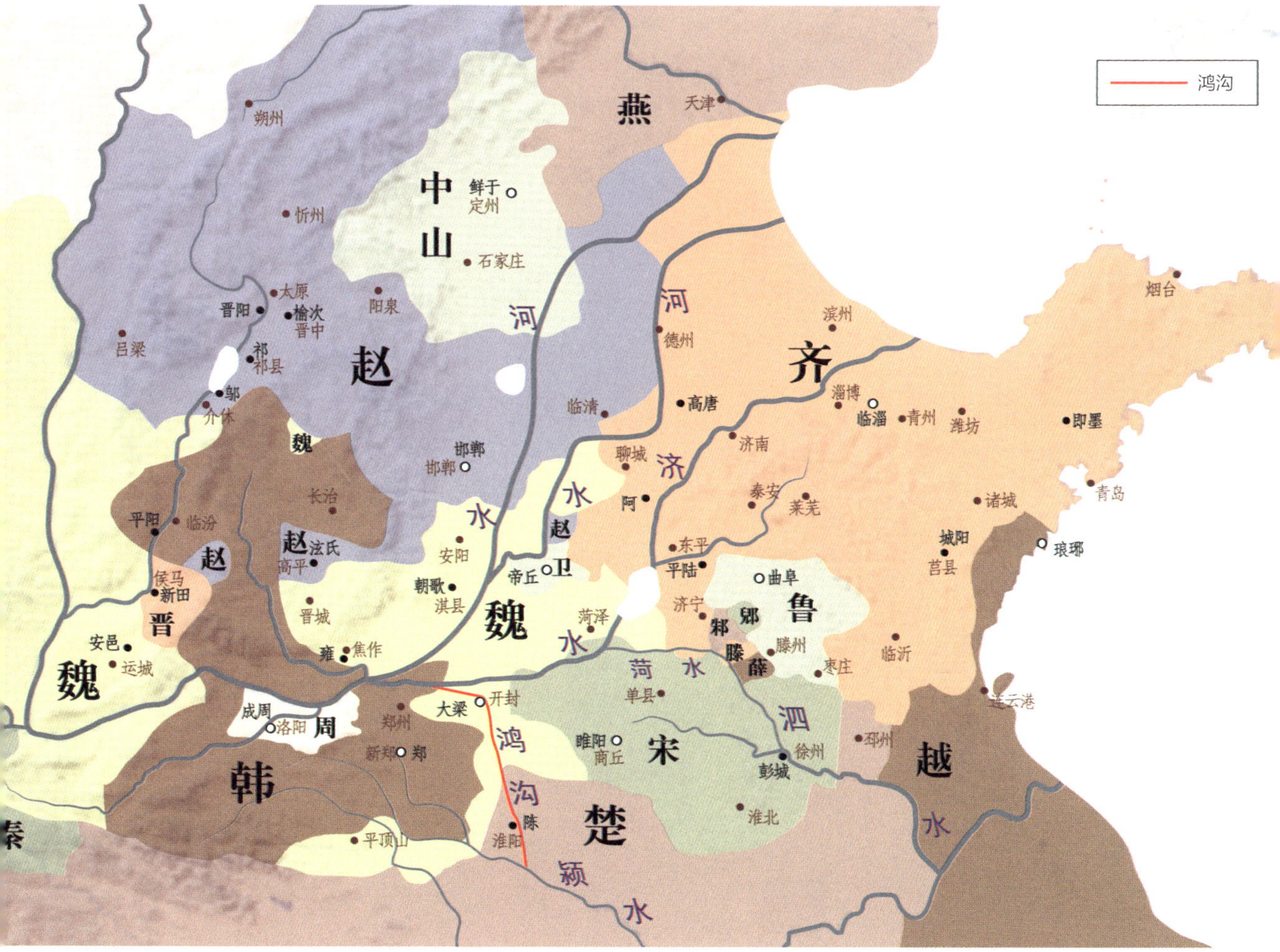

魏惠王时的鸿沟示意图

魏惠王的霸业

魏惠王在政治上和军事上的成就，主要得益于鸿沟的开凿。鸿沟开通后，魏国经过五年大战，战胜四方诸侯，新拓展了大片东方的领土，魏国霸业达到顶峰。公元前356年，鲁、宋、卫、郑四国国君都来到大梁朝见魏惠王。公元前344年，魏惠王率领诸侯朝见周天子，史称逢泽（今河南省开封市南）之会，正式标志着魏国成为新一代的霸主。这样魏惠王又恢复了魏文侯、魏武侯时的霸主地位。《战国策·秦策五》记载说："梁君伐楚胜齐，制韩、赵之兵，驱十二诸侯以朝天子于孟津。"这十二国都在鸿沟水系及其所能沟通的济、汝、淮、泗等水的流域范围内，可见鸿沟对于魏国争霸所发挥的作用之大。

第五节
都江堰：秦国的图强工程

相比于楚、吴、魏三国开凿的运河，秦国在成都平原上兴建的水利工程都江堰更为出名。虽然都江堰不是直接用于战争目的，但却对秦灭六国和统一中国起到了重要作用。

秦国攻占蜀地

处于成都平原的蜀国据传是起源于蚕丛，西周时期，蜀王杜宇自立为帝，号望帝，蜀国成为西南地区的大国。为了打败其他诸侯国，进而统一中国，秦惠文王听从秦将司马错“得蜀则得楚，楚亡则天下并矣”的计谋，决定攻打蜀国。公元前316年，秦惠文王乘蜀国与巴国、苴国交战之际，派张仪、司马错沿石牛道伐蜀，蜀王开明战败被杀，古蜀国灭亡。秦国得到了蜀国这块宝地，为后来秦国进攻楚国取得了顺江而下的优势，也为统一六国奠定了物质基础。

成都平原的自然条件

成都平原位于四川盆地的西部，在古蜀国时深受岷江水患之苦。岷江出岷山山脉，从成都平原西侧向南流去。成都平原的整个地势从岷江出山口的玉垒山向东南倾斜，坡度很大，都江堰距成都50千米，而落差竟达273米。每当岷江洪水泛滥，成都平原就是一片汪洋；一遇旱灾，又是赤地千里，颗粒无收。岷江水患长期祸及成都平原，鲸吞良田，侵扰民生，成为古蜀国生存发展的一大障碍。

李冰父子开都江堰

为了治理水患，公元前256年，秦王委任知天文、识地理的李冰为蜀郡太守。李冰上任后，就下决心根治岷江水患，发展川西农业，造福成都平原。李冰和他的

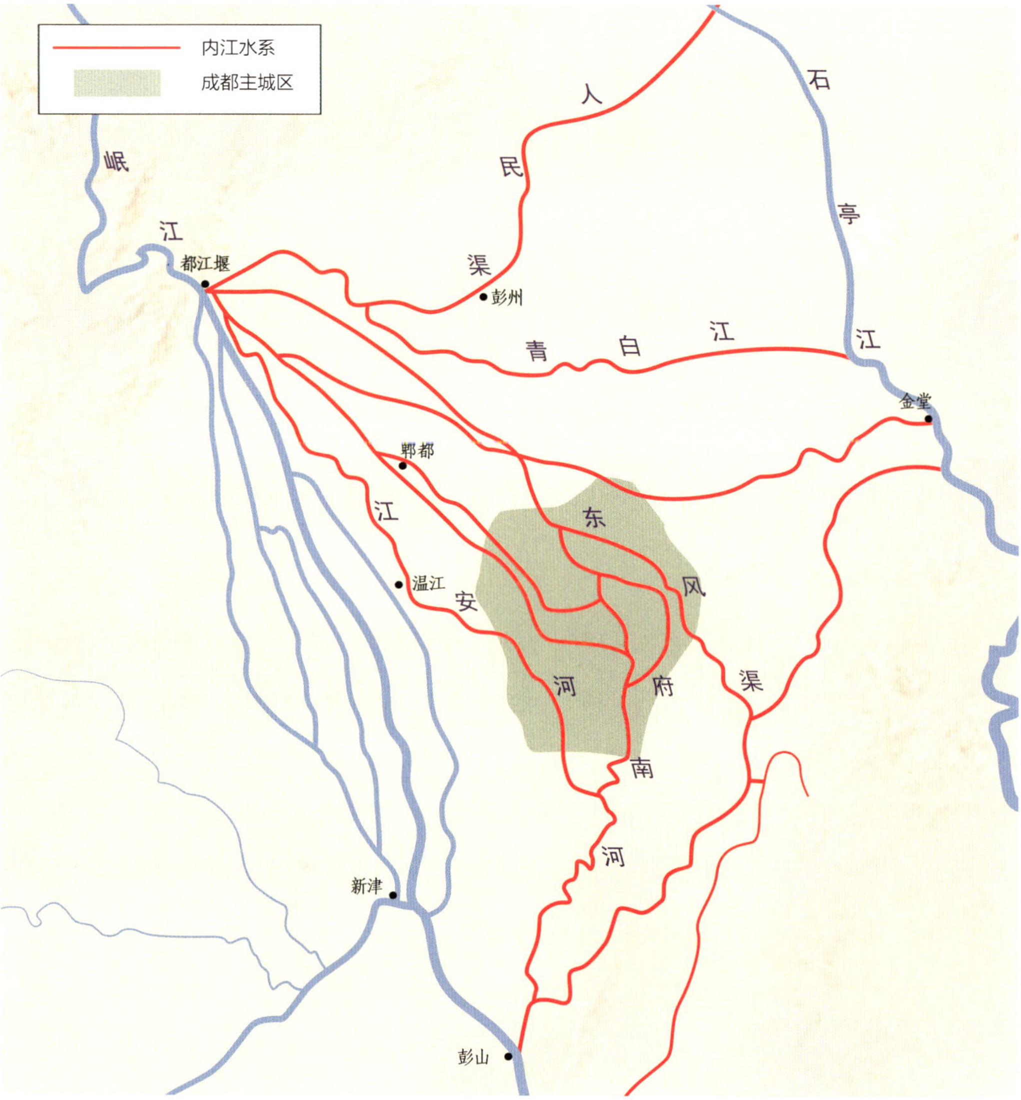

成都平原水系示意图

儿子吸取前人的治水经验，主持修建了著名的都江堰水利工程。都江堰的整体规划是将岷江水流一分为二，其中一条水流引入成都平原，这样既可以分洪减灾，又可以引水灌田、变害为利。它的主体工程包括鱼嘴分水堤、飞沙堰溢洪道和宝瓶口进水口。

李冰父子对地形和水情做了实地勘察，决定凿穿玉垒山引水。由于当时还未发明火药，李冰父子便用火烧水激法使岩石爆裂，终于在玉垒山凿出了一个宽 20 米、高 40 米、长 80 米的山口。因其形状酷似瓶口，所以取名“宝瓶口”，而把开凿玉垒山分离的石堆叫“离堆”。

宝瓶口进水口工程完成后，虽然起到了分流和灌溉的作用，但因江东地势较高，江水难以流入宝瓶口。为了使岷江水能够顺利东流且保持一定的流量，并充分发挥宝瓶口的分洪和灌溉作用，李冰又在岷江中修筑了分水堰，将江水分为两支：一支顺江而下，为外江；另一支被导入宝瓶口，为内江。由于分水堰前端的形状好像一条鱼的头部，所以被称为“鱼嘴”。

为了进一步控制流入宝瓶口的水量，起到分洪和减灾的作用，防止灌溉的水量出现忽大忽小、不能保持稳定的情况，李冰又在鱼嘴分水堤的尾部，靠着宝瓶口的地方，修建了分洪用的平水槽和飞沙堰溢洪道，用来保证内江无灾害。溢洪道前面修有弯道，江水形成环流，江水超过堰顶时洪水中夹带的泥石便会流入到外江，这样便不会淤塞内江和宝瓶口的水道，故取名“飞沙堰”。

都江堰工程示意图

都江堰世界遗产标志碑

这样就形成了以都江堰为中心的集防洪、灌溉、航运于一体的水利工程。这就是后来的都江堰水利系统。由于都江堰可以行船，也可以归为运河。都江堰水利系统保证了川西平原约 300 万亩良田的灌溉，使成都平原一跃成为天府之国。这对秦国的强盛并最终灭掉六国起到了重要的作用。据说，秦赵长平之战和后来的秦灭楚战争，蜀地都发挥了巨大作用，成为秦国的重要战略支撑。

公元前 111 年，西汉司马迁奉命出使西南时，实地考察了都江堰。他在《史记·河渠书》中记载了李冰修建都江堰的功绩：“于蜀，蜀守冰凿离碓，辟沫水之害，穿二江成都之中。此渠皆可行舟，有余则用溉浸，百姓飨其利。至于所过，往往引其水益用。溉田畴之渠，以万亿计，然莫足数也。”都江堰后来被列入世界文化遗产名录和世界灌溉工程遗产名录。

第六节
郑国渠：韩国的疲秦之计

最早在关中地区建设的大型水利工程，是战国末年秦国开凿的郑国渠。郑国渠由韩国水利专家郑国主持兴建，约十年时间完工。郑国渠的修建说来很有故事性，这一工程源于韩国的疲秦之计，最终弄巧成拙，反而成就了更加强大的秦国。这则故事在《史记 · 河渠书》里有详细记载。

韩国的疲秦策略

战国末期，在秦、齐、楚、燕、赵、魏、韩七国中，秦国国力最为强盛，对其他六国虎视眈眈。秦国要统一六国，必须向东进攻，而首当其冲的就是韩国。但当时韩国却孱弱到不堪一击的地步，随时都有可能被秦并吞。

公元前 246 年，秦王政元年，韩桓王在走投无路的情况下，采取了一个非常拙劣的“疲秦”策略。他以著名的水利专家郑国为间谍，派他到秦国，游说秦国在泾水和洛水（北洛水，渭水支流）之间，开凿一条大型的灌溉渠道。表面上说是可以发展秦国农业，真实目的是要耗竭秦国实力。当时秦国所在的关中平原，农业生产已很发达，但由于降雨量稀少，水利灌溉很成问题，本来就想发展水利以灌溉农田，只是苦于缺少技术，因此，郑国的提议正中下怀，秦国人很快采纳了这一诱人的建议，并立即征集大量的人力和物力，任命郑国主持兴建这一工程。

疲秦之计败露

渠还没有修成，韩国疲秦的阴谋就败露了。秦王嬴政大怒，下了“逐客令”，要杀郑国。李斯向秦王上了著名的《谏逐客令》，历数秦国自缪公以来四代国君重用大批客卿，走上富国强兵之路的事实。李斯的上书打动了秦王，他收回了“逐客令”。

秦王嬴政画像

秦王嬴政是位很有远见卓识的政治家，他认为郑国说得很有道理，同时，秦国的水工技术还比较落后，在技术上也需要郑国，所以秦王对郑国一如既往，仍然加以重用。

在此背景下，郑国趁机向秦王进言："一开始我作为间谍，游说秦国建渠，确实是受韩国的指派，但渠建成后也是对秦十分有利的。我虽然主观上是为了韩国延长几年寿命，实际上却是为秦国建立万世之功。"[①]秦王嬴政是位很有远见卓识的政治家，他认为郑国说得很有道理，同时，秦国的水工技术还比较落后，在技术上也需要郑国，所以秦王对郑国一如既往，仍然加以重用。

郑国渠助秦强盛

经过十多年的努力，郑国渠全部完工，引泾河的水灌溉两岸低洼的盐碱地四万多顷，亩产达到了六石四斗。从此关中沃野千里，再没有饥荒年成，秦国富强起来。公元前 231 年，秦国伐韩，韩国割南阳求和。第二年，秦国再次攻韩，韩王被俘，韩国灭亡。在之后的十年间，秦国逐一灭掉了赵、魏、楚、燕、齐五国，完成了统

① 《资治通鉴・秦纪一》："臣为韩延数年之命，然渠成，亦秦万世之利也。"

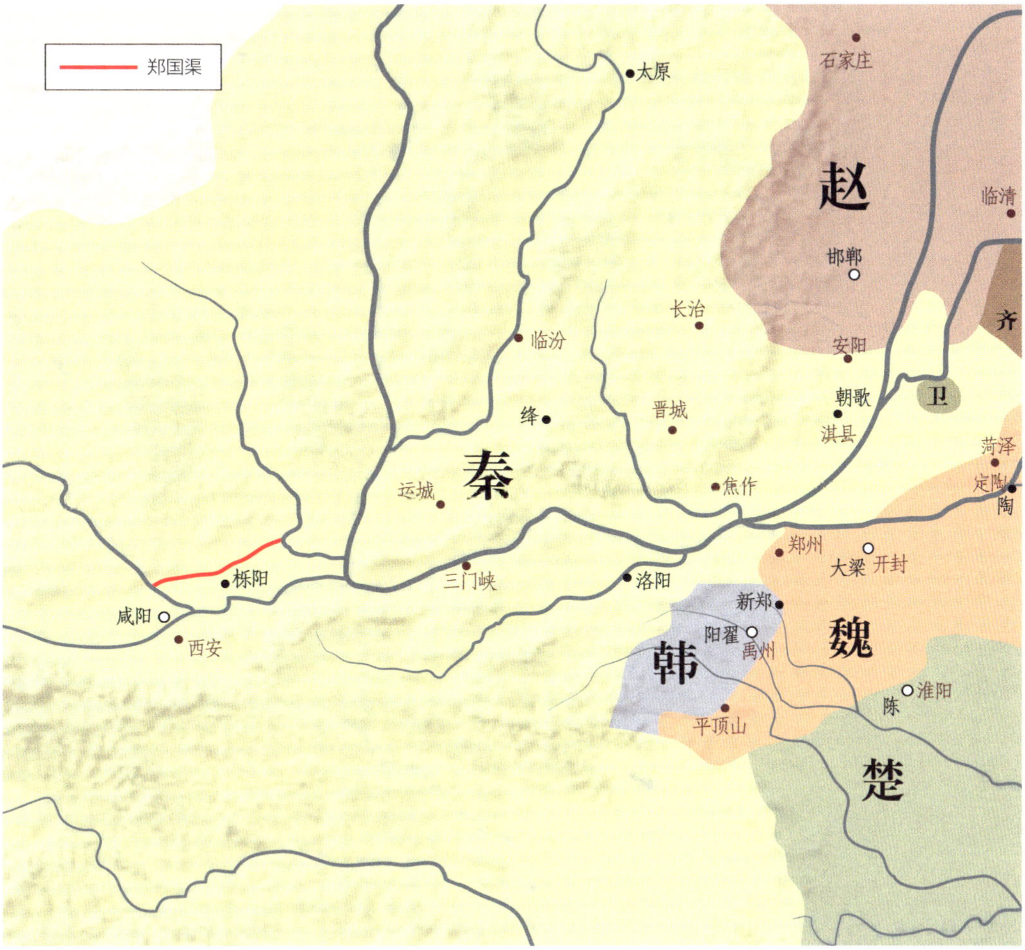

郑国渠位置示意图

一六国的大业。郑国主持修建的这条渠功不可没，后被命名为郑国渠。

郑国渠的作用不仅仅在于它发挥灌溉效益的100余年，还在于它首开了引泾河灌溉的先河，对后世关中地区引泾灌溉产生了深远的影响。

第七节
灵渠：秦征百越的运兵通道

灵渠，古称秦凿渠、零渠、陡河、兴安运河、湘桂运河，是秦始皇为了征服岭南地区的百越而命人开凿的水利工程。灵渠位于广西壮族自治区兴安县境内，连接了长江流域与珠江流域，被称为“世界古代水利建筑明珠”，列入世界灌溉工程遗产名录。

秦瓯之战

吞并六国后，秦始皇又着手开拓岭南，统一中国。当时，在今浙江、福建、江西、湖南南部和两广地区，分布着众多各自独立、互不统属的越族人部落，称为百越。在征服了居住在今温州一带和福建境内的东瓯、闽越后，公元前 221 年，秦始皇命屠睢率兵 50 万分五路南下，进攻居住在今两广一带的南越、西瓯。而占领湘桂两省边境山岭隘道的一支秦军，在兴安县境内的越城岭（即镡城之岭）遇到了西瓯部落军队英勇顽强的抗击，史称“秦瓯之战”。

秦瓯之战的主要战场，就在越城岭一带。由于有越城岭的阻隔，无法运送军粮，秦军无法推进，战争处于胶着状态。秦军遭到西瓯部落的抵抗，又因军饷转运困难，三年不能进兵。于是，只好占据要道，驻扎在今漓江上游的大、小溶江之间，建立“秦城”。[①]

史禄开凿灵渠

眼见攻不下岭南，公元前 219 年，秦始皇命监御史史禄主持开凿灵渠，“以

① 《四库全书·史部·地理类·外纪之属·赤雅卷一》：“兵勒湘南，握其咽喉，临溶、漓二水间。”

灵渠及其周边地形示意图

卒凿渠，而通粮道”。史禄督率士兵、民夫在兴安县境内由东向西修建了一条人工运河，将东面的海洋河（湘江源头，流向由南向北）和西面的大溶江（漓江源头，流向由北向南）相连，经几载寒暑，公元前214年，灵渠终于凿通。灵渠连接湘、漓二江，从灵渠出发北上，进入湘江，经洞庭湖汇入长江；向南通过漓江，汇入珠江。灵渠沟通了长江和珠江两大水系，成为北接湖广、南连两粤的水运交通枢纽。

秦朝之后，灵渠又经历代修整，其主体工程由铧嘴、大天平、小天平、南渠、北渠、泄水天平、水涵、陡门、堰坝、秦堤、桥梁等部分组成，尽管兴建时间先后不同，但它们互相关联，共同成为灵渠不可缺少的组成部分。灵渠水系由北、南两渠组成。北渠俗称湘江新道，全由人工开凿而成，大致与湘江故道平行，渠槽在田畴间，其水位高过湘江故道。湘江水在分水塘经铧嘴分流和大小天平坝引流后，大约70%的

模拟粮船过闸场景

水流入北渠，在高塘村与湘江故道相会，全长3.25千米，最大引流量为12立方米每秒。南渠自南陡口起，过严关，流至溶江镇老街的灵河口入漓江，全长约33.15千米，绝大部分利用了自然河道。

灵渠的作用

灵渠打通了南北水上通道，大批粮草经水路可以运往岭南，秦军有了充足的物资供应。公元前214年，即灵渠凿成通航的当年，秦军就攻克岭南，随即设立桂林、象郡、南海三郡，将岭南正式纳入秦王朝的版图。后来又谪遣“治狱吏不直者”、刑徒和内地民众，来岭南屯戍垦殖。这些移民来到岭南后，与当地民众杂居共处，对开发岭南做出了积极的贡献。

灵渠从秦代以来，对巩固国家的统一，促进岭南地区与中原政治、经济、文化的交流，密切中原民族与南方民族的关系，都发挥了重要作用。经过历代修整，直至今天，灵渠仍然在发挥着运输和灌溉的作用。

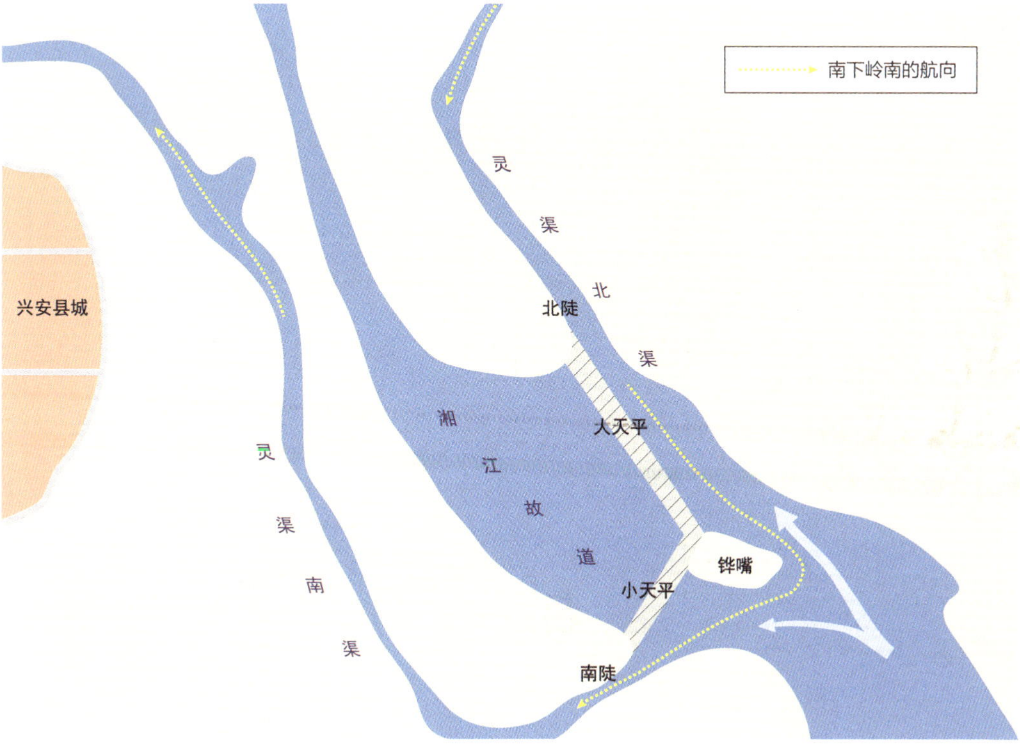

灵渠工程示意图

覆盖全国的水运网络

从春秋时期开始开凿区间运河，到秦王朝建立统一的中央集权国家，覆盖全国的水运网络已经基本形成。这一网络，不仅推进了秦国的统一大业，而且对秦代之后各个朝代巩固南北的统一，加强和发展南北政治、经济、文化的联系，密切各民族的团结，都起到了积极的作用。应该说，春秋战国时期是中国运河的开创时期。这一时期运河开凿的动因是诸侯国群立而带来的分裂局面，大多都是临时为某一政治或军事目的所开，既无统一的规划，也没有长期的考虑，因此，工程设施比较简

灵渠上的游船在模拟古代的兵船

秦朝时覆盖全国的水运网络示意图

陋，事后也没有经常维护，在当时的交流方面所起的作用并不明显。但这些地区性运河最终改变了中原地区的水系面貌，同时也为秦王朝的统一奠定了交通方面的基础，畅通的水运也是中国历史上第一个中央集权的王朝建立的基础条件之一。

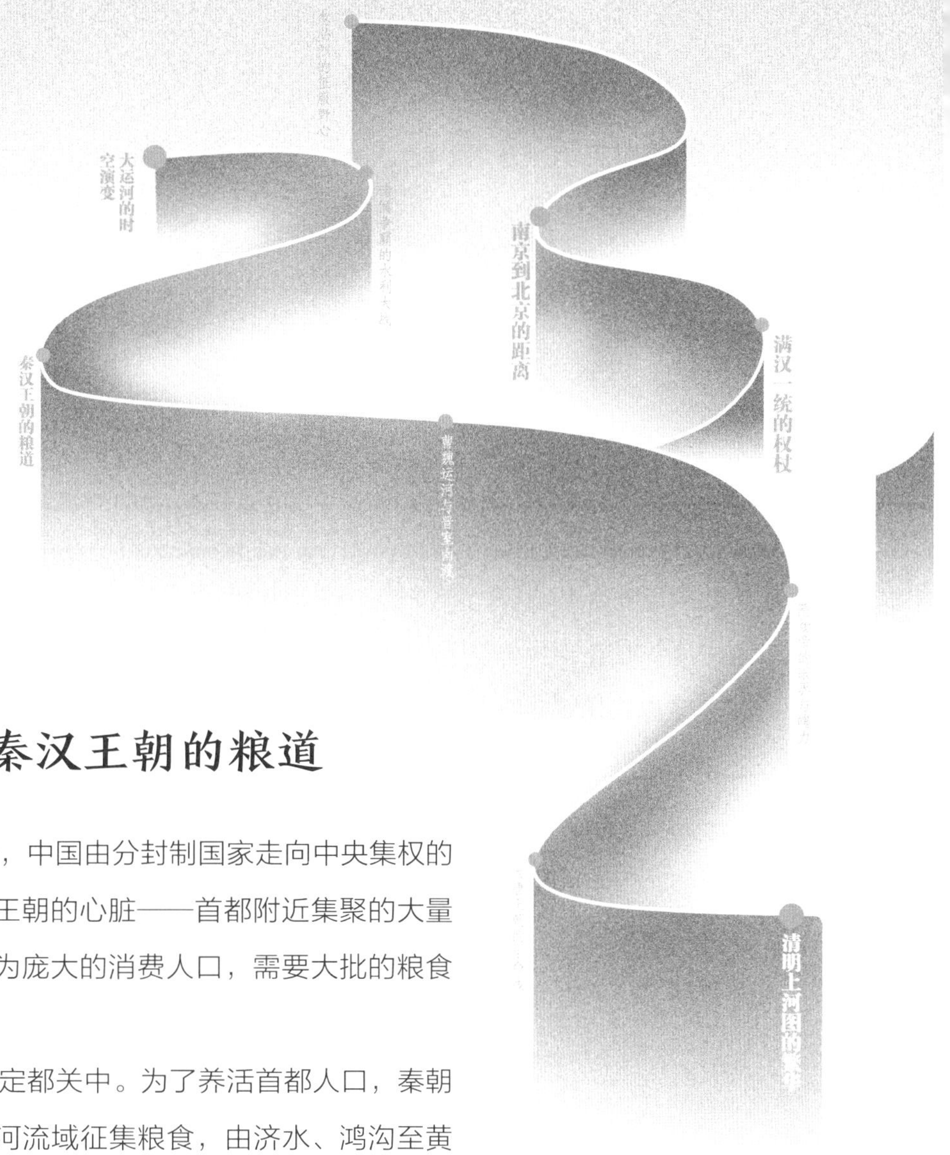

第二章　秦汉王朝的粮道

从秦代开始，中国由分封制国家走向中央集权的大一统王朝。而王朝的心脏——首都附近集聚的大量官僚和军队，成为庞大的消费人口，需要大批的粮食物资。

秦和西汉皆定都关中。为了养活首都人口，秦朝从黄河下游及淮河流域征集粮食，由济水、鸿沟至黄河，水运至关中。为了方便转运，秦朝在黄河边建立了敖仓。西汉开挖了漕渠，使山东各地的粮食可以通过运河及自然河道源源不断地运至关中。东汉开挖了阳渠，保证了首都洛阳的粮食供给。秦汉两代的运河是大一统王朝漕运的伟大实践和探索，形成了以洛阳为中心的运河格局。

第一节
秦朝大一统与漕运

秦的大一统创举

公元前221年，秦王嬴政统一六国，结束了春秋战国五百多年诸侯分裂割据的局面，建立了中国历史上第一个统一的中央集权制国家——秦王朝。这种大一统的中央集权制度，奠定了中国两千多年政治制度的基本格局，对中国历史产生了深远影响。

夏商周三代实行的是宗法贵族世袭分封制。天子虽然号称“普天之下，莫非王土；率土之滨，莫非王臣”，但天子实际控制的只是首都附近方圆数百里的王畿。王畿之外则是五服之地[①]，是天子用以分封自己的亲戚、重臣的。这些诸侯小国分土而治，称为臣服之邦或受封之地，它们与中央政府的关系相当松弛，仅保持一定的朝贡关系。

而秦朝建立的大一统王朝的特点是中央集权。为了维护大一统的中央集权，秦始皇进行了一系列的创举。

统一中国后，秦王嬴政采用传说中三皇五帝的尊号，自称始皇帝，皇帝之位由其子孙代代相承，并制定了一套尊君抑臣的朝仪和文书制度。从此，皇帝拥有至高无上的权力，凡行政、军事、经济等一切大权，均由皇帝总揽。而对基层的管理，不再实行分封制，而是全面推行郡县制度，初为三十六郡，后增至四十余郡。郡县是中央政府辖下的地方行政单位，郡县主要官吏均由皇帝任免。为了管理这些郡县的官员，形成了以首都为中心的庞大的官僚机构和官员队伍。

为了巩固王朝的统治，秦始皇下令拆除六国旧境原有的防御，收缴兵器加以销毁，铸成十二铜人。同时，发动大量民力，北筑长城以抵御匈奴，修筑驰道和直道，

---

① 五服之地，即王畿之外500里的地区为甸服，按日朝贡；甸服之外500里的地区为侯服，按月朝贡；侯服之外500里的地区为绥服，按季度朝贡；绥服之外500里的地区为要服，按年朝贡；要服之外500里的地区为荒服，诸侯一生只朝贡一次。

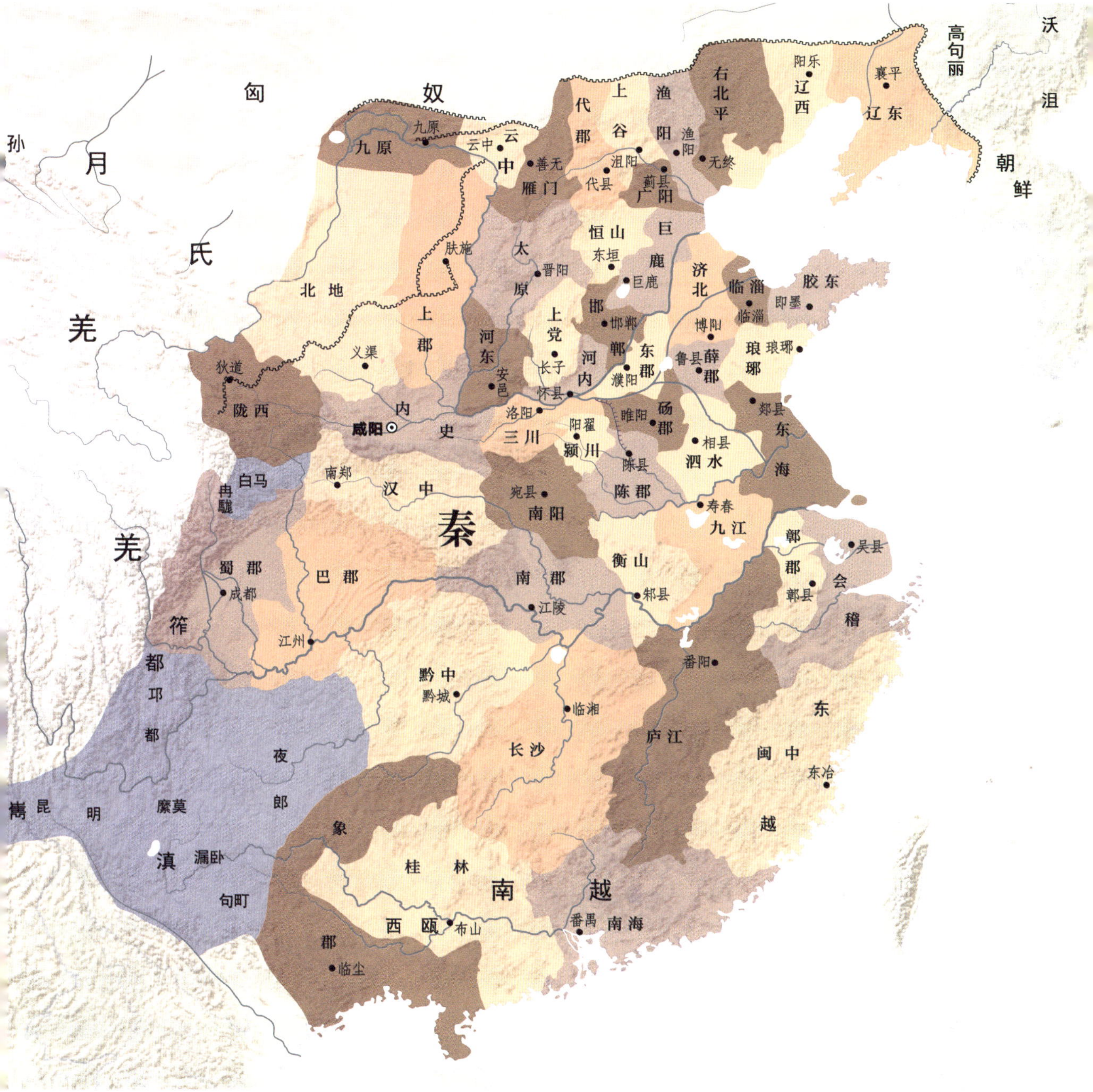
匈
奴
月
氏
羌
孙
高句丽
沃
沮
朝鲜
秦
九原
云中
代郡
上谷
渔阳
右北平
辽西
辽东
阳乐
襄平
善无
雁门
沮阳
代县
蓟县
广阳
无终
恒山
东垣
巨鹿
太原
晋阳
北地
肤施
上郡
义渠
河东
安邑
上党
长子
邯郸
河内
东郡
濮阳
济北
博阳
临淄
胶东
即墨
薛郡
鲁县
琅琊
陇西
狄道
内史
咸阳
洛阳
怀县
三川
阳翟
颍川
睢阳
砀郡
相县
泗水
郯县
东海
白马
冉駹
南郑
汉中
宛县
南阳
陈县
陈郡
寿春
九江
鄣郡
吴县
会稽
蜀郡
成都
巴郡
南郡
江陵
衡山
邾县
笮
江州
黔中
黔城
临湘
长沙
番阳
庐江
东冶
闽中
东越
都
邛
夜郎
嶲
昆明
靡莫
滇
漏卧
句町
象郡
临尘
桂林
西瓯
布山
南越
番禺
南海

秦郡示意图

东穷燕齐，南极吴楚，以控制广阔的国土。特别是统一货币，以黄金为上币，以秦国旧行的圆形方孔铜钱为下币；统一文字，采用后世所称的小篆；统一车轨，便于标准的道路和车辆配件的建造；统一度量衡，便于经济的交往。这些措施有力促进了大一统国家的巩固和发展。

大一统国家观

中国的大一统思想由来已久。这种政治思想萌发于西周时期，最终形成于春秋晚期、战国初期，这一时期由于诸侯混战加剧，希望和平、统一国家出现的国家观思想已经萌芽。孔子即主张天下大一统，所谓“天下有道，则礼乐征伐自天子出”[①]。春秋战国时期诸子百家也多有关于大一统观念的思想著说，如韩非子也认为“事在四方，要在中央；圣人执要，四方来效”[②]。在《公羊传》中，第一次明确提出了大一统的概念：“何言乎王正月？大一统也。”[③]至秦代，李斯更是明确提出：“灭诸侯，成帝业，为天下一统。”[④]随着秦汉王朝的形成，中国由民族分立、诸侯混战而逐步成为多民族、大一统的国家。

到了汉代，董仲舒向汉武帝提出“罢黜百家，独尊儒术”的建议，标志着大一统的观念与理论已经相当成熟，并极大地影响了史家对历史的记述。《史记》可以算是集大成者，它甚至影响了多民族的中华民族文化观的形成。随着隋唐宋时期统一集权国家的政治制度的完善、经济的发展以及南北民族与文化的大融合，大一统的国家观更是深入人心。至元明清时期，大一统的国家形态得到前所未有的巩固，大一统的国家观被社会各阶层广泛认可。

大一统王朝与漕运

为了维持大一统王朝的正常运转，秦代开创了漕运这种大范围大跨度的物资调配方式。漕运是中国历史特有的一种现象。它是由国家政府组织和管理，利用水

---

①《论语·季氏》。

②《韩非子·物权》。

③《公羊传·隐公元年》。

④《史记·李斯列传》。

路（河道或海路）调运专门物资（主要是粮食）到首都（或其他由国家政府指定的重要军事政治目的地）的专门运输体系。它有着严密的制度保障，并始终以高成本运行，体现出高度的政治性。漕运是古代中国中央集权国家最根本的需求之一，也是国家最主要的赋税方式和统治者治理国家最重要的手段之一。

秦代为了管理漕运，建立了初步的管理制度，比如颁布仓律，负责国家粮仓粮食的保管、发放；对粮食的调运也有专门的法律，无偿征调民众进行长距离的粮食运送。这套由秦代开始的漕运制度，跨越多个朝代，稳定地延续了两千多年，成为一种独特的制度和体系。在漫长的历史时期里，漕运对古代中国的发展产生了巨大的影响，形成了近两千年的文化传统。

漕运对大一统王朝的建立和发展都发挥了重要的作用。漕运是一种有效的政治与经济制度，它在广大的国土范围内进行资源的调度、控制和再分配，满足国家战略储备、应急救灾需求，调整社会结构，推动经济发展，维系了稳定的中央集权，是人类在农业文明时代重要的制度文明成果之一。漕运是解决中国南北社会和自然资源不平衡的重要措施，实现了在广大国土范围内南北资源和物产的大跨度调配，沟通了国家的政治中心与经济重心，对维持大一统王朝的正常运转发挥了不可替代的作用，产生了重要的影响。

第二节
秦王朝的粮食调配

关中的地理形胜

关中山河四塞，南依秦岭，北靠黄土高原，东阻黄河，西亘陇山，是天下一等的形胜之地。东出函谷而撼河洛，西下散关而凌巴蜀，南出武关而临江汉，北出萧关而收西羌，闭关自守则天下莫能入。周朝就兴自关中，东出孟津会盟天下诸侯以灭商。周自平王东迁后，秦人自陇西迁徙入关，从此开始腾飞。秦孝公居关中之形胜，东出而争霸天下，列春秋五霸。秦始皇能够攻灭六国，统一天下，与关中的地理形胜也大有关系。

历史上，秦国都城经历了由西向东的数次迁徙，但始终不离关中地区，最终迁徙到了沣水、渭水交汇地带的咸阳。关中地区土地肥沃、农业生产条件优越，针对降雨量稀少，又通过郑国渠等工程，解决了粮食灌溉问题，从此，关中地区成为当时重要的粮食生产基地。

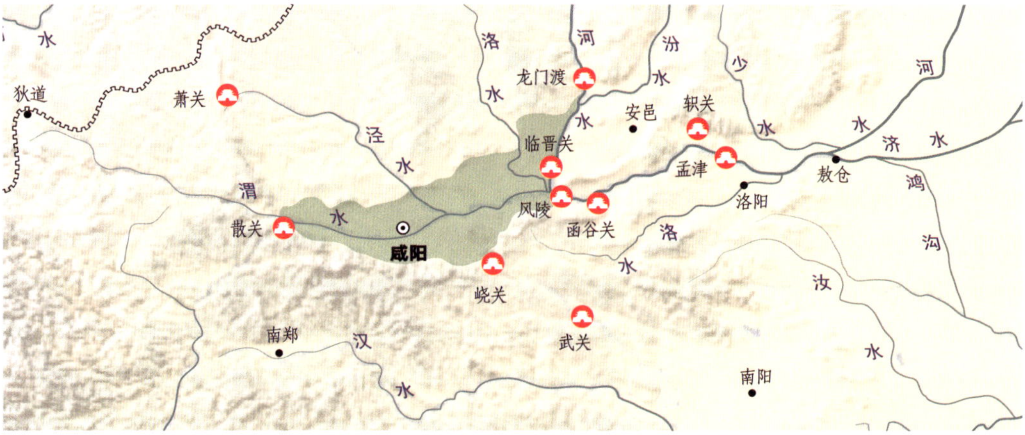

关中的地理形胜示意图

秦统一中国后，首都仍旧放在了咸阳。关中地区过去只需要养活作为诸侯国的秦国人口，粮食尚能自给有余。但随着咸阳及关中地区人口的快速增长，粮食的需求大大增加，关中地区已不能满足需求。

关中人口的剧增

随着大一统秦王朝的建立，首都咸阳及关中地区人口快速增长，主要有三个方面的原因。一是秦代实行的郡县制与过去的分封制有着本质的区别，由于皇权的加强，全国官员的任免和考核都在中央，中央政府的官员大幅增加，这样在首都就形成了庞大的官僚机构和官员人口。二是秦始皇担心六国旧贵族图谋复辟，为防止割据的再现，秦始皇把六国富豪和强宗 12 万户迁到咸阳，使他们脱离乡土，以便监视。这 12 万户，按每户 6 口人计算，就有 72 万人，在当时这是一个非常庞大的数字。三是大兴土木，阿房宫、秦始皇陵以及直道、驰道的建设，必然需要大量的建设者，这些建设者都是各地征召的苦力和刑徒，这些人聚集在关中地区，又大大增加了关中地区对粮食的需求。这几方面人口加起来就超过了百万人，可见当时在咸阳附近聚集了上百万的粮食消费者。

另外，军队也是一个巨大的粮食消费群体。在秦统一六国的战争中，出于战争需要，秦朝的军队不断扩张。秦统一后，为了维护王朝的统治，应对匈奴的威胁，持续经略四方，北击匈奴，南征百越，进行了多次大规模战争。因此，秦朝维持了一支庞大的军队，北击匈奴出动了 30 万人的军队，南征百越则出动了 50 万人的军队。据估计，当时全国的人口约为一千多万，而当兵服役的人超过二百万，在关中周围驻扎的军队占了全国的一半。西安出土的秦始皇陵兵马俑坑中，就有武士俑七千件，战车百乘，战骑百匹。这充分展现了秦代车、步、骑兵混合编组的大型军阵，也从侧面反映了秦朝军队规模之庞大。

秦王朝的三大粮仓

秦统一中国后，当时全国主要有三大粮食生产基地，分别是关中、巴蜀和关东（函谷关、潼关以东，近似于前文所述的“山东”）。其中，关中地区是秦国传统的粮食供应地。当时的关中尽管是最大的粮仓，但随着首都咸阳和关中地区人口的

秦兵马俑

急剧增长，关中粮仓已经不能满足需求。秦二世时“尽征其材士五万人为屯卫咸阳”，但由于关中粮食不足，于是下令“郡县转输菽粟刍藁”。[1]

巴蜀地区也是秦国的重要产粮区，都江堰工程的修建，使成都平原成为天府之国。从巴蜀地区通过水路向长江下游运送粮食，支撑了秦国征服楚国的战争，但由于巴蜀与咸阳之间隔着秦岭和巴山，通过陆路向咸阳运粮，在生产力不发达的秦代还是比较困难的。

关东地区过去属于齐、魏、赵、韩、燕等国，处于黄河下游，不仅土地肥沃，物产丰富，而且有天然的水道黄河及春秋战国时开凿的人工运河与关中地区相连通，这无疑是首都咸阳最佳的粮食供应地。因此，秦朝对全国，特别是关东地区，进行了大规模的粮食征调。

首都咸阳的粮食运输

要将关东地区的粮食运至关中，路途遥远，怎么运输是个问题。虽然当时开了直道、驰道等陆上交通线路，但这些线路用于皇帝出行、骑马送信、官员旅行还可以，

①《史记·秦始皇本纪》。

要用于运输大宗的粮食等物资却很困难。因为当时的道路是土质的，一到雨天就泥泞不堪，马车根本无法行进。因此，由陆路运输时间太长，费用也高，不能成为粮食运输的主要方式。但经过春秋战国时期大规模的区间运河开凿，到秦朝时已经基本形成了覆盖全国的水运交通网络，其中鸿沟沟通了淮河与黄河，邗沟沟通了长江与淮河，灵渠沟通了珠江与长江。从理论上讲，南方的物资也可以由珠江转入漓江，经过灵渠转入湘江，过了洞庭进入长江，经邗沟入淮河，经菏水、济水入黄河，或沿鸿沟入黄河，最后经渭水到达关中。因此，通过水路运输粮食成为首选，也就有了最早的漕运。

在关东地区，秦朝的粮食主要征集自鸿沟流域、济水泗水之间及黄淮各地，这一带有成熟的水运体系，方便运输。具体运输路线是从济水上溯入黄河，再由黄河上溯入渭水，最后到达位于渭水之滨的咸阳。这样，远至黄海之滨的关东粮食，也可以源源不断地运到咸阳和关中地区，从而解决了关中的粮食短缺问题。

最早的漕运粮仓——敖仓

由于黄河水量季节变化大，有时水位不够，有时又风高浪急，因此需要建立一

秦代漕运路线示意图

个中转站，在黄河水运条件不利时，暂时存放粮食，待水位升高时再转运。为了储存和转运粮食，秦国在济水和鸿沟从黄河分流处的敖山建立了一座巨大的粮仓，即敖仓。敖山在荥阳北部，下临济水，西距黄河不足 20 里，地理位置相当优越。中原运来的粮食无论是西输关中，还是北运边塞，都可以在这里储存和转运。敖仓是秦朝首个用于漕运的粮仓，也是中国历史上第一个用于漕运的粮仓。

敖仓的储粮十分丰富，传说可供几十万人的军队吃一年。秦末，刘邦与项羽楚汉相争时，就靠敖仓的粮食支撑了他的军队。后来英布叛汉时，仍有人提出据敖仓之粟是成败的关键。因此，敖仓的战略价值极其重要。西汉时期，政府又对敖仓进行了重修，并设置敖仓官员治理仓务，直属中央政府。后代泛称粮仓为敖仓，因此，仓库也有仓廒之说。

秦朝借助运河和自然河道，完成了向首都咸阳及关中地区的大规模漕运，进行了漕运的伟大实践和探索，奠定了中国之后两千多年以内河运输为主的漕运基础。

第三节
西汉定都与经略西北

西汉定都问题的争论

秦朝灭亡后，经过楚汉之争，刘邦称帝，建立汉朝，史称西汉。但是，定都的问题引起了激烈的争论。大臣们主要有两种意见，一种主张定都洛阳，一种主张定都长安。究竟定都于何处，当时刘邦也在洛阳和长安之间徘徊不定。这场定都之争对后世影响巨大，对于奠定关中地区在中国历史上的地位有着重要意义。

相比于长安，洛阳对于刘邦来说更加亲切，因为刘邦生在关东，发迹于汉中。从地理位置上，洛阳居于天下之中。诸子百家的思想在这里碰撞交融，又使洛阳成为天下的文化中心。当时，来往的行商都要经过洛阳，经过长时间的积累，洛阳慢慢的也成了国内重要的商业城市。从情感上来说，由于秦的灭国之恨，原来六国的百姓们也更容易接受洛阳作为新的都城。刘邦的文武大臣大多是从家乡就跟着他的关东子弟，他们不愿远离家乡到关中去做官，纷纷建议刘邦把都城定在洛阳。因此，起初刘邦把首都定在了洛阳。[①]

但是不久之后，刘邦就改变了主意，将长安定为首都，洛阳作为陪都。历史记载，刘邦主意的改变，与张良的建议有关，更与一位叫娄敬的军人的劝说有关。

娄敬对刘邦说："洛阳虽居天下之中，但作为国都，它的地理形势并不理想。陛下从丰沛带领3000人的部队起事，席卷巴蜀，占领了关中。后来又出兵关东，与项羽战于荥阳，大战七十，小战四十，双方死伤惨重，仗打得如此艰难，不得不说是因为地形不利。回过头来看看，关中有高山阻挡，黄河环绕，四面边塞可以作为坚固的防线，雄兵百万可以防御外患。借着秦国原来经营的底子，又有肥沃的土地

① 《史记·高祖本纪》："天下大定，高祖都洛阳，诸侯皆臣属。"

作依托，这就是所说的形势险要、物产丰饶的‘天府’之地。陛下把都城建在那里，山东地区即使有祸乱，仍可以保全秦国故地。这也就是掐住了天下的咽喉而击打它的后背啊。”

尽管当时刘邦的部下很多人反对定都关中，但张良支持娄敬的主张。他说：“洛阳虽然好，但它的腹地太小，方圆不过数百里；田地贫瘠，而且容易四面受敌，非用武治国之都。而关中左边有崤山与函谷关，右边有甘肃和四川，土地肥美，沃野千里；加上南面有巴蜀的富饶农产，北面有可牧放牛马的大草原。既有北、西、南三面的险要可以固守，又可向东方控制诸侯。诸侯安定，那么黄河、渭水可以开通漕运，运输天下的粮食，供给京师所需。如果诸侯有变，就可顺流东下以运送粮草，足以维持出征队伍的补给。这正是所说的金城千里、天府之国啊。”①

于是，刘邦终于下定决心定都关中，但是秦故都咸阳已被项羽焚毁，刘邦只得另择一地作为都城，这个地方就是长安。经过几代帝王的营建，形成了著名的西汉长安城。

定都关中的正确选项

抛开以上关于定都的争论，客观分析定都关中的优劣，可以发现定都关中确实是一个正确的选择。相信，以刘邦为代表的统治阶层一定是经过反复权衡后才做出这个决定。

从地理上看，长安地处关中平原，东有崤函天险，南有武关，西有散关，北有萧关，易守难攻，一旦东方出现变乱，进可攻，退可守。从经济上看，当时关中地区仍是最重要的粮食产区，并且商业繁荣，汇集了全国各地的货物，是天下的商业中心。从政治上看，关中具有较好的都城基础，在楚汉之争中汉已将秦朝的兴乐宫重加修饰，改名为长乐宫，萧何又主持修建了太仓和武库，定都关中可以减少都城的建设工程量，避免劳民伤财，有利于休养生息，迅速恢复社会经济。从军事上看，一是汉初分封了一批将领为诸侯王，定都关中有助于借助地势防范这些异姓王的叛乱；二是当时西汉的主要威胁来自北方少数民族匈奴，关中靠近北部边疆，定都关中有利于经略西域，便于就近组织军队抵御匈奴。

---

①《史记·留侯世家》。

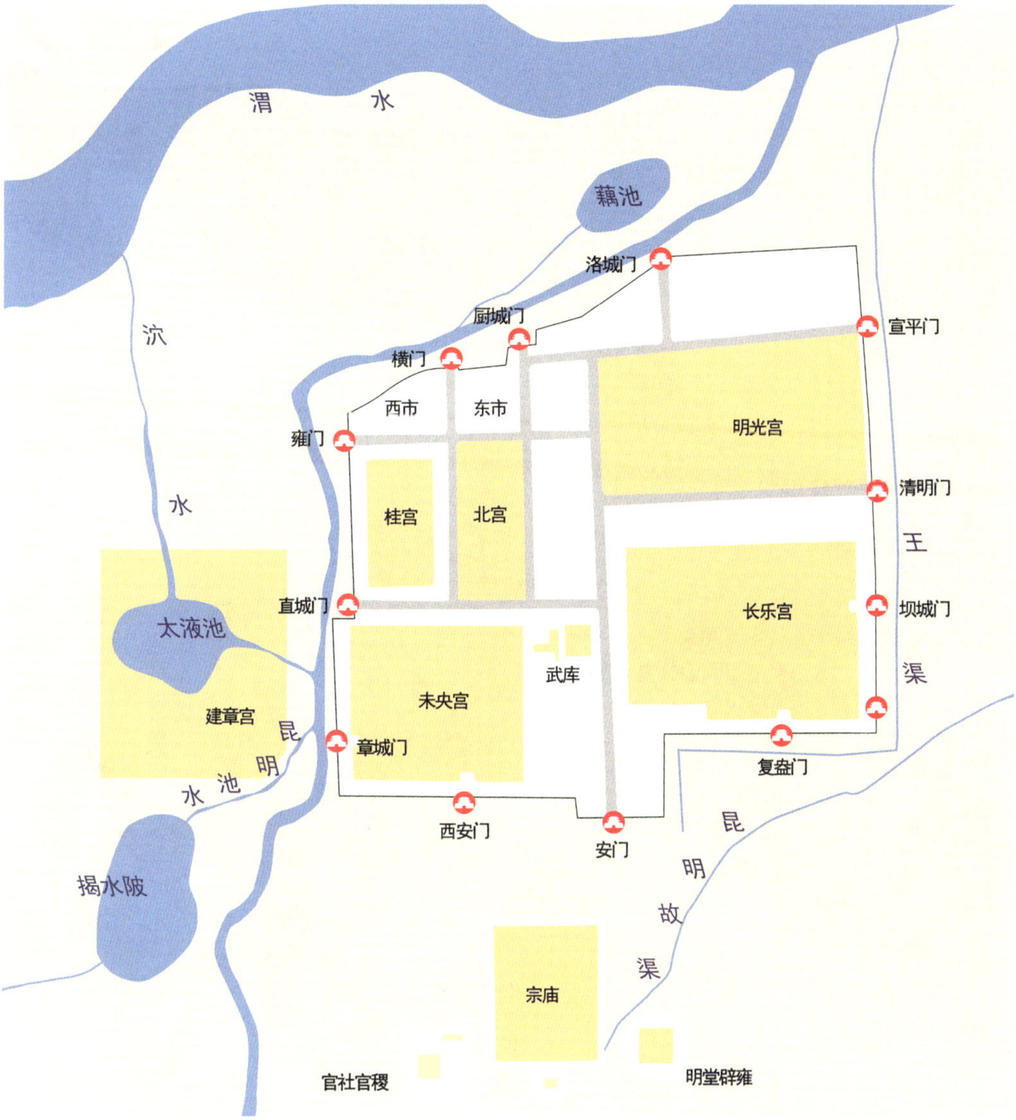

西汉长安城示意图

从之后的历史也可以看出，定都关中确实对西汉政权的稳定起到了重要作用。汉初刘邦着手剪除异姓诸侯王和功臣势力，引起了英布等人的叛乱。除掉异姓诸侯王后，刘邦又大封同姓诸侯王，实行郡国制，以保刘氏江山稳固。但是，随着同姓诸侯王势力越来越大，汉文帝时先后发生了济北王和淮南王的叛乱，汉景帝时更是发生了七国之乱。无论是汉初平定异姓王之乱，还是之后平定同姓王之乱，定都关中的独特优势都得以很好地发挥。如果将都城定在洛阳，诸侯王叛乱时洛阳周围必

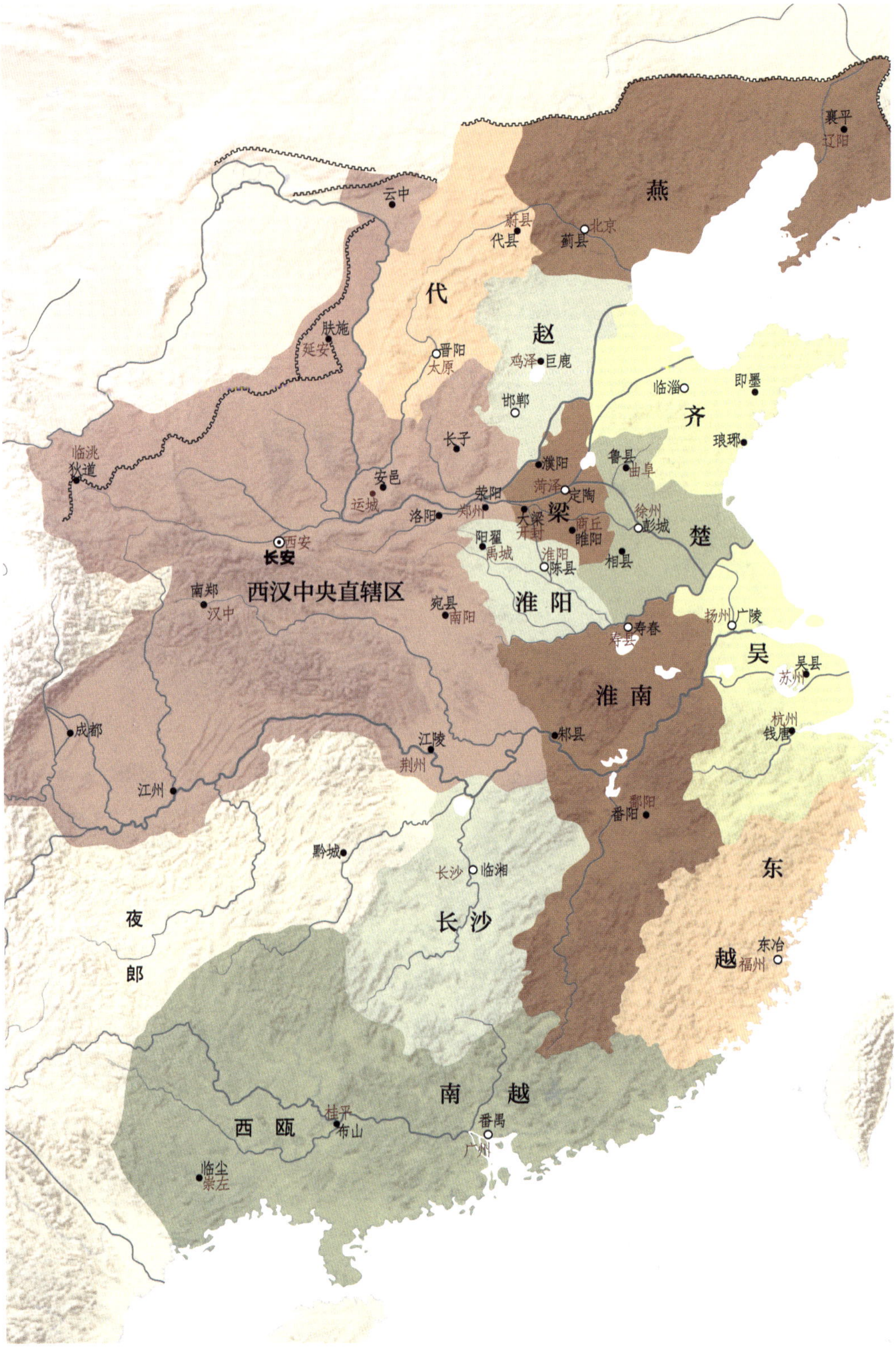

襄平
辽阳
燕
云中
蔚县
代县
北京
蓟县
代
赵
晋阳
太原
鸡泽
巨鹿
肤施
延安
临淄
即墨
齐
邯郸
长子
琅琊
临洮
狄道
濮阳
鲁县
曲阜
安邑
运城
荥阳
菏泽
定陶
徐州
彭城
楚
洛阳
郑州
大梁
梁
商丘
睢阳
开封
西安
长安
阳翟
禹城
淮阳
陈县
相县
南郑
汉中
西汉中央直辖区
宛县
南阳
淮阳
扬州
广陵
寿春
寿县
吴
吴县
苏州
淮南
杭州
钱唐
成都
江陵
荆州
邾县
江州
鄱阳
番阳
黔城
长沙
临湘
东
越
长沙
夜
郎
东冶
福州
南越
西瓯
桂平
布山
番禺
广州
临尘
崇左

西汉前期形势示意图

然成为战场，都城就有“累卵之危”，西汉是否能享国祚长达200多年尚未可知。

匈奴的崛起和威胁

西汉建立之初选择定都关中，一个重要原因就是应对北方游牧民族匈奴的威胁。匈奴人分布在蒙古高原上，战国末年以来，常向南方侵犯。秦始皇统一六国后，派大将军蒙恬率军30万，北击匈奴，取河南地（今内蒙、河套地区），匈奴被击败，逃往漠北。为了抵御匈奴再次南下，秦始皇下令把秦、赵、燕长城相连，筑起西起临洮、东至辽东的万里长城。

秦朝末年，匈奴趁楚汉相争、无暇顾及边关之机再度崛起。在骁勇善战的冒顿单于统率下，匈奴四面出击，重新控制了中国西北部、北部的广大地区。西汉王朝建立后，强大的匈奴已经成为中原农耕民族的心腹大患，严重威胁着汉朝北部边境的安宁。

汉高祖七年（公元前200年），刘邦带兵攻打匈奴，由于轻敌冒进，结果中了匈奴诱兵之计。刘邦和他的先头部队，被冒顿单于的40万骑兵围困于平城白登山（今大同附近），达七天七夜，完全和主力部队断绝了联系，最后采用陈平之计，买通单于的阏氏（单于的王后）才得脱险，这就是“白登之围”。白登之围后，西汉为了休养生息，被迫以宗室女为公主，嫁给冒顿单于和亲，并约定各自以长城为界，两国的关系得到暂时的缓和。而和亲也成为汉初对匈奴的主要外交政策。

经略西北与开疆辟土

从地理地形上看，关中西北外围高地，以陇山为主体，延伸到黄土高原一部分，这片地域地势较高，足以俯瞰关中。从这里直入关中腹地比较容易，而从关中腹地仰攻却比较难。因此，如果说关中对中原占有高屋建瓴之势，那么陇西则对关中占有高屋建瓴之势。而当关陇地区内部形势混乱之时，关陇局势的控制却取决于对关中西北外围高地的控制。关中西北高地是关陇地区的军事重心所在，对于关中腹地局势的安定有着举足轻重的地位。从关中往西层层递推，新疆西部一系列山脉才是中国西部边疆的天然屏障。因此，只有经略好西域，西北的安全才真正有保障。这给历代中原王朝的统治者揭示了一条规律：欲保关中之安全，必须控制陇西；欲控

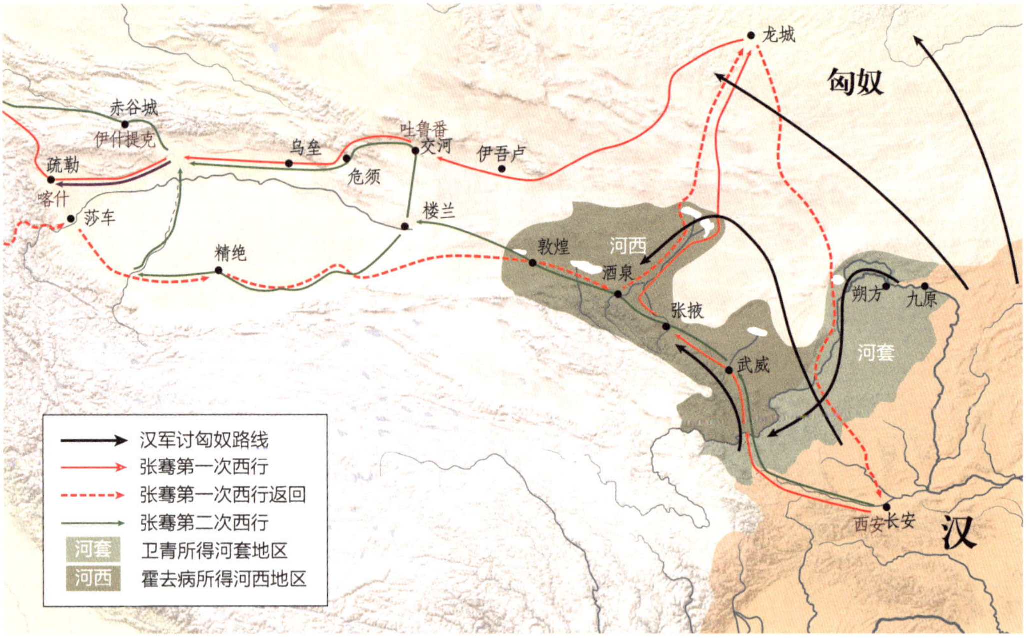

西汉经略西域的示意图

制陇西，必须控制河西；欲控制河西，必须抚定西域。

由于关中特殊的地理形势，再加上外部强大匈奴的威胁，使得经略西北成为西汉王朝重要的战略任务。汉武帝派张骞数度出使西域，联合西域诸国共同抗击匈奴，确保了关中地区的外围安全。张骞出使西域意外地开辟了丝绸之路，打通了经甘肃、新疆，到中亚、西亚，并连接地中海各国的陆上通道，长安成为连接内地与西域的纽带和经略西域的重要基地。汉武帝时大量组建骑兵，重用卫青、霍去病等将领，连续发动多次对匈奴的战争，获得巨大胜利，从根本上摧毁了匈奴赖以发动对汉朝战争的军事实力，使匈奴再也无力对汉朝构成巨大的军事威胁。汉武帝后期，西汉的军队推进到西域，李广利讨伐大宛，西域诸国震怯，纷纷遣使来朝。其后，西汉设立西域都护府，将西域正式纳入汉朝的版图，开中原王朝经营西域之先河。到了唐代，在西域都护府的基础上设立了安西都护府，作为唐西域最高军政机构。安西都护府最早就设在交河故城。交河故城是世界上最大最古老、保存得最完好的生土建筑城市，也是我国保存最完整的都市遗迹之一。

用兵西北与输粟于边。西汉初期，边疆地带频繁经受匈奴的袭扰，为了应对来

新疆交河故城官署遗址

自北方的威胁，西汉朝廷不得不在边疆倾注大量军事力量。之后在取得大片疆土的同时，为防范边疆的威胁，西汉也需要在边疆长期驻守大量的军队。而要驻军就要解决部队的军粮问题。频繁的军事行动对于军粮的需求更是与日剧增，据历史学家推测，西汉到新莽时期，边境驻军通常保持在 30 万人左右，一年所需粮食就达 800 万石，数量相当巨大。与此同时，西北边境因为环境及气候的影响，粮食生产能力非常有限。如此庞大的军粮需求必须借助于内地军粮输送体系，这就形成了西汉“输粟于边”的军粮供应体系雏形。

特别是汉武帝时期，大规模的对匈奴军事行动频繁展开，为了继续向西北开拓疆土，对军粮的需求更加旺盛。据《汉书 · 食货志》记载：“中国缮道馈粮，远者三千，近者千余里，皆仰给大农。”这就是对当时“输粟于边”的准确描述。这些军粮需要从山东和江淮地区调集，然后通过漕运抵达长安，再运送到前线。这时，运河的作用就十分明显了。

西汉政府在西北地区，抗击匈奴后收复的边地和西域屯田之所，也开挖有渠道，主要用于灌溉，有时也用于运粮。据《史记 · 匈奴列传》记载：汉骠骑将军霍去病打败匈奴后，在漠北从朔方以西到令居一带驻军屯田，“往往通渠置田，官吏卒五六万人，稍蚕食”。可见，运河对屯边和开拓疆土发挥了重要作用。

第四节
西汉粮食贡赋的调配

西汉经济区的分布

西汉建立之初，在农业生产上主要是兴修水利，开挖运河，扩大灌溉面积，提高农作物的产量。汉初以关中经济区为其经济支柱。当时关中地区农业发展水平在关中、山东、江淮三个农业区中高居首位，但因其面积狭小，粮食的单位面积产量虽高，总产量却有限。大一统的西汉王朝定都长安之后，关中地区人口剧增，粮食短缺问题日益显现。随着黄河中下游地区和淮河流域的开发，京师对粮食和手工业品的需求越来越依赖于崤山以东的山东地区。汉代山东地区有“膏壤千里”的美誉，有发达的农业与手工业，逐步成为全国的经济重心。

漕运需求的增长

西汉建立后，政府提倡黄老哲学，无为而治，实行与民休息政策，一切设施因陋就简，不求铺张，所以政府的物质消费不大。汉高祖将田租由秦代的十而税一减为十五税一；文帝时减为三十税一，后来又曾在十年中蠲免了天下全部田租；景帝将三十税一作为定制。税收的减少，是因为政府的消费少，不需要过多的财政收入。当时，从关东地区调运的粮食也少。汉初，“漕转山东粟以给中都官，岁不过数十万石”[①]，一年漕运也不过几十万石。

到了西汉中期，国家的繁荣昌盛带来了城市的繁荣、人口的膨胀。关中地区人口大量增加，非生产性人员所占的比重越来越大。因此，从关东地区运至京城长安

① 《史记·平准书》。

的粮食逐年增多。汉武帝时，为了供应长安的刑徒、奴婢，每年就要从山东运输粮食四百万石。据《史记·平准书》记载，汉武帝元狩四年，河漕已达四百万石；元封元年，山东地区运往关中的粮食一度高达六百万石。这个数字甚至超过了后来明清两代的漕运量。

漕渠的开凿

为了向首都地区和边疆地区源源不断地供应粮食物资，西汉继承并完善了秦代开始建立的漕运体系。汉初，漕运主要是通过鸿沟水系，经过济水或沿鸿沟转入黄河，再沿渭水北上，到达京师。汉武帝时，出现了国势强盛、经济繁荣的景象。汉武帝听从董仲舒“罢黜百家，独尊儒术”的建议，建立大一统政治，在政治、经济和思想文化方面加强了中央集权。政府也有力量兴修更多、规模更大的水利工程。为了解决漕运问题，向京城长安运送更多的漕粮，西汉政府组织开挖了漕渠，将运河向西延伸到关中地区。

公元前129年，汉武帝听从大臣郑当时的建议，命令著名水工徐伯，率领民工数万人，开凿了与渭河平行的漕渠。[1] 漕渠位于渭水南岸，傍渭东行，流经今临潼、渭南、华县、华阴，至潼关附近注入黄河，全长100多千米。漕渠是人工开凿的渠道，渠直水深，便于行船。漕渠凿通后，关东地区的粮食和物资可以从水道直接运到长安，

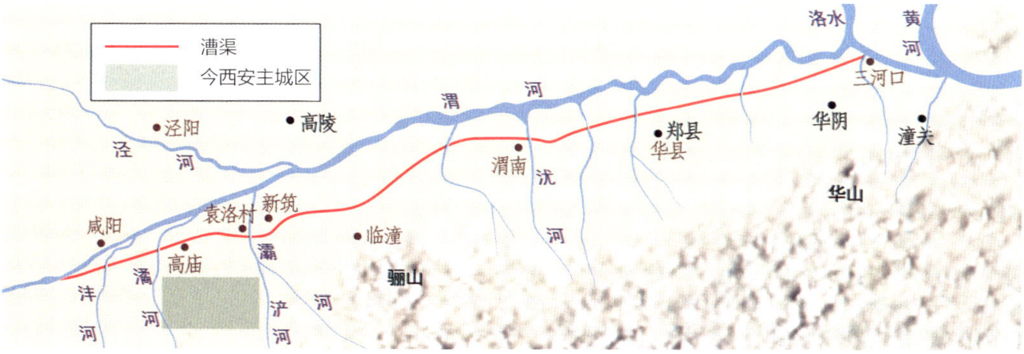

西汉漕渠的走向示意图

① 《史记·河渠书》。

大大缩短了运输时间。以前关东漕粮沿渭水而上需要 6 个月，如今只需 3 个月时间就能到长安了。这样山东和江淮地区的粮食通过运河及自然河道就可以源源不断地运至关中，保证了京师的粮食供给。

漕渠的开凿取得了显著的经济效益，它开辟了一条重要的水上交通线，加强了关中地区与东部、南部地区的联系，保证了都城粮食及其他物资的供应，扩大了灌溉面积，对关中社会经济的发展产生了深远的影响。西汉时期，由于皇帝热衷于开挖运河，兴修水利，而且成效显著，各诸侯国和地方官吏也竞相效仿。如汉初吴国国王刘濞在今扬州至南通如皋之间开凿的运盐河（为通扬运河的前身），河北中部开挖的大白渠等。这些纵横交错的河流水渠，构成了一个个四通八达的水路交通网，几乎全国各地都普及了水运。

漕运体系的初步建立

秦汉时期，由于封建社会的政治、经济制度处于起步阶段，各项措施都还在摸索中进行，因此，漕运也只是雏形，尚无定制，缺乏统一的组织和计划。漕运系统也没有从其他部门分离出来形成独立的经济系统。秦和西汉两朝均定都关中地区，当时，全国的经济重心还在北方，漕粮多半取于关东和黄淮这两个地区，漕运则经过横贯中原的自然河流——黄河和渭水，兼用一些短途的人工漕渠，因而漕运方向大致为东西向，漕粮多为军事用途，漕运随需而作，因此体现出无常制、无常时、无常额的特征。这一时期，由于南方尚未开发，因此南方的漕运活动并不突出，但汉代漕运的地域范围已经包括江南。正是这些漕运，支撑了长安作为首都的繁荣。

随着秦代灵渠和汉代漕渠的开凿，运河网络向西延伸到关中平原，向南延伸到珠江流域。从理论上讲，在公元前 2 世纪时，从黄河中游的关中地区，可以通过水路直抵珠江三角洲。在当时的生产力条件下，建设这么巨大的水上交通网络，在世界航运史上也是十分罕见的。在战国以来地区性运河的基础上，西汉将运河发展成为全国性的水运网络，对西汉大一统王朝的巩固和发展，发挥了至关重要的作用。

通扬运河的前身就是西汉时开凿的运盐河

第五节
东汉以洛阳为中心的运河

刘秀定都洛阳

公元25年，光武帝刘秀重新统一全国，再次建立汉朝，此时的汉朝因定都洛阳，而洛阳在长安之东，历史上称为东汉。

刘秀为何没有选择沿袭前汉旧制定都长安，而定都洛水北岸的洛阳，历史学家对其中的原因从经济和政治上进行了深入的分析。

一是长安虽然是西汉的首都，有八百里秦川的沃土，但在王莽统治时期和其后的战乱中，长安先后数次被攻破，人口锐减，昔日的恢宏与繁盛荡然无存，已不适合做首都。

二是刘秀本是南阳的世袭贵族，他建立政权主要依靠的是洛阳一带的地方割据势力。东汉建国之初，各地还有多支武装力量割据，为了避开其他地方割据势力的威胁，光武帝必须在自己的根据地先登基，等立稳脚跟后再做其他打算。另外，当时来自北方的匈奴也乘西汉末年的战乱重新崛起，当时东汉还没有实力去与其对抗，只能选择避让的策略，因此定都于远离草原游牧民族的洛阳。

三是从地理位置看，洛阳地处黄河中游，居天地之中，历来为兵家必争之地，皇帝坐镇中央，遥控天下，有利于对全国的统治。

四是伊洛平原地力肥沃，到东汉时已成为重要的农业区。周围水系发达，漕运便利，可以很好地解决首都的粮食供应问题。

基于以上四点考虑，刘秀放弃了长安，定都洛阳。这个决定对于维护东汉的统一稳定，促进社会经济发展起到了积极作用，开辟了以洛阳为中心的运河时代。

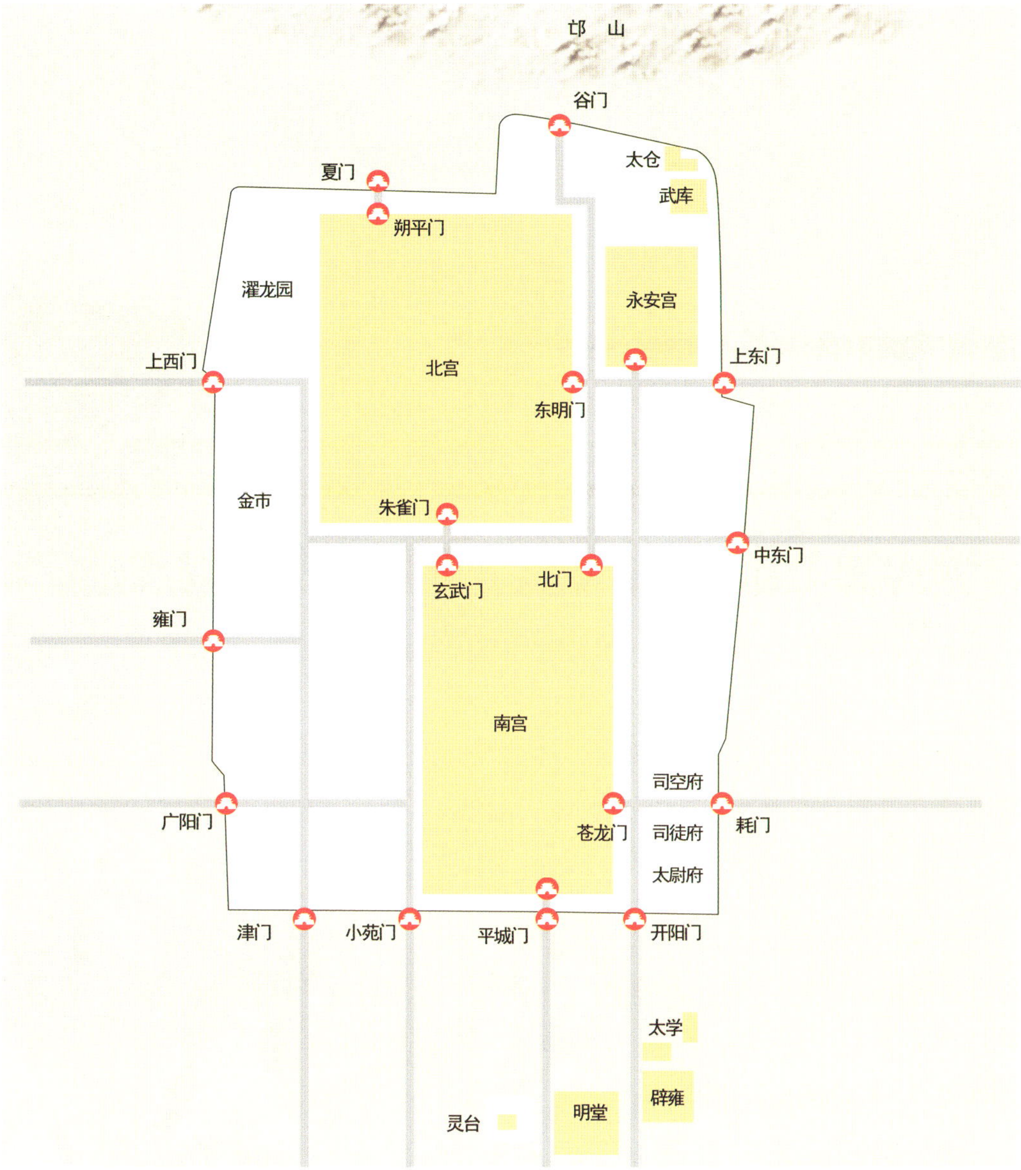

东汉时期洛阳城示意图

阳渠和汴渠的开凿

东汉定都洛阳，使洛阳成为全国政治中心和最大的漕粮集散地。当时，黄河流域仍是经济重心，粮食产区主要在黄河流域，主要粮食是菽和粟（大豆和小米）。因此，从山东、江淮等地转漕粮到京师，路程较近。东汉王朝对运河的修建主要以疏浚利用旧河道为主。

大运河洛阳段

东汉时期最主要的运河工程是在洛阳附近开凿的阳渠。洛阳在洛水北岸，漕船必须从黄河入洛水，然后抵达洛阳。当时洛水较浅，漕船不能通行。到了建武二十三年（47 年），张纯任大司空，他在洛阳城西南新开了一条渠道，将洛水引入，东流穿越谷水，到偃师一带，再回到洛水中。这条运河就是阳渠。《水经 · 谷水注》："又北迳东阳门东，故中东门也。又北迳故太仓西。"阳渠的水源主要依赖洛水，又纳入了谷水，所以水量很足，漕船畅通无阻。当时漕运到首都洛阳的粮食数量已相当可观，充分满足了东汉政府的漕运需求。

东汉政府的运河工程还有对汴渠的修建。在东汉时，中原一带鸿沟水系的许多人工河，因黄河水的多年淤塞而废弃，最后只剩一条支流即汳水（后人称为汴渠）。由于漕运的需要，东汉政府十分注重修治汴渠。顺帝阳嘉年间（132—135 年），曾大举动工，由汴口到淮口，沿岸积石为堤，加固堤防。灵帝建宁年间（168—172 年）又在汴口增修石门，不使黄河水大量流入。

阳渠和汴渠使黄河与淮河之间的人工运河又向西扩展，形成了西起洛阳，经阳渠，连接黄河、汴渠的新水运航线，把洛阳与中原和江淮等经济区域密切联系起来，为后来以洛阳为中心的隋唐大运河的开凿贯通奠定了基础。

东汉时的运河体系，不仅在交通、漕运和灌溉方面发挥了重要的作用，同时对于东汉中央政府加强对全国各地的政治军事控制，维护大一统的中央集权统治，甚至对经营边疆地区都起着无可替代的作用。

汉魏时期阳渠路线示意图

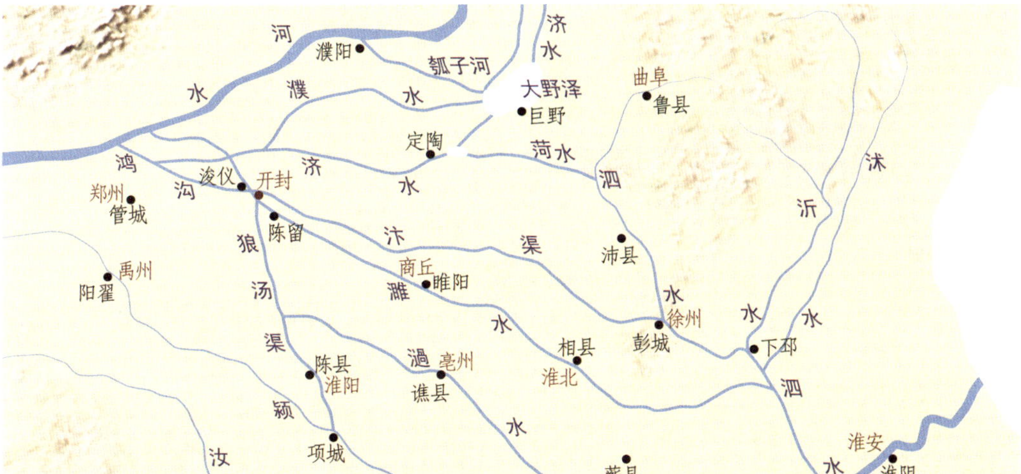

东汉汴渠示意图

通济渠的雏形

无论是秦代还是两汉，都是幅员辽阔的大一统王朝，要从全国各地征收税赋，养活都城庞大的官僚阶层和军队，在全国范围内构建起一个中央集权的统治网，就必须建立起一个贯通全国的交通网。在古代的生产力水平下，水路交通更有优势。秦汉政府重视开挖运河，正是看中了运河在水路交通方面的纽带作用。

秦汉两代的运河，特别是东汉政府对以洛阳为中心的运河的修建，使全国形成了四通八达的运河水系。当时的漕运通道，由京城洛阳进入汴渠，到了彭城进入泗水，由泗水进入淮水，再转经邗沟，可以到达江南。这大体就是后来隋唐大运河通济渠的路线，可以说，隋代贯通的大运河在汉代已奠定了基础，形成了通济渠的雏形。

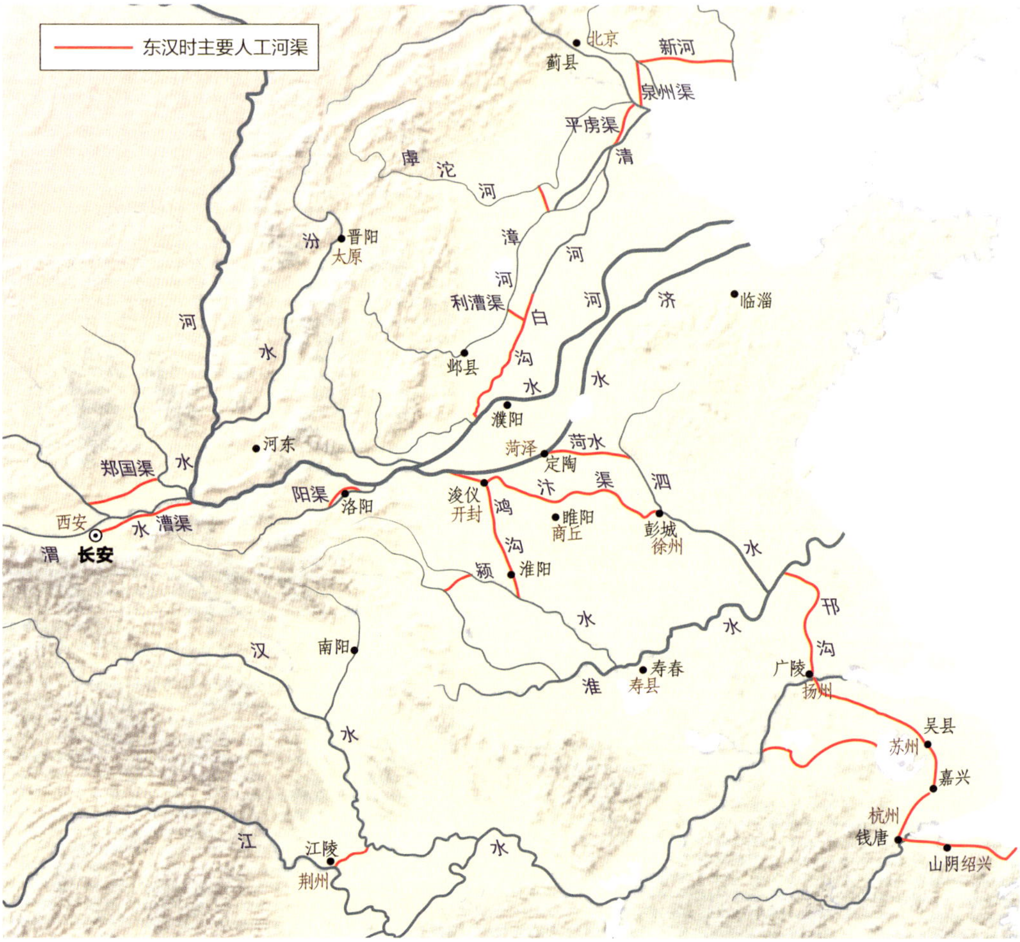

东汉时全国区间运河示意图

第三章　曹魏运河与晋室南渡

曹魏为了政治和军事的目的，先后在华北地区开挖了白沟、平虏渠、泉州渠、利漕渠等水道，在淮河流域开挖了广漕渠、淮阳渠、百尺渠等河道。这些区间运河基本构成了隋代大运河的通济渠、永济渠的走向。

司马氏篡魏，建立了西晋，结束了三国鼎立的局面，实现了全国的统一，但很快就被匈奴灭亡，中国北方陷入了长期的战乱，进入了五胡十六国时代。中原的长期战乱和屠杀，迫使越来越多的百姓逃难到相对稳定的江南，中国的经济重心开始逐渐南移。这为隋代开凿从江南和涿郡到洛阳的南北贯通的大运河，提供了必要性和可能性。

第一节
曹魏运河与晋的统一

东汉末期，群雄并起，曹操挟天子以令诸侯，取得了政治上的优势；同时，通过屯兵、开运河、兴水利，取得了经济上的优势。为征战北方，曹操利用黄河故道，开挖了白沟等运河，使运河向黄河以北延伸，抵达今天河北省的东部地区。在魏晋南北朝的统治者中，曹操是最善于利用运河的。在东征西讨的同时，曹操同步进行大规模水利建设，有计划地开凿了几条运河，以利进兵征讨和军粮运输。

白沟的开凿

官渡之战后，袁绍败回邺城（今河北省邯郸市临漳县一带），不久忧愤而死，三个儿子争权夺位，互相火并。曹操乘机北进。建安八年（203 年），曹操北渡黄河，攻下黎阳（今河南省鹤壁市浚县附近），下一步就是要夺取袁氏的根据地邺城。次年正月，他亲率大军渡河。为了给军队输送粮草，他引导淇水进入白沟，作为粮草的通道。[①] 白沟本来是黄河故道，原名宿胥渎，经今天河南淇县东南，转向东北流。曹操在淇水入黄河的入口黎阳，用大木枋作堰，让全部的淇水东流进入白沟，以通粮道。[②] 同年二月，曹操兵临邺城。围攻半年多，决漳水淹没邺城，在八月份艰难攻克邺城。

白沟的开挖对于曹操来说，具有重要的战略意义。它使漕运由此直通洹水，再经洹水直逼袁氏根据地邺城，进攻邺城时就不用担心军粮问题了。白沟贯通后，曹操先后攻下邺城，杀死袁谭，赶走袁尚，占据幽州、冀州、青州、并州四州，成为中原地区的霸主。同时，白沟成为华北平原运河水系的中枢。此后，在白沟的基础上，

① 《三国志 · 魏志 · 太祖纪》："遏淇水入白沟，以通粮道。"

② 《水经注 · 淇水》："汉建安九年，魏武王于水口，下大枋木以成堰，遏淇水东入白沟，以通漕运，故时人号其处为枋头。"

卫运河滑县段

曹操又陆续向东北方向开挖了平虏渠、泉州渠、新河和利漕渠，形成了以白沟为主干的运河漕运网，沟通了南起黄河，北到海河，中间包括清水、漳水、淇水、洹水、滹沱河等各大水系，大大便利了曹操对华北平原的控制，也有利于这一地区社会经济的发展。曹操所开的白沟成为后来永济渠的前身。

平虏渠和泉州渠的开凿

曹操攻下邺城后，袁绍的二儿子袁熙和三儿子袁尚逃奔到乌桓。公元 206 年，为了北伐乌桓、彻底肃清袁氏残余势力，曹操在滹沱河和泒水之间开了一条名为平虏渠的人工运河。据谭其骧考证，这条平虏渠就是今天青县至静海之间的一段南运河。同年，曹操又开凿泉州渠，渠水因南起泉州县境内而得名。公元 207 年，通过平虏、泉州二渠，军粮沿水道直达辽西前线。当年四月，曹操率军北上，历经万险，凭借近万轻装骑兵千里奔袭，在八月的白狼山一战中大败乌桓数万大军，攻克乌桓都城柳城（今辽宁省朝阳市南），斩蹋顿单于并灭掉了乌桓。在这次战役中发挥重大作用的平虏渠成为部分南运河的前身。

利漕渠的开凿

为了补充白沟的水源，曹操在建安十八年（213年）开凿了利漕渠，引漳水进入白沟。这条渠从今天河北省曲周县南起，东南到大名县西北、馆陶县西南注入白沟，用以沟通邺城和四方漕运，因此命名为利漕渠。从此，邺城可以通过运河直通河北平原北端。利漕渠的开通，使漳水由利漕渠流入白沟，成为白沟的重要水源之一。这时邺城已成为南北水运的枢纽和北方的政治、经济中心。后人称赞道："邺城平原千里，漕运四通。"[①] 这样，曹操在华北平原上完成了一个庞大的水运系统工程，整个黄淮海平原从南到北都有运河可以通达，这在中国运河史上也是第一次。

广漕渠、淮阳渠、百尺渠、成国渠的开凿

广漕渠是曹操的儿子魏文帝曹丕所开凿的。建安二十五年（220年），曹操去世，曹丕自立为帝，国号魏，定都洛阳。其后刘备、孙权相继称帝，建立蜀、吴，三国鼎立的局面形成。为了与吴、蜀争夺地盘，扩张势力，曹魏政权将战略中心转移到黄河以南，在黄淮平原上大修水利。

公元241年，魏国权臣司马懿为灭吴国做准备，命邓艾巡行淮水流域，邓艾建议开河渠、兴屯田。于是从钟离（今安徽省凤阳县东）以南，横石以西，直抵沘水（今安徽六安、霍山一线），共200多平方千米的区域，作为淮南屯田区。同时，扩修淮阳、百尺二渠，上引黄河水，下通淮水、颍水，开广漕渠，全长150多千米，灌溉良田2万顷，淮南、淮北于是自我供应粮食有余并消除了水害。同时，由于广漕渠的开通，魏国每次兴兵伐吴，都可以泛舟而下，达于江淮。

据《三国志·魏书·文帝纪》记载，黄初五年至六年，曹丕曾率领大批水师，由颍水、涡水入淮河讨伐东吴，可见当时江淮之间水运十分畅通。另外，为了征伐蜀国战争的需要，曹魏政权还在关中开凿了一条东西向的成国渠，并筑临晋水库，

---

① 《魏书·崔光传》。

广漕渠、淮阳渠、百尺渠示意图

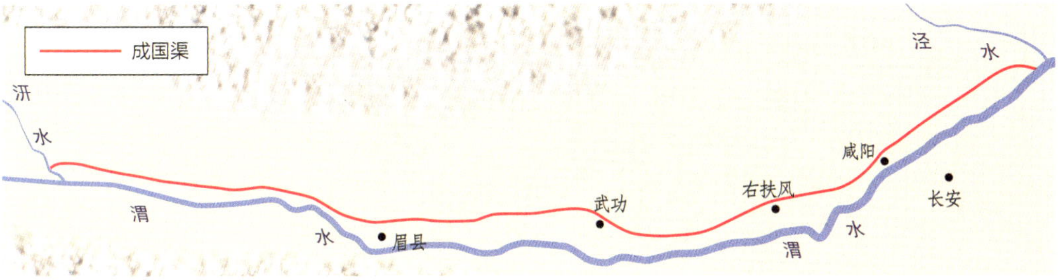

曹魏成国渠渠系分布示意图

引来汧水、洛水，灌溉舄卤之地三千多顷，国力进一步充实。[①]

陈登穿沟

除了以上人工运河外，曹魏政权还先后修整过汴渠、邗沟等。著名的陈登穿沟就发生在这一时期。前面讲过，夫差所开的邗沟是从邗城引水北流，然后向东流入博芝湖和射阳湖，出射阳湖北端向西北流到末口入淮水。从湖中穿过，自然节省了挖河之力，但这样却绕了很多道，且湖中风浪大，行船危险。

东汉建安二年（197年），广陵太守陈登因为射阳以南邗沟的水路不通，射阳湖风浪大，损坏船只，于是重开邗沟，将河线向西移动，不再经过博芝湖，转而由

①《晋书·食货志》："青龙元年，开成国渠自陈仓至槐里。筑临晋陂，引汧、洛溉舄卤之地三千余顷，国以充实焉。"

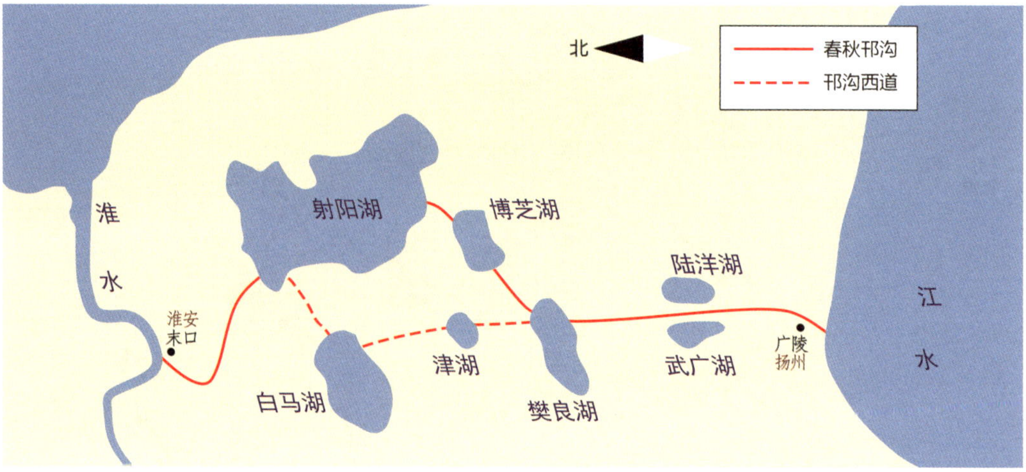

邗沟西道示意图

三国时运河示意图

樊良湖北口穿过白马湖，再转向射阳湖入淮。因此，原来的河线称为东道，改变后的被称为西道。

沿着邗沟西道，凡从北向南的船进入末口，横贯射阳湖西到白马湖，渡过津湖进入樊良湖。由南向北的船出樊良湖，从西边进入津湖到达白马湖，从东边穿过射阳湖，从西北出末口。[①] 邗沟西道减少了湖中风浪的威胁，同时裁弯取直，缩短了江淮之间的航运距离。

陈登担任广陵太守期间还筑有捍淮堰（高家堰前身）、破釜塘、陈公塘等沿运河的水利设施，发展农田灌溉，使汉末迭遭破坏的江淮地区农业得到一定程度的恢复。如今江苏仪征龙河一带有陈公塘，相传就是陈登所开，用于运河补水及农业灌溉。

西晋的统一

曹魏政权从曹操开始，尤其重视开挖运河和兴修水利。经过几十年的苦心经营，在长江以北建立了较为发达的水上交通网，对曹魏政权的稳固统治及后来西晋一统中国都发挥了重要的作用。相反，东吴和蜀汉虽然都在水源丰富、河道纵横的南方地区，但对运河的开凿投入不多。东吴政权曾开凿过破冈渎（也称句容中道）、丹阳水道，连接江南运河与秦淮河；而蜀汉主要是利用自然河流，几乎没有人工开凿运河的记载。这在一定程度上，导致了吴国和蜀国的国力远不如魏国强盛。公元263年，曹魏发动灭蜀之战，蜀汉灭亡。公元266年，司马炎取代曹魏政权建立新政权，改国号为晋，定都洛阳，史称西晋。公元280年，西晋灭掉东吴，结束了三国鼎立的分裂局面，重新统一全国。

① 刘文淇：《扬州水道记》。

第二节
八王之乱与五胡乱华

晋武帝司马炎像

西晋（266—316年）是中国历史上三国之后的统一王朝，与东晋合称为晋朝。西晋传了四代皇帝，从晋武帝司马炎建国开始，国祚51年。如果从灭东吴、统一全国开始计算，只存在了37年。究其原因主要有两点，一是统治阶级的腐败，二是民族矛盾的激化。

奢靡之风

灭吴后，西晋举国沉浸在奢侈腐败的风气之中。晋武帝出身世族，司马氏家族经过长期发展，早就形成庞大的权贵集团，因此，从西晋建立起，政风就十分黑暗，贪赃枉法，贿赂风行。西晋皇室逐步走向腐朽，在皇室的影响下，世家大族也贪暴恣肆，奢侈成风。如大臣何曾日食万钱，还说“无下箸处”。[①] 皇亲贵族王恺、石崇斗富，互比奢侈，大臣傅咸上疏说“奢侈之费，甚于天灾”[②]，请求皇帝制止，但司马炎不仅无动于衷，还资助他的舅父们争富。贵族官僚们不仅奢侈成性，而且公开抢劫、杀人。如石崇在担任荆州刺史时，“劫远使商客，致富不赀”[③]。西晋中后期开始，统治阶层更加腐朽不堪，不断残酷剥削压迫各族人民，激化了阶级矛盾和民族矛盾。

① 《晋书·何曾传》：“食日万钱，犹曰无下箸处。”
② 《晋书·傅咸传》。
③ 《晋书·卷三十三·列传第三》。

八王之乱

西晋国力被削弱的标志性事件是“八王之乱”。西晋建立后，晋武帝司马炎将司马氏家族的子弟都分封为王，同姓王与中央政权分取赋税，有的甚至统领中央军队。太熙元年（290 年），晋武帝司马炎去世，因为继承帝位的晋惠帝是个白痴，外戚杨骏辅政，皇后与皇太后展开了争权斗争，统治集团内部矛盾愈演愈烈。公元 291—306 年，八位诸侯王（汝南王亮、楚王玮、赵王伦、齐王冏、长沙王乂、河间王颙、东海王越及成都王颖）发生了争夺皇位的混战，同室操戈，骨肉相残，史称“八王之乱”。八王之乱中，参战的诸王一个个相继败亡。因为长期的战争，生灵涂炭，中原地区的社会经济被严重破坏，西晋统治集团的力量也消耗殆尽，隐伏着的阶级

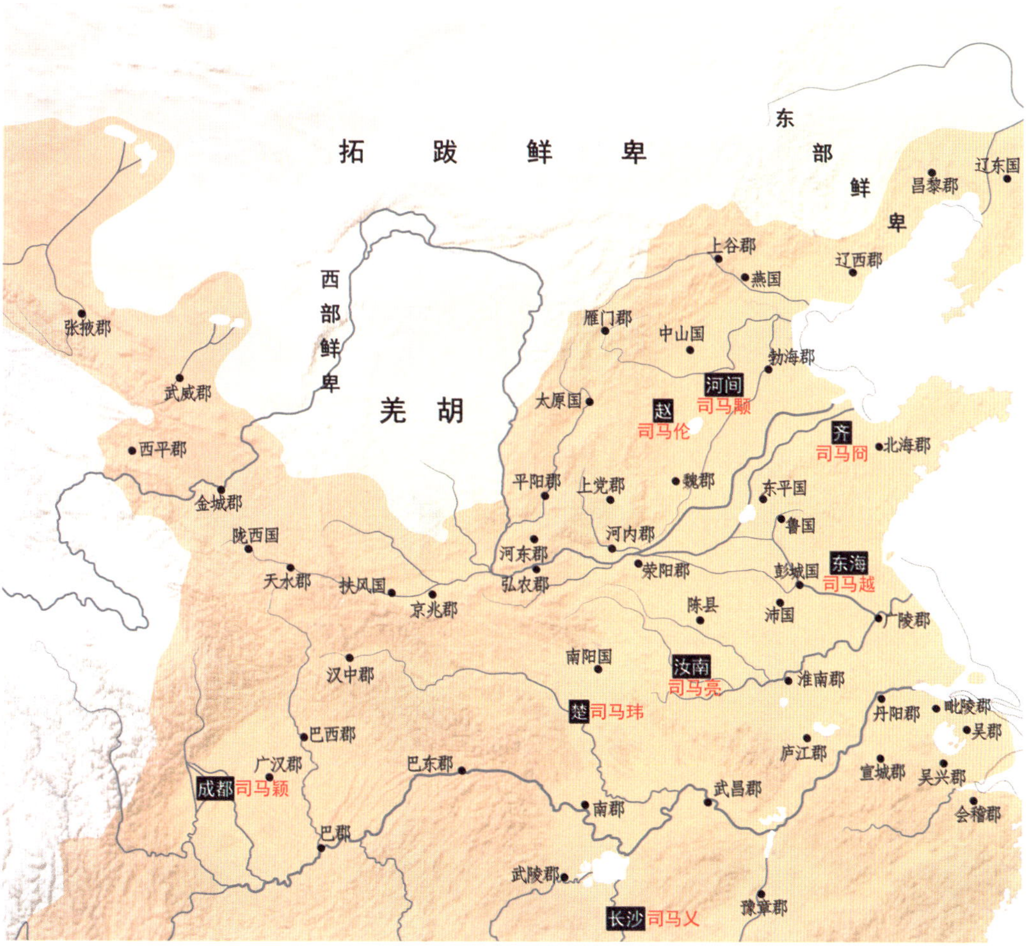

八王之乱时封国示意图

矛盾、民族矛盾便迅速爆发，给了少数民族政权入侵中原以可乘之机。

永嘉之乱

西晋时，关中户口百万，其中少数民族占了一半左右。各族内迁以后，与汉人杂处，过着定居的农业生活。魏晋统治者强迫各族人民纳租调，服苦役，“服事供职，同于编户”①。西晋时的占田制明确规定了少数民族的租调负担，汉族的官僚、地主多以少数民族人为奴婢、佃客。残酷的民族压迫，使各少数民族对西晋统治者“怨恨之气，毒于骨髓”②，因而反抗斗争不断发生。

曹操当政时，把居住在并州的匈奴分为五部，分居于今天山西的汾阳、祁县、文水、隰县、忻州一带。不断向内地流动的塞外匈奴人，前后达到了数十万人。与汉族混居的匈奴人及其他少数民族遭受汉族官僚、地主的压迫、剥削和欺凌。八王之乱后，政权衰弱，经济残破，社会矛盾尖锐，匈奴贵族刘渊趁机起兵，攻破晋都洛阳，俘虏晋帝，西晋灭亡。因战争发生于晋怀帝永嘉年间，史称“永嘉之乱”。当时匈奴控制了几乎整个中原，长达一百多年的大动乱开始了。

五胡乱华

东汉以来，分布在西北边疆的少数民族已陆续向内地迁徙。光武帝刘秀打破西汉边民严禁内迁的铁律后，边民逐渐内迁，而大量游牧民族因此以各种方式迁入充实边郡。魏晋时期，汉族统治者为了加强对各少数民族的控制和补充内地劳动力的不足，经常招引和强制他们迁入内地。各少数民族人民进入内地后，在汉族的长期影响下，逐步由游牧生产生活向定居的农业生产生活过渡。魏晋时，西北各少数族人民向内地迁徙的活动更加频繁，当时主要有匈奴、羯、氐、羌以及鲜卑五族，历史上称作“五胡”。

西晋灭亡后，匈奴人建立的政权控制了黄河中下游的广大地区，他们对各族人民采取胡汉分治的方法。由于他们推行民族仇杀、民族歧视的政策，残酷掠夺压迫各族人民，再加上连年灾害，其政权很快灭亡。之后，内迁的少数民族相继建立政权，

---

①《三国志·魏志·梁习传》。

②《资治通鉴·第八十三卷》。

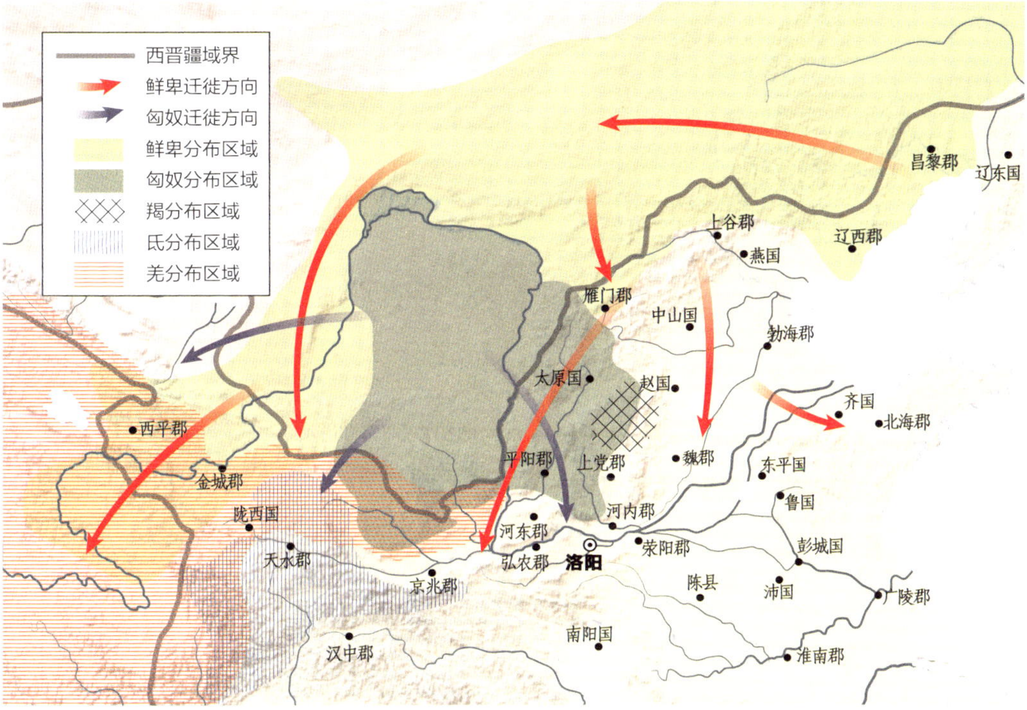

西晋时少数民族内迁示意图

羯族建立的后赵、鲜卑族慕容部建立的前燕、氐族建立的前秦、羌族建立的后秦、鲜卑族拓跋部建立的北魏等相继登场，前后有十余个政权。这些由少数民族陆续在北方建立的国家，史称“五胡十六国”。每次政权更替几乎都是通过残酷的战争进行的，中原地区陷入了血雨腥风、连年征战之中，百姓流离失所，有家难回。北方经济严重衰落，民族矛盾加剧，黄河流域的汉族人民为了躲避战乱不得不南迁。

第三节
向南方的人口大迁移

衣冠南渡与东晋

永嘉之乱后，西晋朝廷受到威胁，晋建武年间，晋元帝率臣属从京师洛阳南渡，中原汉族士族等臣民相随南逃，西晋灭亡，这是中原汉人第一次大规模南迁，史称

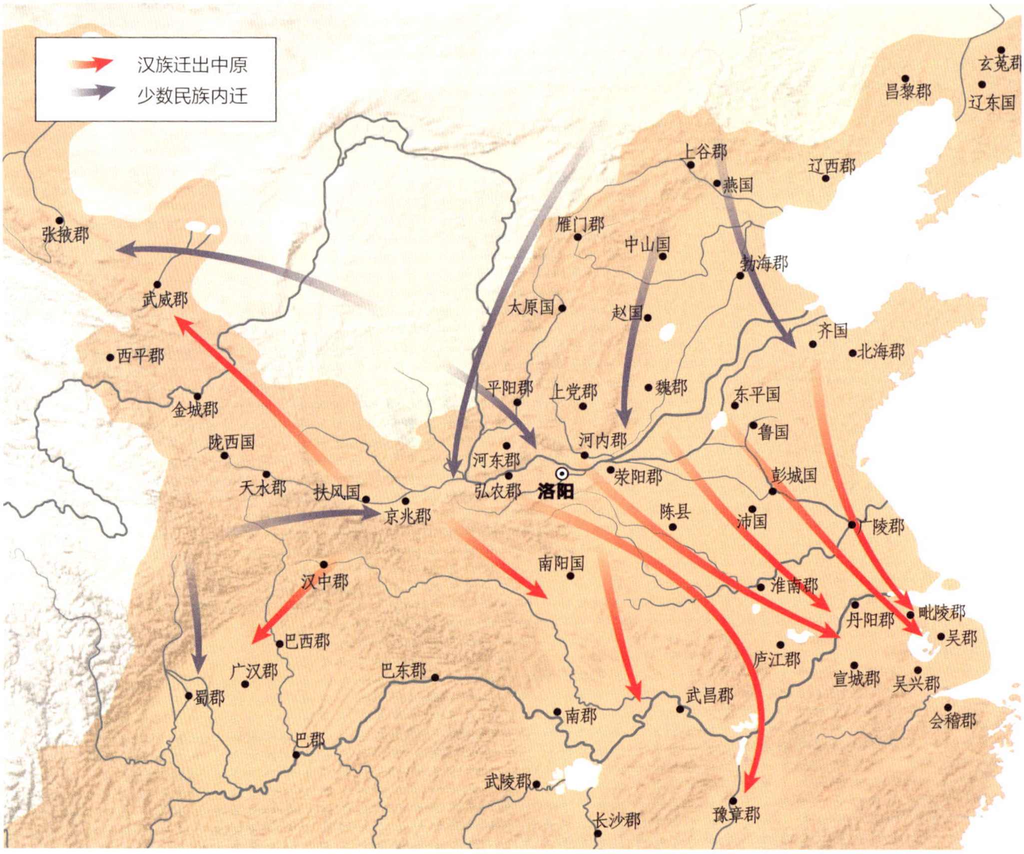

两晋时的人口大迁徙示意图

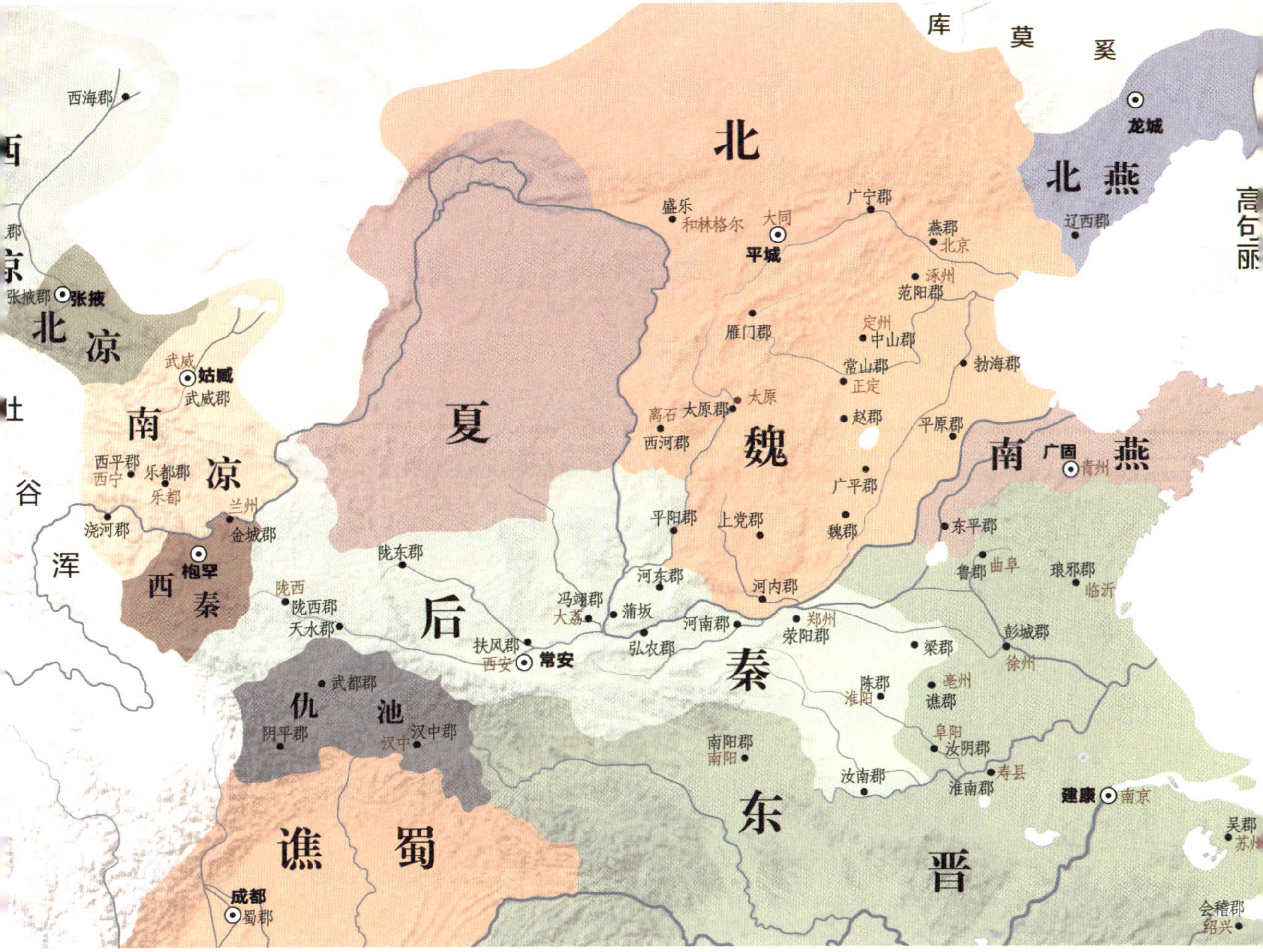

东晋时南北对峙的政权示意图

“衣冠南渡”。随后五胡乱华的动荡与民族矛盾的加剧，致使北方战乱和经济衰落，迫使越来越多的中原百姓从长安、洛阳等地逃难到河北、河西和更远的相对稳定的江南地区。

永嘉元年（307 年），晋怀帝任命琅琊王司马睿为安东将军，扬州、江南诸路军都督，管理建邺（愍帝时改称建康），此时开始，中原士族前来投靠的人就络绎不绝。西晋灭亡后，司马睿在王导的主持下，依靠南下的中原大族，联合江南的顾、贺等家族，在江南建立以士族大家为支撑的东晋政权，开启了东晋、宋、齐、梁、陈等南朝汉人政权近 300 年偏安江南的历史。

中原人口大迁移

晋政权由洛阳南渡到建康（今南京），建立东晋后，中原人民纷纷渡过淮河、长江，相率南下。其一是为了躲避战乱，南方地区虽然开发程度不高，但是相对北方来说比较安定；其二东晋作为汉族的正统国祚，很多汉人还是希望归属东晋，于是出现了中原汉人第一次大规模南迁。之后的唐代安史之乱、北宋靖康之难中，中原人民也曾大规模南迁。

南北朝时，截至南朝刘宋初年，南渡人口已近 30 万户，达到 90 多万人，占当时南方总人口的 1/6。这些移民给南方注入了新的活力，促使江南由“火耕水耨”的粗放型农业生产方式向精耕细作的农业生产方式转变，提高了粮食产量和土地利用率。

东晋时，由于北方战乱不断，大量人口逃亡，除了跟随晋政权逃到江南外，还有人口往其他方向流动。公元 296 年晋惠帝时期，关中发生“齐万年之乱”，数万民众从关中经汉中，抵达蜀地，之后协助李特、李雄立国。另一股经汉水到淮河，后来被石勒的后赵政权吸收。巴蜀动乱后，一批人又逃到荆湘地区，因受土豪欺压

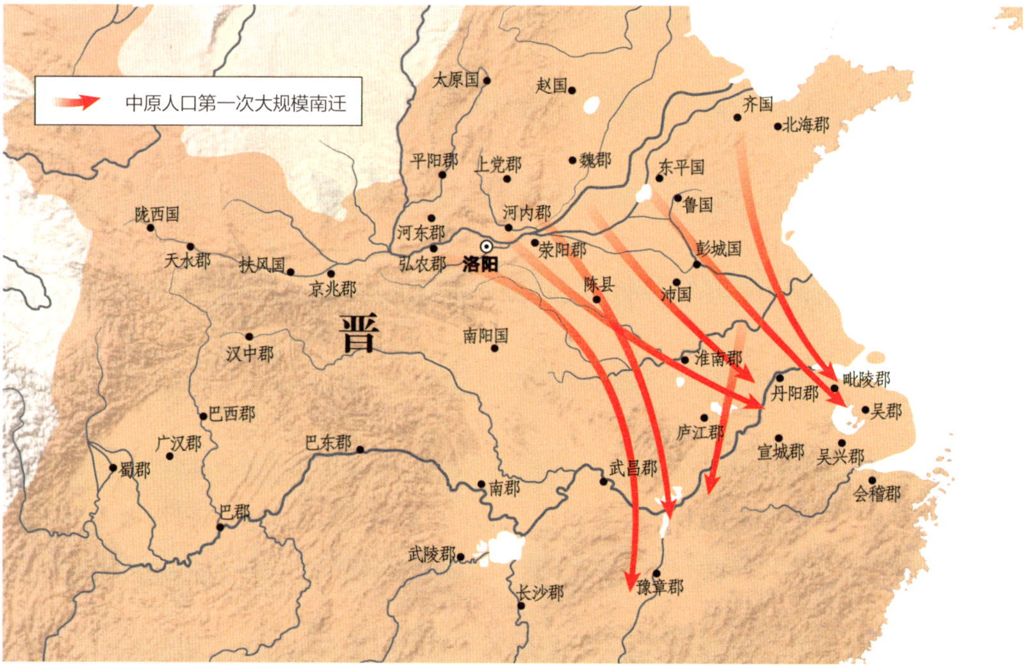

中原汉人第一次大规模南迁示意图

而叛乱，最后被王敦、陶侃平定。并州饥民逃向冀豫地区乞食，后来由田甄率领造反，称为“乞活贼”。河西走廊的凉州一带很少受战乱之苦，众多内地民众前往避难。后来，在甘肃河西走廊地区由于保留大量汉人文化生活制度，形成了独特的“河西文化”。人口的不断减少，也使黄河流域的生产力不断下降，经济进一步衰落。

侨置州郡

东晋时，为了安置南渡的人口，实行了一项新的制度——侨置州郡。当时北方汉族人民大量南迁，幽、冀、青、并、兖五州（主要为今天河北、山东、山西及豫东北）及徐州等淮河以北的流民多数越过淮河、长江而停留于扬州境内；秦、雍、司、豫（今甘肃、陕西、晋南、豫西、豫中）等州的流民则多逃到荆州北部的襄樊汉沔一带（今豫南鄂北）。还有一部分司、豫流民南迁至江州（今鄂东、江西）北境。东晋政府就在流民聚居之地，以他们原籍州郡县的名称（也有新立名称者）设立临时性的地方行政机构，以登记和管理这些流民。这些流民称作侨人，州郡县称作侨州郡县。东晋政权在流亡百姓中的大族选择适合的人担任刺史、太守、县令。

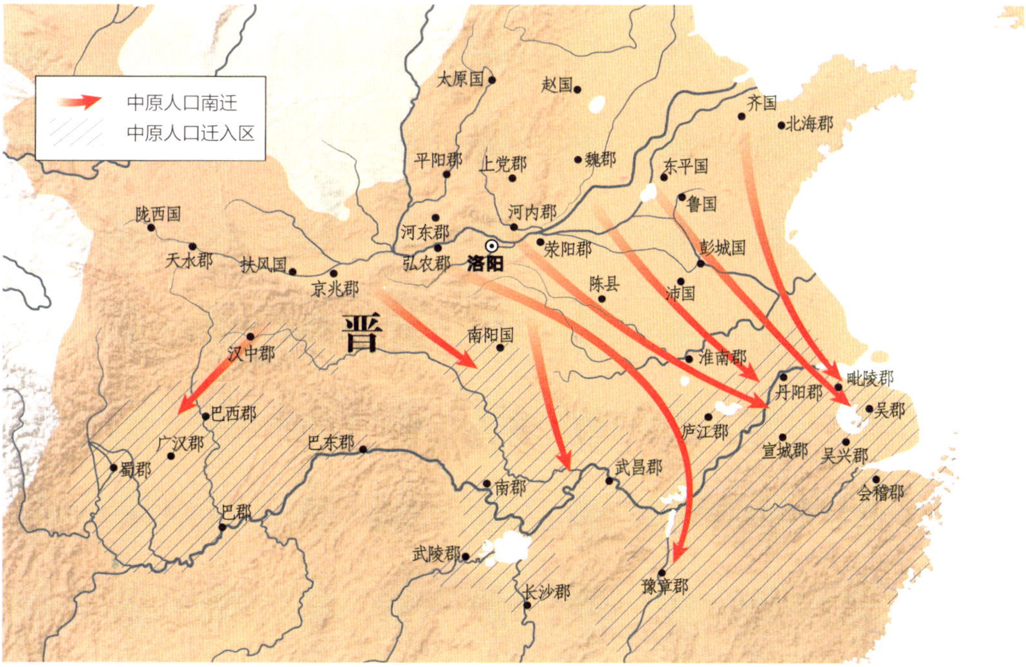

东晋南迁移民分布示意图

侨州郡县大量集中于江淮、江汉一带，所在地与原籍郡县之地有一段距离，但并不太远。一方面可以便于吸收其他流民南下，另外也是在政治上标榜正统的存在。侨州郡县大多数用原有的旧名称，不用五胡和北朝的新设名称，以此作为拒绝承认五胡北朝的象征，并标榜自身汉朝的正统形象。如广陵（今扬州）当时就设有青州、兖州的侨置州，京口（今镇江）设有徐州的侨置州，因此，镇江至今还有南徐的地名。以闻鸡起舞著称的民族英雄祖逖就被朝廷任命为徐州刺史，后来他率兵北伐中原时又被任命为豫州刺史。

当时，北方士族南渡，大都率领宗族、宾客、乡党同行。这些流民，随同豪强大族南下，自然就成了他们的依附人口，分散南下的人也多被豪强大族所兼并。这些南下的人们，起初大都上不了户籍。后来，东晋政府为了维护封建统治秩序和保护南迁士族的利益，便在侨民集中的地方，沿用他们原籍的名称，侨置州、郡、县。侨人单立户籍，称为侨户。侨户最初享受不为国家纳租服役的优待，后来即使纳租调也比一般编户轻些。侨州、郡、县的设置，主要是照顾南迁世家豪族的利益，一则为他们增加了做官的位置，二则让他们控制大量户口而又不纳租服役，其政治、经济利益都得到了照顾。

第四节
南方经济大发展

晋室南迁，中原地区的汉人和汉文化向江南迁移，推动了江南和东南沿海社会的经济繁荣、文化昌盛，使南方的社会政治和经济文化地位迅速上升，超过甚至替代了北方中原地区的传统地位。这为隋唐时期中国封建社会的经济重心南移，以及南北两大地域经济文化的交流奠定了基础。南北劳动人民相互学习、辛勤劳动，是江南经济发展和繁荣的重要原因。

南方农业的发展

北方人口的大规模南下，首先促进了南方农业生产的发展，表现在大批农田的开垦、先进农业技术的输入以及水利灌溉工程的发展。

孙吴立国江东后，为了富国强兵，开始兴建屯田，重点区域是长江下游沿岸和山越人集中居住的地区。东吴的大规模屯田对江南运河区域的农业生产发展起到了重要促进作用，也为后来东晋南朝时期经济重心的逐渐南移创造了有利条件。东晋以后，北方人口大规模南下。这些南下的人口，大多是北方的农民，他们有的成为侨置郡县的自耕农，有的沦为士族地主的依附人口，极大地增加了江南地区的劳动力。同时，人口的大量增加，使江南原有的耕地不足以养活这么多的人口，于是人们纷纷开垦农田，原来无人问津的丘陵、缓坡、沼泽等也都被不断地开辟为耕地。刘宋元嘉时，曾经开发“湖熟废田千顷”。刘宋皇朝还曾“徙无资之家于余姚、鄞、鄮三县界，垦起湖田”[①]。这一举措促进了浙东地区农业生产的发展。到陈朝时，朝廷还通过免税鼓励开垦，“有能垦起荒田，不问顷亩多少，依旧蠲税”[②]。齐朝萧子

①《宋书·文帝纪》。
②《宋书·宣帝纪》。

良在京南四县所做调查结果表明："堪垦之田，合计荒熟有八千五百五十四顷"[①]。

北方农民的大量南迁还带来了北方精耕细作的技术，推广牛耕，加快耕田速度，粪肥使用也在推广，南方农业的单位面积产量在增加。由于战争频繁，兵器制作数量大，使冶炼技术进步，铁制农具也大量使用。与此同时，两汉时流行中原地区的"区田法"也因北人的南下而普及于江南地区，使原来只栽种稻谷的单一种植发展为菽、麦皆可种，"山陵近邑高危倾阪及丘城上，皆可为区田"[②]，大大提高了土地利用率。

东晋、南朝还重视兴修水利，三吴地区的农业尤其发达，很重视水利工程的兴修。人们在河道建立堰闸以控制水位，旱时就开启，引江水灌溉；涝时则关闭，避免泛滥成灾。水利工程的实施，使筑堰围湖成为可能，这些新开垦出的"湖田"土壤肥沃，产量很高。南方水田的普遍开发，带来了农作物品种的增加和生产量的提高。据记载，南朝时，南方地区粮食产量大幅度提升，旱地亩产通常在数石至十石之间，水田亩产则可达到六石至三十石不等。长久下来，中国的经济重心南移，三吴成了江南粮食的主要产区，其农业生产水平已经超过了北方，这是古代中国经济重心南移的一个标志性转变。后来的"苏湖熟、天下足"就起源于这一时期江南的农业开发。

手工业与造船业的发展。东晋时，南方冶铁作坊如梅根冶（今安徽贵池）与冶唐（今湖北武昌）得到进一步发展，产品除兵器外，多为生产工具和生活用具。冶炼技术也有显著进步，创造出了杂炼生鍒法，即把生、熟铁混杂冶炼，反复锤打，成为质量较纯的钢铁。养蚕缫丝技术也大大提高，豫章郡（今江西南昌一带）蚕茧一年收获四五次，而永嘉郡（今浙江温州一带）一年收获八次。国家专门设立锦署，使丝织业逐步发展起来。其他如制瓷、造纸、漆器等也都具有很高的水平。

由于江南地区河流纵横，东晋、南朝多次北伐，为适应经济、军事的需要，造船业特别发达。当时既能制造载重 2 万斛（约 2 千吨）的大船，又能制造速度很快的舰只。刘裕灭后秦时，大将军王镇恶所率水师曾引起北军惊畏，王镇恶所乘的都是艨艟小舰，士兵都坐在舰内，北方人一直没有舟楫，看到了没有不惊愕的，都说是神兵天降[③]。刘宋孝武帝在六合渡江时，龙舟翔凤等大船就有三千零四十五艘。

① 《南齐书·竟陵文宣王子良传》。

② 《齐民要术·区种》。

③ 《宋书·王镇恶传》。

牛耕技术的出现

耕犁

船队的盛况，秦汉时代的二京长安、洛阳都没法相比。[1] 这说明南朝的造船业大大超过了前代的水平。

商业和对外贸易的发展。晋室南渡后，南方地区的商业也随之兴盛，在京城的秦淮商业区，“北有大市，自余小市十余所。”[2] 南朝的商业继续发展，上起达官贵人，下至平民百姓，甚至寺院僧侣，经商者甚众。南方河流纵横，加上运河将许多自然水道连通，使得水路交通十分发达。水上运输价格低廉，这就为商业的发展提供了十分便利的条件。当时的建康城中，“贡使商旅，方舟万计”。到梁朝时，城中有28万户人家。“小人率多商贩，君子资于官禄，市廛列肆，埒于二京（长安、洛阳）。”[3] 这说明当时建康城的繁华已接近秦汉时的长安和洛阳。《殷芸小说》中讲的故事“腰

① 《初学记·舟十一》。

② 《晋书·江统传》。

③ 《隋书·食货志》。

今天南京的秦淮河

缠十万贯，骑鹤下扬州”[①]中的扬州就是指当时的建康城。其他江南城市如会稽、吴郡、余杭也是“商贾并辏”。

东晋南朝时，南方运河区域的对外贸易也有所发展。由于南方造船技术先进，带来了航海事业的发达，北到辽东，南到南海，都有南朝的商船往来。《南齐书·南夷传》曾记载，扶南和林邑的船只从海路直接到达建康，他们带来当地的香料、珠宝和檀香木制作的佛像。《梁书·海南诸国传》总括南朝与南洋诸国的往来情况时说到，“海南诸国，大抵在交州以南及西南的大海洲上，距离中国近的三五千里，远的二三万里，其西边与西域诸国接壤，从梁朝起，就奉梁朝皇帝为正朔，每年都要航海来朝贡，比前朝来得更加勤快。”[②]通过发达的水运，海外各国的土特产大量运到江南运河沿线，而中国运河区域盛产的丝织品、铜器、瓷器和先进的生产技术也由此传播到世界各地。

---

① “腰缠十万贯，骑鹤下扬州”最早出自南朝梁人殷芸的《殷芸小说·吴蜀人》一文：“有客相从，各言所志：或愿为扬州刺史，或愿多资财，或愿骑鹤上升。其一人曰：‘腰缠十万贯，骑鹤下扬州’，欲兼三者。”

②《梁书·海南诸国传》。

扬州天宁寺

广陵城和建康城的发展

东晋南朝时，南方城市也迎来了大发展，其中的代表城市为广陵城和建康城。广陵就是今天的扬州。西汉时，广陵作为一方都会已显露头角。南北朝时，广陵成为南渡人口的聚集之地，北方的先进技术在这里传播，经济发展速度明显加快。六朝时期，广陵作为京城建康的门户，具有十分重要的战略地位。东晋初年，为安置南渡的士族百姓，在广陵设置青州，在京口设置兖州，后来兖州郡治经常寓居在广陵，广陵一地统领两郡，成为江北重镇。所以朝廷常常派重臣出任地方长官，东晋孝文帝时，太傅谢安镇守广陵，后来舍宅为寺，就是后来被称为扬州八大名刹之首的天宁寺（到清朝时成为康乾南巡的行宫）。到南朝刘宋时，广陵城出现了一片繁华景象，鲍照《芜城赋》：“车挂轊，人驾肩。廛闬扑地，歌吹沸天。孳货盐田，铲利铜山，才力雄富。”街市上车辆多得车轴相撞，行人多得摩肩接踵，里坊密布，歌唱吹奏之声震天响，开发盐田发财，开采铜山获利，财力十分雄厚。

建康位于今天的南京市，三国时期称为建业，为吴国的都城。西晋灭吴后，建业降为县治。东晋南渡，又选定这里作为都城，更名为建康。由于这里长期安定，

南京乌衣巷

乌衣巷位于南京市秦淮区秦淮河上文德桥旁的南岸，地处夫子庙秦淮风光带核心地带，是中国历史最悠久最著名的古巷，当时中国世家大族居住之地，三国时是吴国戍守石头城部队营房所在地。乌衣巷是晋代王谢两家豪门大族的宅第，两族子弟都喜欢穿乌衣以显身份尊贵，因此得名。乌衣巷门庭若市，冠盖云集，走出了王羲之、王献之，及山水诗派鼻祖谢灵运等文化巨匠。乌衣巷见证了王谢的艺术成就，与两大家族的历史，乃至整个中国文化的历史紧密相连。1997 年，秦淮区人民政府恢复了乌衣巷，挖掘、展示乌衣巷源远流长的历史，并重建了具有民族风格的王谢古居纪念馆。历经千年的沧桑，如今的乌衣巷已不复昔日的繁华，没有豪门士族的觥筹交错，取而代之的是游人探访王谢华堂的踪迹。

北方南渡的人口多在此定居，所以建康城中人口激增，豪门大族多在这里建筑高级住宅，王导、谢安等大户人家都居住在繁华的秦淮河边的乌衣巷中。这才有了后来唐朝诗人刘禹锡所写的著名诗句《乌衣巷》：“朱雀桥边野草花，乌衣巷口夕阳斜。旧时王谢堂前燕，飞入寻常百姓家。”南朝萧梁时建康拥有 140 余万人口，成为各地农产品、手工业品的集散地，城内外的贸易市场 10 多个，来往船只成千上万，成为当时世界上最大的城市。

南方经济区

随着经济的发展，南方地区的人口不断增加，永嘉年间（307—312 年）南迁人口约有 50 万，至东晋初南方人口达 1050 万人。因大批北方移民的到来，带来了先进的生产技术，南方得到大规模开发，经过近百年较安定的增长，到东晋末年南方的人口达到 1746 万人。人口的增长反过来又促进了南方经济的繁荣。

江南地区经济的发展，使南方经济区逐步上升为与关中经济区、山东经济区并列的经济区，并在隋唐之后超过北方的两个经济区，成为王朝最重要的税赋来源，也为隋代开通贯通全国的南北大运河提供了必要条件。

第五节
南北朝区间运河的发展

东晋南朝时，偏安江南的政权对区间运河的开凿也十分用心。一方面，东晋的数次北伐需要水陆两路进军，另一方面发展农业生产也需要运河的灌溉。祖逖北伐时，渡过长江后，就从广陵沿邗沟北上到山阳（今淮安），然后以此为根据地，铸造兵器，招兵买马，再沿着汴渠向西向北，逐步收复了黄河以南的大部分土地。

浙东运河的开凿

东汉时，会稽（今绍兴）的水运主要靠鉴湖与山阴水道。西晋永康元年，会稽内史贺循主持开凿了一条与鉴湖湖堤平行、由西陵钱塘江边（今钱塘江东岸西兴）向东，经萧山、钱清、柯桥至会稽郡城的漕渠。漕渠东出郡城，又可沿着鉴湖直到曹娥江边。今曹娥江以东梁湖江坎向东至姚江通明坝的40里河，据说也是贺循所开。这就形成了沟通钱塘江与曹娥江及浙东地区的浙东运河。[1] 此后的东晋南北朝时期，南方政权着力开凿修治浙东运河，从杭州东渡钱塘江到萧山县的西兴镇，再由西兴镇东通到宁波，逐渐形成了以渠化天然河道为主的运河体系，沟通了钱塘江、曹娥江、姚江、甬江等自然河流。

浙东运河鉴湖边的漕渠旧址

① （宋）李昉等：《太平御览》。

绍兴乌篷船

由于地理条件的原因，浙东运河必须穿过多条自然河流。为维持水位的稳定，并造福两岸农业，东晋南朝在浙东运河沿线设置了大量水利设施，主要由堰坝和闸门组成。经过官方和民间的经营，运河已经基本成型。今天人们从绍兴众多的乌篷船中，可以看到浙东地区当年水运的盛况。

邗沟的几次变迁

古代江淮之间的地势是南高北低，古邗沟源引长江水，经过江淮之间的众多湖泊和人工河道，最后注入淮河。东晋时，邗沟河线曾经历过 3 次大变迁。当时长江岸线南移，江滩淤积，江都（今扬州）入江口不通畅，因此，晋永和年间（345—356 年）在欧阳（今仪征附近）筑埭，引江水进入运河，并开河 30 千米，到广陵与邗沟相连接，使漕船在长江中的航路减少了几十里。这段运河史称“仪真运河”。邗沟的第二次变迁也在永和年间，广陵相陈敏开凿了樊良湖水道，由樊良湖北行入津湖，再北行入白马湖，再至夹耶，与射阳湖北的原运河道相会合。这样由扬州一直北行就

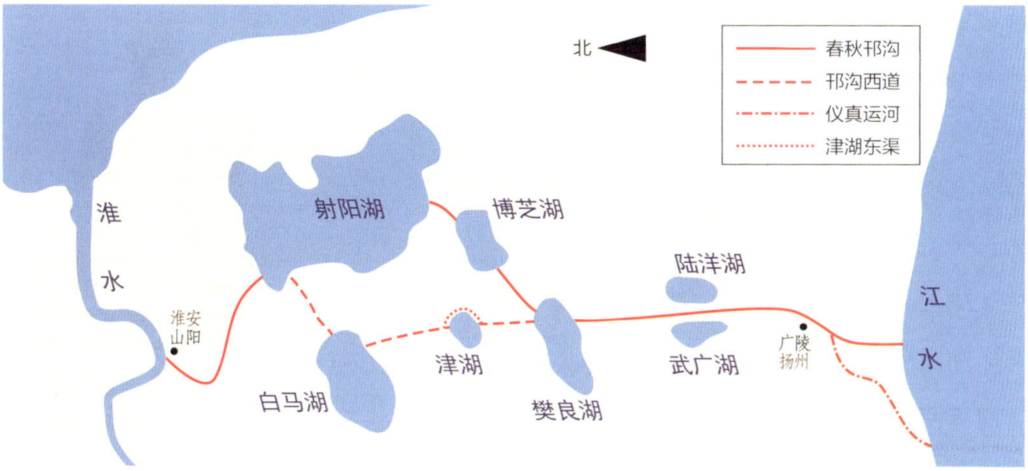

兴宁年间沿津湖东穿渠示意图

可到达淮安，比起原来的邗沟故道要近便很多。第三次是在晋哀帝兴宁年间（364—365 年），又从津湖南口沿东岸侧凿渠 10 千米，避开了津湖，至此，邗沟中段全改为人工河道，“行者不复由湖”[①]。从春秋时期首次开挖之后，经过几次改线，到东晋时期邗沟形成了相对固定的线路。

修筑邵伯埭

据《晋书》记载，东晋太元十年（385 年）谢安镇守广陵，于城西 40 里的邗沟上修筑了邵伯埭。[②]谢安到广陵后，在步丘修筑新城。这座新城，据李斗《扬州画舫录》说：“当在今新城之东北隅。”也即今天扬州城的东北。谢安在新城中建“甲仗楼”，作为瞭望和保卫之用。他考察了步丘的地势，发现西面高，湖水浅，常为干旱所苦；东面低，湖水涨，常为涝灾所困，于是下令在步丘以北二十里处，筑一条南北拦水大堤，当时称为“埭”，以调节上下游水位。他在埭的两侧各建一个斜坡，连接邗沟的上下游。当船只过坝时，就在斜坡上敷以泥浆增加润滑，然后用人力或畜力以绞关方式牵引船只过埭。

邵伯埭的建造，使邗沟保持一定水深，既免除了旱涝之忧，又给航运带来了便利。

① 郦道元：《水经 · 淮水注》。

② 《晋书 · 谢安传》。

埭筑成后，高地无旱，低地不涝，老百姓都称颂不已。从此聚集的渔民和农民一天天增多，日久便形成了繁荣的集镇，百业兴旺，贸易繁忙。史书记载：“谢安筑埭于新城北，百姓赖之，比之扶周之召伯，故名召伯埭。”正因为老百姓将谢安比作召伯，“召”通“邵”字，这个地方后来就称作邵伯镇。如今邵伯镇因拥有各个历史时期的运河和船闸，成为大运河沿线重要的运河古镇。邵伯镇人民还专门为谢安建了塑像。

谢安塑像

隋唐大运河雏形的形成

曹操在华北平原开挖白沟、平虏渠、泉州渠、利漕渠等一系列水道，成为后来永济渠的雏形。魏国、西晋重点在淮河流域开挖了广漕渠、淮阳渠、百尺渠等河道，形成了通济渠的雏形。而西晋时在会稽开漕渠，东晋南北朝重点开发南方地区的运河，形成了后来江南运河和浙东运河的雏形。魏晋南北朝时期开凿和修筑的运河加上前代开凿的淮扬运河、鸿沟水系，形成了一个基本完整的大运河网络。经过春秋以来1000多年的陆续营建，到隋统一中国之前，以中原地区为中心，贯通东西南北的中国大运河雏形已经初步形成，为隋唐时期运河大规模开挖整治、全线贯通，以及内河航运的大繁荣奠定了基础。

淮扬运河

第四章　隋炀帝的眼界与魄力

在中国历代帝王中，隋炀帝是最具争议的人物之一。他北巡突厥，西征吐谷浑，开拓国土数千里，建立了西域四郡，又征服契丹、琉球，三征高句丽，维护了国家的统一。他还营建东都洛阳，促进了中原地区的繁荣。特别是第一次贯通大运河，建立了以洛阳为中心，南至会稽（今绍兴），北达涿郡（今北京），横贯整个东部地区的内陆水上运输通道，沟通了政治中心和经济重心，维系和巩固了历代王朝大一统的局面。因而，后人评价他“共禹论功不较多”。

然而，隋炀帝太急于求成，横征暴敛，三下江都，耗费民力，最终亡国丧身，也为后世所诟病，被视作荒淫无道的暴君。但他贯通的大运河成为之后历代中华大一统王朝的水上生命线，对中华民族产生了重要的影响。这一功劳应该被历史铭记。

第一节

灭陈战争与开山阳渎

杨坚与隋朝的建立

南北朝末期，北方统一于最后一个王朝北周。由于周宣帝宇文邕病死，他的儿子宇文赟继位。杨坚的女儿杨丽华当初早早嫁给宇文赟，成了皇后，于是杨坚逐步控制了北周的军政大权。宇文赟整日沉迷美色而不思朝政，一年以后就把皇位让给了七岁的儿子。杨坚因此能够以辅佐少帝为由，进行摄政，并于公元 581 年抢了外孙的皇位，取代北周称帝，建立了隋朝。

隋文帝画像

隋朝建立后，隋文帝杨坚开始着手统一南方。杨坚与当时南朝陈国的皇帝陈叔宝形成了鲜明对照。陈叔宝荒于政务，不理朝政，每天与宠姬放纵作乐，虽然强敌压境，覆灭在即，还是弦歌不辍。杨坚却是宵衣旰食，勤于政务，为民父母。据史料记载，因为马匹不够，杨坚作为皇帝，乘坐的车子都是牛车。

山阳渎的开凿

隋文帝在灭陈之前，早就谋划好了大军的物资供给问题。开皇七年（587 年），为了伐陈，杨坚在扬州附近开凿了山阳渎。[1] 这是他的战略决策，一方面是为了军事目的，通过这条水路，及时供给攻陈大军的物资，确保灭陈战争的胜利；另一方

① 《隋书·高祖纪》：“于扬州开山阳渎，以通运漕。”

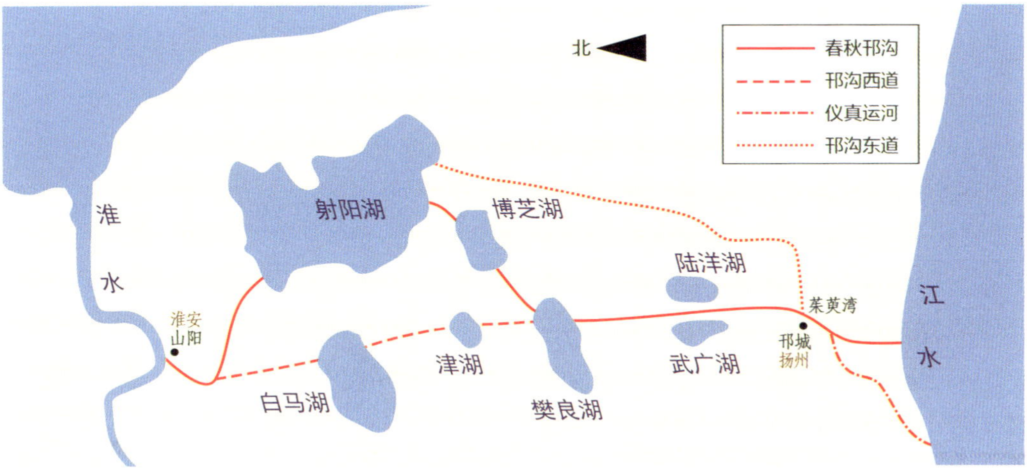

隋开皇邗沟改道示意图

面也是为了将江淮地区的粮食运到洛阳和关中地区。

隋文帝开的山阳渎，是在原邗沟的基础上经过疏浚修掘而成[1]，其实就是东汉陈登穿沟前的古邗沟，因为北起山阳县境，所以起名叫山阳渎。山阳渎河线的走向，由茱萸湾向东（今湾头镇）到今江都宜陵镇，转而向北经今樊川镇接高邮、宝应三阳河到射阳湖，再沿用山阳水道旧道进入淮河，历史上称这条河线为邗沟东道。事实上，在灭陈的战争中，山阳渎确实发挥了重要作用。它是东部主力贺若弼进军的通道，灭陈的几十万大军所需的物资供给也主要是通过这一通道从关中和关东运到前线。

后来，隋炀帝继位，重新疏通大运河的主航道，放弃了邗沟东道，又回到邗沟西道。此后，作为邗沟东道的山阳渎结束了作为运河主航道的历史，改称三阳河，成为一条灌溉、排洪、运盐的辅助河道。进入 21 世纪，在老三阳河的基础上改建的新三阳河，成为南水北调东线工程调水的通道之一。

杨广与灭陈战争

开皇八年（588 年），杨坚又做伐陈的军事部署，在寿春设置淮南道行台，以杨广为尚书令，总体负责平陈战役。这时，晋王杨广，也就是后来的隋炀帝走上了

① 《太平寰宇记》：“淮阴山阳渎即古之邗沟，旧水道屈曲，多设梁埭，隋文帝重加修掘通利焉。”

今天的新三阳河成为南水北调区线工程的输水通道

平陈大业的领导岗位。

杨广将平陈大军分成六路，第一路由自己带领着出六合；第二路由秦王杨俊带领出襄阳；第三路由清河公杨素带领出信州；第四路由庐州总管韩擒虎带领出横江，指向采石矶；第五路由吴州总管贺若弼带领出广陵，指向京口；第六路由青州总管燕荣率水军自朐山旁海入太湖，切断陈的退路，并切断浙东南富庶地区与建康的联系。全军以建康为目标，形成包围合击的态势。这次战争的主战场是东部战场。

开皇九年（589 年），贺若弼自广陵引兵渡江奔袭京口，韩擒虎则带兵连夜由横江渡江攻下采石矶。晋王杨广带领三万大军从六合渡江向建康进攻。陈军望风而溃，很快攻下建康，陈后主及其后妃张贵妃、孔贵妃都成为阶下之囚，陈朝宣告灭亡。这样，中国在经历了近四个世纪的分裂后，终于实现了再一次的统一。平陈战争中运河的作用，给灭陈大军的统帅杨广留下了切身的体会与深刻的印象。

第二节
繁华的扬州与南方的士族

繁华的扬州和江南

平陈之后，杨广于开皇十年（590 年）任扬州总管，直到开皇二十年被立为太子，在这 10 年里，他一直驻守扬州。扬州是隋军进攻陈朝的重要根据地，是江南重镇、富庶之地，具有重要的政治、军事、经济地位。以扬州为代表的江南地区在隋文帝时就已成为除黄河中下游之外的另一个重要经济区，是隋朝财力物力的支柱之一。长江中下游的扬、荆二州，在隋朝经济中的地位日益重要，特别是“三吴奥区，地惟河辅，百度所资，罕不自出”①，逐步成为隋朝的重要经济来源。江南地区经过东晋南朝的数百年经营，已成为与北方一样的繁华地区。六朝时期作为中国的经济、文化、政治、军事中心的建康城是世界上第一个人口超过百万的城市，到隋朝时成为重要的商业都会，繁荣程度已经能同长安、洛阳相媲美。三吴地区的粮食产量已超过了北方地区。

江南地区加上淮河以南地区经济在快速发展，而中原地区因为战乱，人口越来越少，经济发展水平已不如江南和江淮。杨广在江都生活了 10 年，对江南的富庶及山川的秀美十分熟悉，如何沟通政治中心与经济重心的联系，已成为雄才大略的杨广思考的重要问题之一。也许贯通大运河的伟大构思早在他坐镇扬州时就已考虑成熟了。

南方的世家豪族

杨广贯通大运河还有另外一个重要原因——进一步笼络江南世家豪族，巩固隋朝的统治，这也是他在扬州这 10 年中所形成的理念。

---

①《南齐书·地理志下》。

东晋衣冠南渡的豪门大族在江南扎根后，形成了强大的士族阶层。这些人自认为是汉族的正统传承，对带有少数民族血统的隋朝统治者不太认同。杨广长期坐镇扬州，对于江南地区潜在的反隋力量及斗争形势，有比较清醒的认识。江南是陈朝的中心地带，灭陈之后，这里就曾发生过高智慧、王国庆等人的大规模起义。江南一直是隋朝统治的隐患，隋文帝也曾说过“广陵、荆州皆作乱之地”[①]。这一带的小规模叛乱一直未断，如开皇十七年六月（601 年），原陈将萧摩诃的儿子萧世略在江南作乱；仁寿元年潮州、成州等五州的少数民族造反；仁寿二年，“交州俚帅李佛子作乱”[②]；大业（605—608 年）初年，“番禺夷獠相聚为乱”[③]。如何更好地控制江南地区，加强和巩固大一统的隋王朝统治，也成了杨广当政后必须思考的重要问题之一。

隋炀帝下江都图

① 《资治通鉴》。

② 《资治通鉴》。

③ 《隋书·薛世雄传》。

繁华的扬州城

隋炀帝开运河的原因

后世有人说，隋炀帝开运河是为了下扬州、看琼花。其实隋炀帝开通大运河后三下江都，不是为了看琼花、看美女，满足其个人的穷奢极欲，更重要的原因是出于政治经济发展的形势需要，是着眼于江南重要的经济政治地位，是为了加强和巩固隋朝的政治统治。大业五年，隋炀帝与大臣蔡征讨论天子巡狩之礼时，他说：“自古天子都有巡查天下的礼节，但江东的各位帝王大多数擦着脂粉，坐在深宫中，不与百姓相见，这是什么原因？”蔡征回答道：“这就是他们的皇朝不能长期存在的原因。”[①] 可见，隋炀帝开大运河，下江南，不是为了个人的享乐，而是为了避免成为像南朝皇帝一样的亡国之君，是为了笼络南方的世家大族，加强隋王朝对南方地区的政治、军事控制，是为了隋朝的统治长治久安。

① 见《资治通鉴》。

第三节
三征高句丽与开永济渠

隋炀帝是一个性格急躁又具有宏大野心的人，一直“慨然慕秦皇汉武之事”，盼望着像秦始皇、汉武帝一样，做一番扩充疆域、大展王朝雄威的伟大事业。所以隋炀帝即位后就西巡河右，在西部攻破吐谷浑，开拓国土数千里，建立了四郡，又征服了契丹、琉球（今台湾及周边岛屿），下一步就是用兵辽东。

高句丽的崛起

辽东在汉魏之时都是中国的郡县。东晋南渡后，北方出现了长期分裂割据的局面。高句丽乘机崛起，逐渐发展成为东北地区一个比较大的国家，国都在汉乐浪郡的故地平壤城，也叫长安城。

在隋文帝时，曾因为高句丽国王拒绝来长安朝贡，甚至还派出军队侵略辽西，高句丽与隋朝的关系逐渐进入战争状态。隋文帝曾派大军 30 万，分水陆两路进攻高句丽，后来因为道路和天气的原因，粮草供应不上，同时高句丽王慑于隋军的威力，也派出使节谢罪，隋文帝于是罢兵。

到隋炀帝时，黄门侍郎裴矩告诉隋炀帝：“高丽这个地方，本来是孤竹国（商代的诸侯国）的，周代将这块土地封给商代的旧臣箕子，汉代将这块地方分为 3 个郡，晋代时也统领辽东。”[①] 当时隋朝已经完成了对西、北、南多地少数民族的征讨，国内经济也达到了鼎盛，而杨广又是一个野心极大的人，对高句丽的战争就不可避免了。

开永济渠

要征辽东，必须在人力、物力以及军事部署上做好诸多准备。隋炀帝吸取隋文

①《隋书·裴矩传》：“矩因奏状曰：‘高丽之地，本孤竹国也。周代以之封于箕子，汉世分为三郡，晋氏亦统辽东。

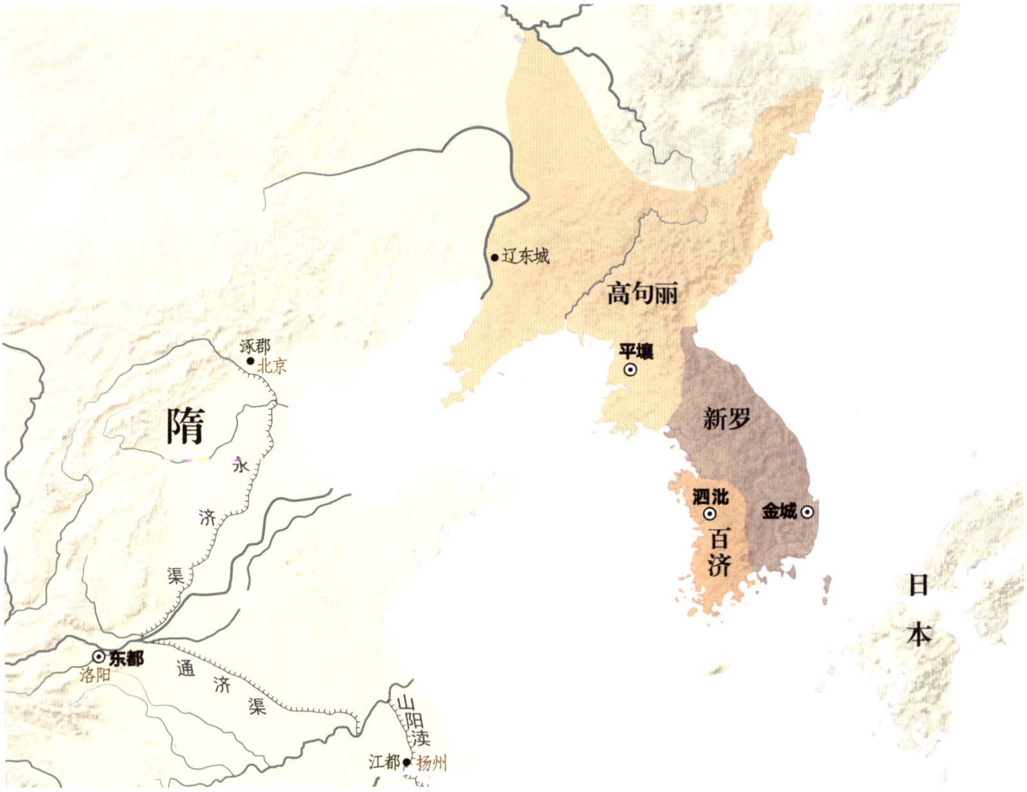

隋代朝鲜半岛示意图

帝征伐高句丽粮草供应不上的教训，决定先解决粮草、军队的运输通道问题，其重要举措就是开挖永济渠。

为了开展对高句丽的军事行动，隋炀帝于大业四年（608年）在黄河以北，在东汉末年开凿的原有运道的基础上，开凿了南到黄河、北到涿郡的永济渠，从而完成了洛阳以北大运河的开通。永济渠在隋炀帝发动的征辽东战争中，成为一条繁忙的运输线，军粮、士兵、武器等都通过永济渠源源不断地运往前线。

三征高句丽

大业八年（612年）二月，隋炀帝以高句丽国王高元不肯朝见为由，第一次御驾亲征高句丽。就在辽东城将要被攻陷的时候，城中的高句丽军队声称请降，隋朝诸将奉隋炀帝的旨意不敢继续进攻，而是先上奏隋炀帝，等回复命令到达，城里的高句丽军已经准备好了防御，再次开始抵抗。这样反复几次，隋军士气低落，高句丽则乘机反击，第一次征高句丽之战以惨败告终。

第二年正月，隋炀帝开始筹划第二次征伐高句丽。四月，隋炀帝亲统60万右路军开到辽东城。在第二次亲征高句丽时，隋军节节胜利，眼看高句丽支撑不住时，突然传来消息，隋军负责后勤的杨玄感造反了。隋炀帝于是密召诸将，密令撤军。因而第二次征高句丽也没有取得胜利。

大业十二年（616年）二月，隋炀帝第三次发动征高句丽的战争。高丽国王遣使请降，并将上一年叛变隋朝投奔高句丽的兵部侍郎斛斯政送还。隋炀帝见已经挽回两次失败的耻辱，于是就班师回朝。

隋炀帝的三次亲征，并没有能够征服高句丽。到了唐代，高句丽仍是唐朝的心腹大患。唐太宗李世民又御驾亲征高句丽，唐军先后攻占辽东城、白岩城、盖牟城等10多座城池，杀敌4万多人，俘获敌军5万多人。后来因为天气变冷早，草枯水冻，士马难以久留，粮食将尽，所以班师还朝。最后到了唐高宗李治时，经过多次水陆同时进攻，才完全消灭了高句丽，将高句丽的土地分为9个都督府、42州、100个县，并于平壤设安东都护府来统治这片地区。

客观地说，隋炀帝对高句丽的三次大规模征讨，在巩固隋朝东北地区统治的同时，也大大地消耗了隋朝的国力，激化了阶级矛盾，导致隋末农民起义的爆发。隋王朝对高句丽的连年征战不仅使隋国力锐减，民不聊生，也使隋炀帝丧失民心。农民起义烽烟四起，以关陇集团军阀为骨干的隋朝将领也相继叛变。在三征高句丽后，隋炀帝已无军力镇压民变，最终导致了隋朝的灭亡。

《挽舟者歌》

当时运河边上就流传着哭诉隋炀帝开大运河、征夫、征伐高句丽给民众造成疾苦的船工号子——《挽舟者歌》。至今北京通州地区仍有船工号子的非遗表演。

我兄征辽东，饿死青山下。今我挽龙舟，又阻隋堤道。

方今天下饥，路粮无些小。前去三千程，此身安可保！

寒骨枕荒沙，幽魂泣烟草。悲损门内妻，望断吾家老。

北京通州地区的船工号子非遗表演

安得义男儿，焚此无主尸。引其孤魂回，负其白骨归！

但是，隋炀帝开凿的永济渠将中原地区与河北经济区沟通起来，促进了河北地区的发展，促使当时的涿郡发展成为一个区域性的政治经济中心，也为后来辽、金、元、明、清定都北京打下了坚实的基础。

第四节
东都就食与营建洛阳城

洛阳就食的无奈

隋统一全国后，定都大兴城（即长安），政治中心在北方。但就全国各地经济发展的情况而论，长安作为京师已不太适应，因为历史上富裕的八百里秦川已不能解决京城的粮食问题。关中地区过去曾是粮食生产中心，但随着气候的变化，北方地区日益干旱，农业生产能力下降，关中作为全国重要产粮区的地位也在下降。关中虽然拥有八百里秦川，但是北方的黄土高原并不适合耕作，南边又有绵延的秦岭，关中平原面积比较狭小，并不足以供给人口日益增多的帝都大兴城。因此，帝都大兴城的粮食供给很大程度上需要输入。

这样就使得隋朝政府常常出现“就食”的尴尬。所谓“就食”，通俗地说就是后来的逃荒，皇帝带领文武百官到别的地方找饭吃，避免饥荒。隋文帝开皇十四年（594 年），关中大旱，粮食歉收，于是隋文帝率领大臣“就食于洛阳”。你想想，皇帝带着众大臣浩浩荡荡地跑到其他地方去吃饭，这是件多么荒唐的事情啊!

但这就是隋朝都城大兴城的现实。就食于洛阳，明确地反映了国家粮食供应出现了问题，这对于传统农业社会的中国来说是莫大的灾难。如果粮食生产与运输都能够正常运转，皇帝绝不会带着庞大而臃肿的政府机构东奔西跑找饭吃。隋王朝迫切需要将政治中心东移，同时要为首都建立一条粮食供应的通道。之后，隋炀帝营建洛阳为东都，同时开通大运河也正是肇端于此。

隋炀帝即位后，兴建的第一项重大工程就是营建东都洛阳城。他即位后即改洛阳为东京。他在诏书中指出，洛阳“控三河，固以四塞，水陆通，贡赋等”[1]。当

① 《隋书·炀帝纪》。

时长安是政治中心，洛阳只是陪都。但长安在关中存在“关河悬远，兵不赴急”[①]的缺点，最困难的是运输问题。而洛阳位居中部，随着江淮地区的发展，洛阳的位置越来越重要，政治上便于加强和江淮地区的联系，经济上更便于取得东部地区的物产。因此，随着经济重心的南移，政治中心东移已成为历史的必然。

洛阳城与通济渠

事实上，北魏时期曾修建洛阳城，其规模堪称当时的世界之最。北魏洛阳城分为宫城、内城和外郭城三重城圈。外郭城长、宽各约 10 千米，面积约 100 平方千米，人口 70 余万。这为隋洛阳城的兴建打下了良好的基础。

据《隋书 · 炀帝纪》记载，隋炀帝于大业元年下令开建东都洛阳。负责规划工作的宇文恺根据洛阳的自然条件，集政治、经济、对外交通和观赏于一体，把洛阳城规划设计得十分宏大。在营建新都的同时，隋炀帝还下令开凿通济渠，从都城西面的西苑引谷水、洛水到达黄河，构成通济渠的西段。由于通济渠不仅供隋炀帝出巡各地，更要把东南与其他地区的租粮漕运到东都含嘉仓，然后再转输西京大兴城，因此宇文恺巧妙地利用黄道渠让谷水、洛水与通济渠连通，把通济渠的停靠码头延伸到皇城，在东太阳门外与承福门外形成一个宽阔的广场，隋炀帝多次出巡活动都是由此处乘船而行的。

今天洛阳城的九洲池

正是因为洛阳城的规划专门考虑了通济渠的漕运功能，根据考古发掘推测的隋唐洛阳城平面图显示，宫城、皇城以及郭城内的建国门大街等重要建筑，都位于郭城的西半部，即城市中轴线偏在郭城的西半部，这与同为宇文恺规划设计的中轴线位于城市中央的西京大兴城很不相同。宇文恺将谷水引进紫微城，并依水建造了众多池沼，其中最大的池沼即位于紫微城西北隅隋代兴修的九洲池。

① 《隋书 · 炀帝纪》。

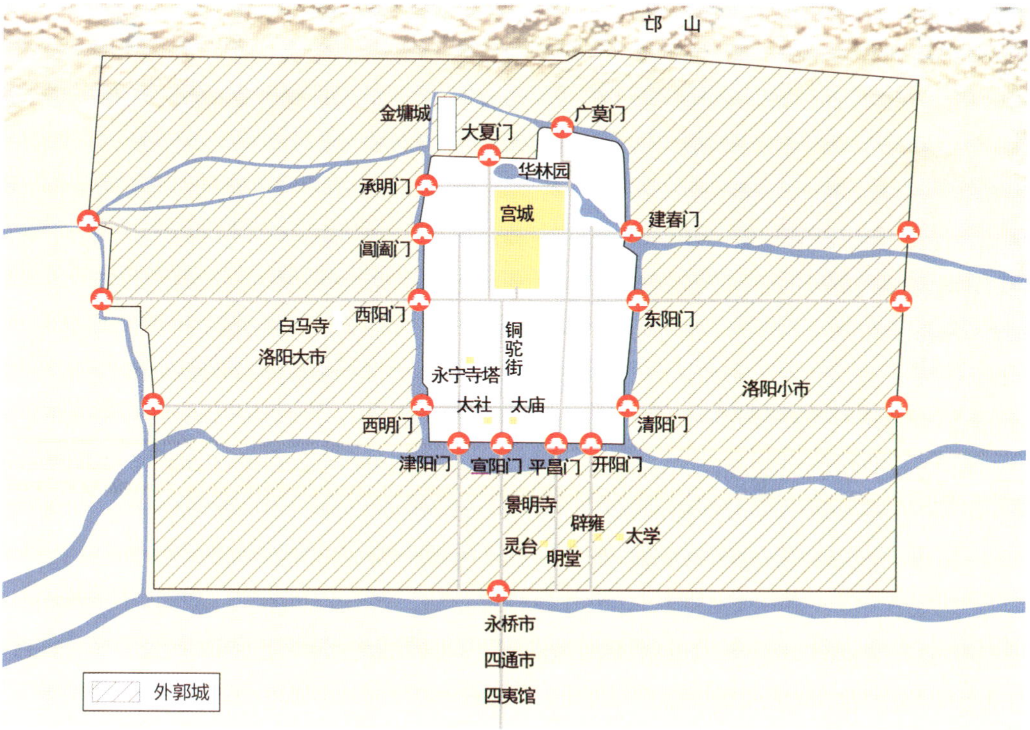

北魏洛阳城示意图

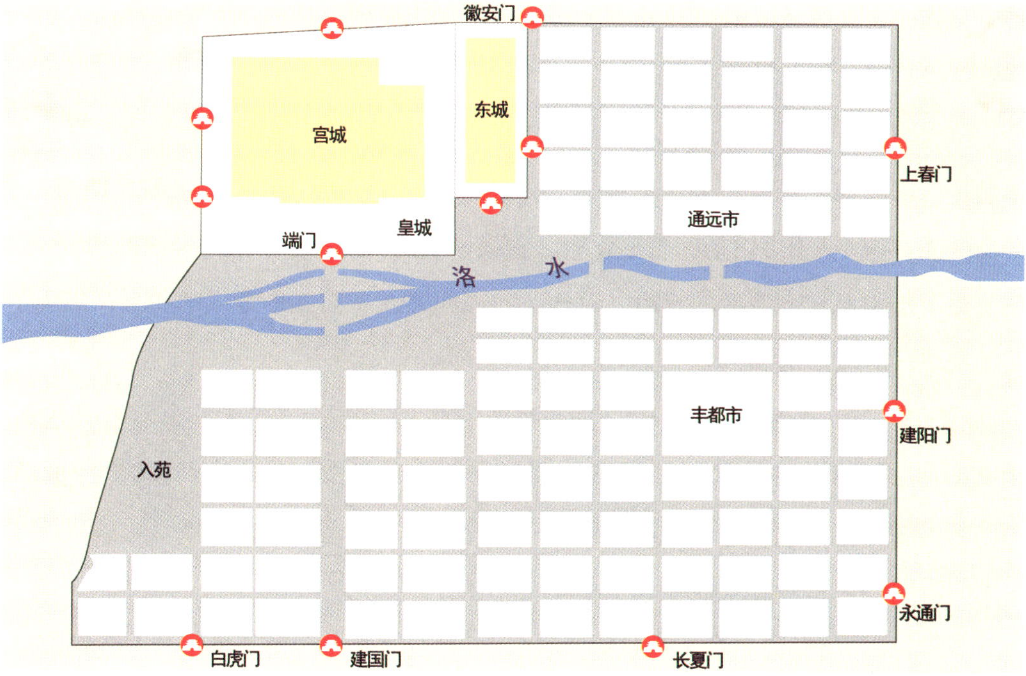

隋东都洛阳城示意图

第五节
运河第一次大沟通

运河大沟通的历史背景

以洛阳为中心的隋唐大运河是中国大运河的第一次全线贯通，它的开凿有其重要的历史背景。

从经济上看，我国古代的经济重心一直在黄河流域，北方的经济比南方发达。但魏晋南北朝之际，长期战乱使黄河流域富庶地区的经济遭受严重摧残。当北方经济衰退之时，南方的经济却在快速发展，东晋、南朝时，长江流域已成为新的经济重心。陈朝时，江南已成为中国新的财富之区，而隋炀帝长期驻守扬州，对江南的富庶深有体会，这里的贡赋正是京城所急需的。同时，河北地区已成为另一个新经济区，当时，北魏政权的财政开支主要依靠河北。因此，从经济上看，开凿大运河能够解决京城的粮食和其他物资之需。

从政治上看，江南的士族、地方豪强与隋朝中央政权有着尖锐的矛盾。平陈的第二年，南方地区就发生了多次叛乱，隋文帝调集大军进行镇压，一直打了两年才平息叛乱。隋朝在南方设扬州大总管府，总管南方 44 州军事，让杨广坐镇扬州 10 年，就是为了加强对江南地区的统治。而开凿大运河方便了与江南地区的联系，加强了对江南地区的政治统治。

从军事上看，从隋朝建国开始，便与突厥、吐谷浑及高句丽对峙，由于边境不宁，干戈不息，隋朝必须屯兵边境。同时，为了征辽东，需要大量的物资和粮饷，而江南地区的物资需要通过长途运输才能运到北方前线。陆路运输很难做到，解决这军事上的需求，只有开通大运河这一条路。

当时，隋朝的经济在隋文帝的励精图治下，已得到了迅速的发展，人口增长很快，出现了“衣食滋殖，府库盈溢”“天下私储可供五十年”的繁荣景象，这为大运河

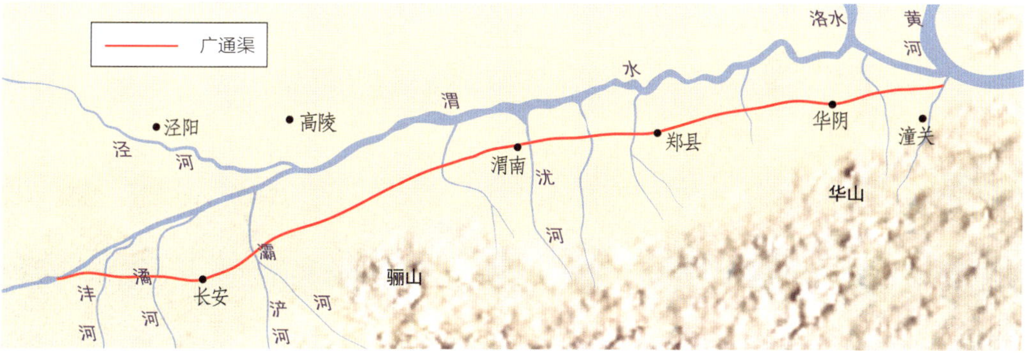

隋长安广通渠示意图

的开凿提供了人力和物力支撑。同时，隋代冶铁技术和造船业的发展，也为大运河的开通奠定了技术基础。

开广通渠

隋代大运河的开凿始于广通渠。隋取代北周后，因为北周的都城靠近渭水，不仅潮湿，而且容易被淹，于是隋文帝新建了都城大兴城。随着新都的建成，人口的增多，关中地区生产的粮食不能满足帝都庞大人口的需要。因而，从开皇三年（1583年）起，为了充实京城的粮仓，在卫州、洛州、陕州、华州分别建立了黎阳仓、河阳仓、常平仓、广通仓，通过这些仓城之间的相互转运，解决了京师的粮食需求。但黄河砥柱的险要和渭水河道的曲折给漕运带来了困难，于是，隋文帝决心开通都城和关东经济区联系的运河。开皇四年，隋文帝命宇文恺开凿漕渠，“引渭水，自大兴城至潼关，三百余里，名曰广通渠”[①]。这条渠道以广通渠命名，是因为渠水经过华州的广通仓。这条渠的开通，解决了隋大兴城的粮食问题，“转运通利，关内赖之”[②]。

开通济渠

大运河的真正贯通，是在隋炀帝即位后。在兴建东都洛阳的同时，隋炀帝开始开凿大运河，最早开凿的是通济渠。

① 《隋书·食货志》。

② 《隋书·食货志》。

通济渠郑州段

通济渠东段可上溯至战国时期开凿的鸿沟水系，西段始于东汉时期开凿的阳渠。隋大业元年（605 年），隋朝政府在地方性运河的基础上，统一勘察设计，统一施工，修建了通济渠，并于一年之内完成全线建设施工。[①] 全渠分为三段：西段起洛阳西苑，引谷水、洛水，向东注入黄河；中段从洛口到板渚，是利用黄河的自然河流；东段起自板渚，引黄河水向东注入淮水。通济渠沟通了黄河与淮河两大水系。史籍记载，通济渠宽 60 ~ 80 米，可容纳规模很大的船只通航。隋代开凿的通济渠，在后来的唐宋时期继续发挥着重要的漕运功能，成为支撑国家经济的交通动脉。

改造邗沟

随后，隋炀帝又开始改造邗沟。大业元年（605 年），隋炀帝征召淮南的 10 多万民众开邗沟，从山阳到扬子入江，邗沟宽约 70 米，渠旁都筑了御道，并栽上柳树。

① 《隋书》中记载：大业元年（605 年）三月，“发河南诸郡男女百余万，开通济渠，自西苑（在洛阳）引谷、洛水达于河，自板渚引河通于淮”。

据传说，当时隋炀帝为了鼓励人们在河道两侧种植柳树，规定每种活一棵柳树者，赏细绢一匹，甚至还搞了一个植柳仪式，并且给了柳树一个极高的政治荣誉——赐姓杨。从此，杨柳作为大运河沿线栽植的标准树种流传下来，至今大运河堤上也多以栽植作为景观树。

隋朝时，扬州附近的江岸已向南延伸到今扬子津一带，隋炀帝开的邗沟“自山阳至扬子入江”，并在大运河入江口的扬子津修筑临江宫以临江赏景。这条邗沟取代了隋文帝所开的山阳河，又回到邗沟西道。

大运河全线贯通

大业四年，为了征伐高句丽，隋炀帝又开凿了永济渠，引沁水北达涿郡，这为涿郡蓟城（今北京）迎来了历史性的发展机遇。隋唐时代，永济渠为巩固东北边疆地区提供了重要保障。辽金元时代，永济渠又为北方民族进入内地，在北京建立北方民族的政权提供了良好的条件。

大运河杭州段

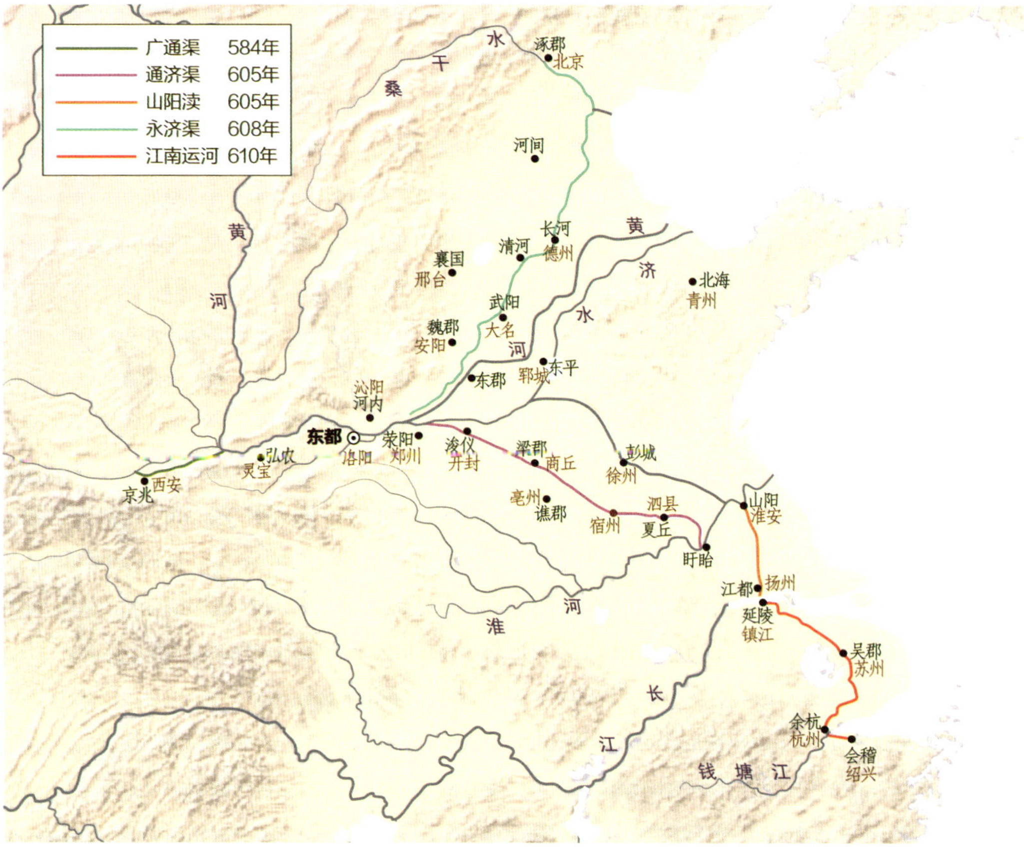

隋唐大运河示意图

大业六年，政府又重新疏凿和拓宽长江以南区间的运河古道，重新开通镇江至杭州段的江南运河，形成从京口到余杭，长400多千米、宽10多丈的河道。隋炀帝为了东巡会稽，让江南运河可通龙舟，并在沿途设置了行宫和驿站。[①] 同时，又对前代开凿的浙东运河航道加以整治，使大运河越过钱塘江，来到会稽，沟通了宁绍平原。

隋炀帝开凿大运河前后用了6年的时间。隋炀帝先后开凿疏浚了由黄河入淮河的通济渠；还有从淮河进入长江的邗沟；从京口（今江苏镇江）到达会稽（今浙江绍兴）的江南河（越过钱塘江部分为浙东运河）；引沁水向南到达黄河，向北到达涿郡（今北京）的永济渠。由此，大运河从北方的涿郡到达南方的会稽，南北蜿蜒

① 《资治通鉴》卷181：“自京口至余杭，八百余里，广十余丈，使可通龙舟，并置驿宫、草顿，欲东巡会稽。”

长达 5000 多里（2700 多千米）。隋朝大运河以会稽、洛阳、涿郡为三点，江南河、邗沟、通济渠、永济渠四段，将钱塘江、长江、淮河、黄河、海河五大水系连接起来。这就是南北连通的隋唐大运河。

隋朝大运河的影响

从东汉末年开始，中国在长达 400 多年的魏晋南北朝时期都处于南北分裂的政治格局，直到隋代才重新出现了大一统的王朝。自隋代以后至清代的 1300 多年间，大运河一直是沟通中国经济重心与政治中心的大动脉，确保了繁忙的物资与人员交通，为维持大一统的政治局面做出了重要贡献。据统计，在隋朝大运河贯通以前，中国历史上有一半时间处于分裂状态；而隋大运河全线贯通后，中国有大部分的时间处于统一状态。

隋朝大运河也促进了运河沿线地区的经济和社会的繁荣。全长 2700 千米的隋朝大运河把中原同江南、河北和关中地区连接起来，初步形成了以洛阳为中心，东北方向到达涿郡，东南方向延伸至江南的一条“Y”字形运河，在中国历史上第一次建成了从南方重要农业产区直达中原地区政治中心和华北地区军事重镇的内陆水运交通动脉。它不仅便利了江南财物向洛阳、长安的运输，而且加强了隋王朝对南方地区及河北、辽东地区的政治、军事控制，大大加强了我国南方和北方的经济文化交流，对隋唐宋时期中央集权制国家的发展发挥了至关重要的作用。

第六节
隋代粮仓与运河城市

隋朝大运河贯通后，运河沿线建成了一批皇家粮仓，有含嘉仓、长平仓、黎阳仓、广通仓、洛口仓、回洛仓、子罗仓等。这些皇家粮仓储粮之多，在《通典》卷七《食货典·丁中》有详细描述："隋朝西京有太仓，东京有含嘉仓、洛口仓，华州有永丰仓，陕州有太原仓，储存的米粟多的有千万石，少的也不少于数百万石。天下的义仓，又都充满。京都以及并州库存的布帛各达到数千万。"虽然隋炀帝时对粮食耗费极多，但直到隋朝灭亡时，其储存的粮食仍然可供全国各政府机构和军队消耗五六十年。① 仓储之所以这样充实，也反映了隋朝大运河运输功能之强大。

含嘉仓

在大运河申遗过程中，考古发现数座隋代国家粮仓。其中，含嘉仓建于隋大业元年（605 年），与通济渠开凿于同一时间，作为东都洛阳的大型粮仓，唐朝时继续沿用。据文献记载，唐天宝年间，全国储粮约 1200 万石，而仅含嘉仓的粮食储量就达到 580 万石。160 号仓窖位于仓城中部，仓窖口呈圆形，直径 11.1 米，窖底有两层，上层为平底，下层为圆底，上层窖底是在下层窖底废弃后的面上

含嘉仓出土的刻铭砖

① 《贞观政要·贡赋》："计天下储积，得供五六十年。"

填土筑成，窖总深 6.2 米，是含嘉仓迄今发现的最完整、储量最大的仓窖遗存。窖内堆积着大半窖的碳化谷物，按 160 号仓窖内出土的谷物量推算，它们在当年储藏时的体量约有 250 吨。从仓窖内出土的刻铭砖上记载的内容看，含嘉仓的储粮来源主要是河北、山东、河南、江苏、安徽等地。

回洛仓

回洛仓是隋代大运河沿线的大型国家性漕仓之一，具有完整的仓城格局和众多仓窖遗址，全面反映了隋代漕运粮食储藏的情况。回洛仓始建于隋大业二年（606年），许多典籍都能佐证。《资治通鉴》记载说，隋大业二年十二月，在洛阳北边七里的地方建了回洛仓，仓城周长十里，设置三百个粮窖。[①]《文献通考》的记载更多，说大业年间，隋政府设置洛口和回洛仓，建了 3300 个粮窖，每个粮窖可以储存 8000 石粮食。[②] 回洛仓后来毁于隋末农民战争，沿用时间较短，之后逐渐荒废埋于地下。根据 2012 年最新考古成果，回洛仓仓城整体呈长方形，东西长 646 米，南北宽 355 米。东南角距隋唐洛阳城北墙 1000 米，西南角距北墙 1100 米。仓城南墙宽 3 米，东、西墙宽 3.7 米，北墙宽 2 米，仓城分为管理区、仓窖区、道路等几

回洛仓遗址的仓窖群

① 《资治通鉴》卷 180：“炀帝大业二年十二月，置回洛仓于洛阳北七里，仓城周回十里，穿三百窖。”

② 《文献通考》卷 25《国用考》记载：大业年间，“置洛口回洛仓，穿三千三百窖，窖容八千。”

回洛仓的仓窖

个部分。迄今为止，考古勘探发现的回洛仓仓窖数量为200余个。据考古专家分析，根据其分布规律初步推测整个仓城内可能有仓窖700座以上。

黎阳仓

《资治通鉴》卷175记载：开皇元年（581年）十二月，隋文帝因为首都大兴城仓廪还不够充实，下诏在卫州建黎阳仓，以储存漕粮，并设置募运机构，专门负责漕运，沿黄河向首都转运漕粮，用来充实京师仓廪，防备水旱灾荒。黎阳仓位于黄河与永济渠之间，是隋唐时期国家粮食转运基地，也是隋唐时期平定东北边境的后方物资供应基地，具有重要的战略地位。隋唐时期，黄河以北各州征收的粮食，都先集中在黎阳仓，然后经黄河或者永济渠运往洛阳。由于黄河与永济渠之间并不通航，从黄河来的漕船需卸船后陆路转运到黎阳仓，再装船入永济渠，向北运往华北的边境地区。依据考古勘探和现有发掘资料，发现与黎阳仓有关的主要遗迹有仓城的城墙、护城河、仓窖、大型建筑基址、道路等。

运河与灌溉

隋朝除开凿大运河用于漕运之外，还开凿了一些主要用于灌溉的渠道，事实上，大运河本身也发挥了重要的灌溉作用。关中地区的广通渠，主要用于漕运，一部分用于灌溉农田。隋文帝在京城东南开龙首渠，在南面开永安渠，西南面开清明渠，分别引浐水、滈水、潏水入城，用来解决因昆明池水源断绝、城市用水不足问题。后来又重开关中漕渠，恢复汉代与关东地区的漕运。怀州刺史卢贲利用沁水修成利民渠和温润渠；蒲州刺史杨尚希筑河堤开稻田数十万亩；兖州刺史薛胄兴修丰兖渠，这条渠除了"通转运，利尽淮海"外，还能倾泻积水，使附近沼泽"尽为良田，百姓赖之"[①]。随着农业生产的发展，隋朝人口也逐步增长。开皇元年（581 年）只有 359 万户，平陈之后增户 50 万，到大业二年（606 年），上升到了 890 万户。20 多年时间，全国户数增加了一倍以上。

运河城市的兴起

隋代大运河不仅带动了东南地区的开发建设，提高了东南地区经济文化水平，而且促进了一批沿岸城市的兴起与繁荣。汴州（开封）、宋州（商丘）、楚州（淮安）、扬州、润州（镇江）、常州、苏州等都是当时著名的运河城市。隋都大兴城是当时最重要的城市，同时又是经济文化中心。《隋书·地理志》描写大兴城的繁华："俗具五方，人物混淆，华戎杂错。"由于大运河的开通，"四方之物汇聚京师，太仓储米多至千万石"。因为仓库都装满了粮食，只好另外找地方建新的仓库来存粮。京城之地，人才荟萃，"四海九洲强学待问之士靡不毕集矣"[②]。此外，东都洛阳城也十分庞大，有外郭城、皇城、宫城、东城、含嘉城、圆壁城和曜仪城。因为是大运河的中心枢纽，商业格外繁荣。当时的商业交易在三市中进行，特别是通远市靠近漕渠，"其内郡国舟船舳舻万针"，经漕渠入运河，"可通大船入市"[③]。

① 《隋书·薛胄传》。

② 《隋书·儒林传》。

③ 《元河南志》卷 1。

第七节
三下江都与隋朝灭亡

随着隋朝国力的强盛，隋炀帝也逐渐暴露出骄奢淫逸的一面，主要表现在他“三下江都”过程中极力追求享受。正是因为第三次下江都，隋炀帝命丧于此，隋王朝也被唐王朝所取代。由于江都自古是烟花享乐之地，因此，历史上对隋炀帝不顾众臣的反对，而执意离开东都洛阳前往江都的行为多有诟病。

一下江都的盛景

隋炀帝第一次下江都是在大业元年（605 年）八月，当时隋炀帝刚刚当上皇帝，统治还不稳固，特别是南方反叛不断，这次下江都的目的主要是安抚南方的士族阶层。同时，通济渠刚刚开通，这次下江都也要向南方的人民展示隋朝的富有与实力。当时，由于漕运和水运的发展，江南造船业进入一个新发展时期，不论是官府还是民间，造船的规模、数量、种类都有大的发展，造船技术更是得到不断提高。这给隋炀帝下江都的船队提供了技术上的支持。

隋炀帝第一次下江都的船队气势非凡。据《资治通鉴》卷 180 记载，大业元年八月十五，炀帝到江都游玩。他从显仁宫出发，王弘派龙舟来迎接。乙巳（十八日），炀帝乘坐小朱航，从漕渠出洛口，乘坐龙舟。龙舟上有四重建筑，高四十五尺，长二百尺。龙舟最上层是正殿、内殿、东西朝堂；中间两层有一百二十个房间，都用金玉装饰；下层是宫内侍臣住的地方。皇后萧氏乘坐的翔螭舟规制比炀帝乘坐的龙舟要小一些，但装饰没什么不同。另有浮景船九艘，船上建筑有三重，都是水上宫殿。还有漾彩、朱鸟、苍螭、白虎、玄武、飞羽、青凫、陵波、五楼、道场、玄坛、板、黄蔑等几千艘船，供后宫、诸王、公主、百官、僧尼、道士、蕃客乘坐，并装载朝廷内外各机构部门进献的物品。这些船共用挽船的民夫八万余人，其中挽漾彩级以上的有九千余人，称为殿脚，都身穿锦彩制作的袍服。又有平乘、青龙、艨艟、艚、八棹、艇舸等几千艘船供十二卫士兵乘坐，并装载兵器帐幕，由士兵自挽，不给民夫。舟船首尾相接二百余里，灯火照耀江河陆地，骑兵在两岸护卫行进，旌旗蔽野。队伍所经过的州县，五百里内都命令进献食物。多的一州要献食百车，极尽水陆珍奇。船队历时50天才全部出发完毕，“锦帆过处，香闻万里”，直到这年十月才抵达扬州。这段描述因为是后人写的，确实反映了隋炀帝的奢华，真实性也不可考。但另一方面也可以从中看出，这次出巡江都达到了向南方士族和外国使节展示隋朝经济强盛的目的，对稳固民心、维护隋朝的统治应该起到了一定的作用。

二下江都的英明决策

大业六年（610年）二月，隋炀帝第二次下江都，史书上对这次出巡没有详细记载。可以想象，那时正是隋炀帝统治稳固、宏图初展之时，开通了大运河，征服了吐谷浑，一定是豪情万丈，指点江山，挥斥方遒。因此，这次巡幸江都的规模肯定不会小。这次在江都，隋炀帝做出了一个英明的决策，那就是重开江南运河。江南运河的重开，是隋炀帝构建全国性水运体系的最后一环。随着江南运河开凿成功，隋炀帝在扬州运河与长江交汇处的扬子津行宫，举行了一次庆祝活动，“上升钓台，临扬子津，大宴百僚”。然后，他就带着文武百官，坐着龙舟，沿着运河，赶赴涿郡前线，征伐高句丽去了。可以想见，当时的隋炀帝刚完成了大运河的浩大工程，在西巡草原、北征吐谷浑、设置四郡后，又沿着大运河这一划时代的伟大工程去征高句丽，真正是春风得意，意气风发。

三下江都的无奈

隋炀帝最后一次巡幸江都，在大业十二年（616年）七月。据《资治通鉴》卷183记载：江都新造的龙舟成功了，送到东都洛阳。宇文述劝隋炀帝巡幸江都，右候卫大将军酒泉赵才劝谏说：“如今老百姓疲劳，府藏空竭，盗贼四起，禁令不行，请陛下返京师，安定天下。”隋炀帝大怒，当时有不少官吏劝阻隋炀帝下江都，却都被斩首。有人认为，隋炀帝如此疯狂之举，更是印证了众人的批判：到了山河破碎之时，仍在贪恋江南女子的姿色，所以他是个昏君。

其实，隋炀帝此时辞别两京而南下江都，是在不得已的情况下做出的理性选择。

当时，北方叛乱四起，以李渊为首的关陇集团已经蠢蠢欲动，大有取而代之之势。隋炀帝想把富裕的江南经营成隋朝的复兴基地，以图重振河山，因为以江都为中心的江南是隋炀帝长期经营的势力范围，他继位前曾以晋王的身份坐镇江都长达10年，对江都也有很深的感情。因此，无论是从政治上还是心理上，选择江都作为自己的大本营，都是一个理性的决定。只不过，之后反隋局势发展太快，他本人也在兵变中被杀。今天，在扬州古运河畔的东关古渡还陈列着隋炀帝下江都的铜雕。

在大运河申遗过程中，扬州考古工作者在西湖镇曹庄发现了隋炀帝墓，被列为2013年度全国十大考古新发现。这一考古新发现为大运河申遗增添了一个佐证。

对隋炀帝的评价

对于隋炀帝的评价，争议颇多。但无论如何，隋炀帝开通大运河的伟大功绩不应被历史遗忘。大运河的全线贯通，促进了运河两岸城市的发展，江都、余杭、涿郡等城市很快繁荣起来。当时运河上“商旅往返，船乘不绝”。大运河对隋唐时期南北经济、文化的交流，全国大一统中央集权统治的维护，都起到了很大的促进作

隋炀帝墓

江南运河嘉兴段

隋炀帝下江都雕塑

用。唐朝诗人皮日休写道：“万艘龙舸绿丛间，载到扬州尽不还。应是天教开汴水，一千余里地无山。尽道隋亡为此河，至今千里赖通波。若无水殿龙舟事，共禹论功不较多。”隋炀帝是一位有雄才大略的君王，他的眼界与魄力也少有人及。他错就错在太急于求成，想在有限的一生中干成太多名垂千古的大事。他南征北战，与隋文帝一起重新建立大一统王朝，贯通运河，首开科举，三征高句丽，都对后世产生了深远的影响。除了大运河，科举也被后世所沿用。科举使寒门学子能够通过学习考试，获得进入官僚阶层的机会，大大地促进了社会公平，也为统治者打开了一条招揽人才的通道，成为其后1000多年国家选拔人才的主要形式。

从吴王夫差最早开邗沟，作为大运河开凿的起点，到隋炀帝时首次贯通大运河，花了将近1100年。从此以后，大运河就成为历代王朝的生命线。

第五章　大唐王朝的生命线

唐朝继续定都长安，立国之初就面临着严重的粮食问题。有了隋朝运河的基础，唐王朝重点在于保障运河漕运的通畅。同时，唐还围绕运河兴修水利，形成了关中、关东、河北、江淮四大经济区。这些经济区通过大运河紧密联系在一起，为大唐盛世奠定了坚实的基础。之后，大运河这条经济带和文化带，成为大唐王朝最繁华的地区。同时，大运河还联结起陆海丝绸之路，成为中外经济文化交流的纽带。

安史之乱后，其他三大经济区遭到严重破坏，唯余江淮经济区繁荣稳定，江淮经济区向关中地区的漕运不容有失。于是，唐在通济渠展开运河争夺战，进行漕运改革；在江南地区大修水利，以保障大运河这条生命线，唐王朝得以又延续 150 多年。随着大运河被藩镇割据所截断，唐王朝也寿终正寝。

第一节
唐代运河水利工程与经济区

唐初粮食的短缺

公元 618 年，唐高祖李渊代隋，建立唐朝，定都长安，以洛阳为东都。唐初刚刚经历隋末战争，经济破败，长期动乱的局面使人心思治，唐朝顺应民意，重建家园，以农为本，加大粮食生产，以解决全国人民特别是首都长安的吃饭问题。

由于长安所在的关中地区人口不断增长，而当地气候却不断干旱，农业生产长期连遭灾害，尽管兴修了一些水利工程，但并不能保证每年都丰收，因此，关中地区生产的粮食根本不能满足首都朝廷官俸、军饷和宫廷用粮的需要。因为长安粮食供应不足，皇帝也曾率百官到洛阳去就食。唐高宗李治在位 27 年，有一半时间住在洛阳，其原因主要是长安旱饥，不得不就食于洛阳，于是李治被戏称为“逐粮天子”。

因此，发展农业生产，维护好运河，保证京师粮食供应就成为唐王朝的重要任务之一。

四大经济区与水利工程

唐朝，水利建设得到了王朝统治者的高度重视，在唐代的四大经济区（关中、关东、河北、江淮）都大规模地兴修水利工程。这些水利工程与运河工程交织在一起，有的是给运河补充水源，有的是用于农田灌溉，形成的航运、灌溉网直接或间接地支持了唐朝的繁荣和军事上的胜利。

关中地区是唐王朝的政治中心，也是重要的经济重心。为了保证政治的稳定和经济的发展，唐朝统治者在京畿重地关中地区实施了引泾、引渭、引黄、引洛的水利建设。公元 619 年，在下邽县（今陕西省富平县）整修拓建金氏二陂，引白渠的水灌溉，用于开辟屯田。[1] 公元 671 年，对成国渠进行了扩建和延伸，从宝鸡引渭水东流，到六门堰（今武功县境）与成国渠合流，又东经兴平、咸阳再汇入渭水，全长 300 余里，命名为升原渠。公元 719 年，著名水利学家姜师度在朝邑北，将洛水和黄河水引入通灵坡，周围的土地都得到灌溉。天宝后，李知柔调任三辅，主持修复白渠，使关中地区农田得到灌溉，避免了干旱。[2] 唐代关中较大的水利工程还有郑县的利俗渠和罗文渠，以及姜师度开凿的敷水渠和韦坚开凿的漕渠。这些工程使关中地区形成了以泾水、洛水及漕渠为主干的灌溉网，促进了关中农业的发展。

关东地区主要指潼关以东的黄河下游、黄淮之间的地区。唐代关东地区也修建了不少水利工程。公元 636 年，刺史薛万彻在龙门北（今洛阳附近）筑瓜谷山堰；公元 643 年，在虞乡北 15 里开涑水渠。河曲地带是通济渠、永济渠经黄河入关中的门户地带，这里的水利工程与唐代运河及黄河形成了水利网络。唐代的黄淮地区是通济渠流经地区，这里开凿的人工渠、陂、塘、堰等水利工程，一部分用于通漕，一部分用于农田灌溉。如公元 689 年所开的湛渠，引汴河水注入白沟，以通漕运；公元 712 年所开的直河，引淮水至黄土冈，以通扬州。[3] 这些水利工程的实施，方便了漕运，促进了农业生产，使关东地区成为唐代前期的经济重心。

唐代河北地区成为富庶农业区，与河北地区水利建设密切相关。唐代前期，在对黄河、漳河、漯水、永济渠进行治理的同时，兴建了众多的渠堰。公元 714 年，河南尹李杰在河阴县筑梁公堰，并在黄河、汴河之间对故渠加以疏浚，以便于漕运。公元 789 年，刺史李元淳引沁水开渠 70 余里。在修复平虏渠的基础上，姜师度又在贝州经城西南 40 里开张甲河。这条河渠不仅用于泄洪灌溉，造福于民，也可以接永济渠故渎，便于通漕运。姜师度还在沧州开凿人工河渠，成为河北道较早的人工减河，减少了因永济渠堵塞滹沱水、漳水入海通道，而在沧州一带引发的水患。这些水利工程的实施，使河北地区成为富庶地区之一，特别是开元、天宝之际，得到了空前的繁荣和发展。

唐代江淮经济区以长江三角洲为主，包括太湖区域和长江以北淮河以南各地，

---

① 《新唐书 · 地理志一》。

② 《元和郡县志》卷 2。

③ 《新唐书 · 地理志二》。

就是淮扬运河和江南运河流经的区域，也可以称作长江下游经济区。南北朝后随着北方人口的南下，这个地区经济发展迅速。唐初，金坛百姓就开始排除艰难，兴修水利，发展农业生产。江都长史李袭誉引陂水，筑勾城塘，溉田 800 顷。富阳令李浚开阳陂湖，东到海边，西到苋浦。会稽令李俊之在会稽（今绍兴）东北增修了防海塘，“自上虞抵山阴百余里，以蓄水溉田”[①]。其他水利工程还有宝应的白水塘、明州的小江湖和西湖等。长江下游及附近地区自然河流、湖泊本来就多，又有运河和长江交叉横贯其中，稍加疏通，就可以扩大灌溉面积，因此，这些水利工程虽小，但却对江淮经济区的农业生产起到了促进作用。到唐朝中期，江淮经济区逐步成为全国经济重心地区。

运河漕运体系的完善

唐初一系列水利工程的实施，使四大经济区的生产很快得到了恢复，封建经济得到高度发展。为了使除关中经济区外其他经济区的粮食能够顺利地运到京城和其他军事要地，唐朝对大运河的重要段落进行了维护与整修，并建立了仓储转运系统，使运河的漕运网络更加健全，运河的作用发挥得更加完善。

重开关中漕渠

隋文帝时开凿的广通渠，由于泥沙淤塞，唐初已不能使用。唐高祖和唐太宗时期，水陆漕运，一年不过 20 万石。到了武则天时期，京城所需日增，靠陆路的车运或驮运，要经过崤函山路，路途艰险，因此，需要对广通渠进行疏浚。天宝初年，唐玄宗决定重开漕渠，派长安令兼水陆运使韦坚主持其事。他在广通渠的基础上，沿渭水的南岸开凿了一条与渭水平行的渠道，西起禁苑之西，截断灞水、浐水，紧靠渭水往东，到关西永丰仓下与渭水汇合。这条漕渠建成后，永丰仓所贮存的粮食，由水路就可运到长安城，大大方便了长安的物资运输。渠成当年，就运输山东地区的漕粮 4 万石。韦坚又在长安城东 4.5 千米处的长乐坡下靠近宫苑墙的地方，开凿了一个水潭，以停泊漕船。这就是后来被唐玄宗赐名的广运潭。

---

① 《隋唐书 · 地理志五》。

汴河的治理

由于汴河与黄河相接，黄河所含泥沙量大，又经常泛滥，造成汴河漕运中断。唐初每到春天都要发动民力疏浚河道。大规模的疏浚汴河主要有4次，都发生在开元年间。第一次是公元714年，河南尹李杰组织修浚梁公堰，取得了较好的效果。第二次是公元724年，汴州刺史齐浣在徐城的淮水与汴河的交汇处新开凿了一条18里的新渠，避免了险急处，节省了航程。第三次是公元727年，玄宗令将作大将范安组织3万民力，重开板渚口以通运。第四次是公元739年，齐浣在虹县（安徽泗县）东，另开一条新河到淮阴入淮。这一系列运河工程，阶段性地保证了汴河的漕运畅通。

开凿三门峡水道

隋唐时期向长安地区运粮，黄河三门峡的砥柱之险，历来被漕船视为畏途。唐高宗之后，随着官俸军需急增，漕粮、物资仅靠陆运，已不能满足关中之需，而且陆路运输成本更高，于是朝廷决定维修三门峡航道。公元656年，发动6000名民力，开砥柱三门，凿山架险，拟通航运，但后因黄河水上涨，致使不能行船。公元741年，陕郡太守李齐物在三门峡左岸山岩间开凿运河，河身微向西北倾斜，全长280多米，两壁陡立，上口比河床稍宽，《资治通鉴》称为三门运渠，《新唐书·食货志》称为新河。这条河不仅可以避开激流，保证航运安全，而且节省了人力、物力，收到了便利漕运的效果。

开伊娄河

唐代的淮扬运河叫扬楚运河，两浙及江南以及荆楚的漕粮，必须经过扬楚运河入淮。唐代因长江泥沙淤积，瓜洲沙涨，渐与北岸连为一体，使长江北岸南移10多千米，横亘在运河扬子入江口前，致使漕船不得不绕行瓜洲，在长江风浪中损失严重。公元738年冬，润州刺史齐浣主持开凿了贯通瓜洲与扬子的伊娄河，使江南漕船渡江的距离从30千米缩短到10千米，大运河入江口也因此向南推移至瓜洲渡口。[1]从此，大运河有了两个江北通江口岸——瓜洲和仪征。伊娄河就是今天的瓜洲运河。

---

① 《旧唐书·齐浣传》。

今天的瓜洲运河就是伊娄河演变而来

此外，唐代还对永济渠进行了治理。姜师度出任河北道监察兼支度营田使后，经过实地勘察和反复谋划，决定利用曹操平虏渠故道，靠海边开凿一条漕运河道。[1]直到五代时期，姜师度开凿的平虏渠仍然为漕运发挥着重要作用，后来在周世宗北征契丹、收复失地的战争中功不可没。他还在永济渠两侧开了一些支渠，或者通往华北平原东部的产粮区，或者联结东部的产盐区，以便将河北经济区的粮盐通过永济渠运到洛阳和长安。

唐代没有像隋代那样大规模地开凿运河，而是主要对隋代遗留下来的运河工程加以疏浚，但唐代的漕运却是我国漕运史上最灿烂的一页。唐朝在隋代大运河的基础上，经过局部变更和整修，建立起发达的运河交通网络。正是运河的沟通使政治中心与经济重心密切联系在一起，让整个帝国名副其实地凝结为一个坚强牢固的整体，为大唐盛世的到来奠定了基础。

① 《旧唐书・姜师度传》。

第二节
广运潭盛会与盛世长安

贞观之治与开元盛世

大运河促进了唐代社会经济的大发展，各大经济区的财富通过运河源源不断地运往长安和洛阳，大运河成为唐朝不可替代的生命线。经过一个阶段的经济发展，国强民富，出现了“贞观之治”和“开元盛世”的景象。

当时农业生产发达，以至于五谷丰登，公私粮仓充溢。据《通典》记载，到天宝天间，全国粮仓储存的大米总量达到了 9662 万石。[1]江浙、江淮等地的租赋通过运河运往长安，运河两岸布满粮仓，商业发达，店肆林立。由于江淮稻米口感好，关东地区出现了贵族官僚好食江淮米的风气，唐朝社会的各个领域都出现了超越两汉的繁荣景象。诗人杜甫在《忆昔》一诗中写道：“忆昔开元全盛日，小邑犹藏万家室。稻米流脂粟米白，公私仓廪俱丰实。九州道路无豺狼，远行不劳吉日出。齐纨鲁缟车班班，男耕女织不相失。”这生动地展现了开元盛世时唐朝社会的繁荣与安定。

唐代的繁荣从人口的增长可以看出。唐初因为隋末战争，人口急剧下降，河南、河北两道民户由隋代的 493 万户，下降到唐贞观十三年（639 年）的 65 万户，当时全国的人口仅为 1200 多万人。到了天宝元年（742 年），全国共计 852.5 万户，人口为近 5100 万人。其中，河北占了 148.7 万户，河南占了 183.6 万户，两道共 332 万户。因为人民富裕，治安良好，人们安居乐业，盗贼都很少，贸易也十分畅通。

广运潭盛会

天宝年间，水陆转运司韦坚还在开凿广运潭的基础上，举办了一次广运潭盛会。

---

① 《通典》卷 12《食货典 · 轻重》。

他在洛阳、汴州等地准备了300艘小斛底船，放置在广运潭边。每只船上都设一个牌子，标明船上装载的是哪个郡出产的物品，如广陵郡（今扬州）的船上载着铜镜、铜器、海味，丹阳郡（今镇江、南京一带）的船上载着绫衫缎，晋陵郡（今常州）的船上载着织造宫端绫绣，会稽郡（今绍兴）的船上载着铜器、罗、吴绫、绛纱。这次广运潭盛会，观众人山人海。唐玄宗看到这一盛况十分高兴，不但嘉奖了韦坚，授予他三品官，而且将韦坚开的运河赐名为广运潭。

广运潭盛会是一次以江淮地区为主的各地区物产展示的盛会。300艘船，所列的郡名以江淮地区为主，说明当时江淮地区的经济已占据全国的重要位置。这也是唐代开元、天宝年间社会繁荣的一个缩影，这种繁荣正是大运河带来的。正是借助大运河，河北、河南及江淮地区的物产能够顺利地运往长安，造就了当时世界上最大的城市长安。

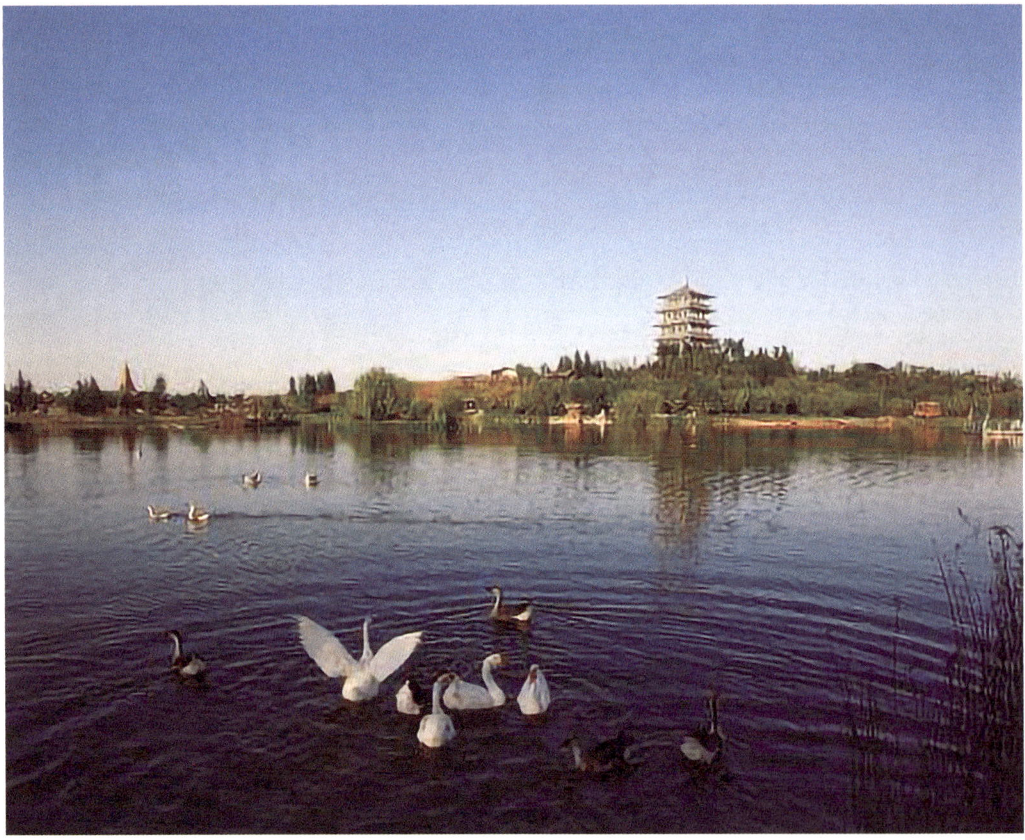

今天的广运潭遗址

唐代长安城的布局

唐朝沿用隋朝的大兴城作为都城，改名长安，此后进一步修建和完善。唐太宗和唐玄宗年间先后增建了大明宫和兴庆宫等宫殿。唐长安城周长达 35.56 千米，面积约 87.27 平方千米，是如今西安城墙内面积的 9.7 倍。

唐长安城规模宏伟，布局严谨，沿中轴线结构对称，排列整齐。唐长安城由外郭城、宫城、皇城 3 部分构成，外城四面各有 3 个城门，贯通 12 座城门的 6 条大街是全城的交通干道。而纵贯南北的朱雀大街则是一条标准的中轴线，它衔接宫城的承天门、皇城的朱雀门和外城的明德门，把长安城分成了东西对称的两部分，东部是万年县，西部是长安县。东、西两部各有一个商业区，称为东市和西市。城内南北 11 条大街，东西 14 条大街，把居民住宅区划分成了整整齐齐的 110 坊，其形状近似一个围棋盘。

长安城的商业和文化

唐长安城的市场十分繁荣，东西两市有 220 行，如大衣行、秤行、绢行等。它不仅是国内的交通枢纽和商业都会，四方辐辏，通过陆海丝绸之路和大运河，特产源源不断输入，而且还汇集了许多来自各地的少数民族商人乃至外国商人。外国人中波斯、大食的商人居多，在西市、东市都有很多波斯人和大食人开的店铺。如长安西市就有波斯商人开设的“波斯邸”[①]。还有不少胡商（少数民族商人）开设的饭馆、酒馆等，并以胡姬陪酒。李白的《少年行》之二就写道：“落花踏尽游何处，笑人胡姬酒肆中。”昭武九姓分布于今新疆、中亚一带，历史上称他们“善商贾”。这些昭武九姓商人沿丝绸之路东进，居住在长安的特别多。据《资治通鉴》载，贞元三年（787 年）统计，长安城中原为西域的使者，长期居住在长安，成为标准的外国移民的有 4000 多人，有的人居住了长达 40 余年。

除了发达的商业外，当时长安城也是全国的文化中心。全国各地的文人通过运河来到长安，或为求官，或为游历。长安是人才汇集之地，文学艺术相当繁荣，同时天文学、地理学、史学等也十分发达。京城长安像一块磁铁吸引着天下的文人学士，

① 《太平广记》卷 16。

重玄门
玄武门
含光殿
含元殿
西内苑
光化门
景曜门
芳林门
玄武门
兴安门
丹凤门
修 真
安 定
修 德
掖庭宫
太极宫
东宫
光宅
翊善
长 乐
永 福
普 宁
休 详
辅 兴
永昌
来庭
大 宁
兴 宁
承天门
开运门
安福门
延喜门
义 宁
金 城
颁 政
皇
城
永 兴
安 兴
永 嘉
顺义门
景风门
兴庆宫
居 德
醴 泉
布 政
崇 仁
胜 业
含光门
朱雀门
安上门
金光门
群 贤
西市
延 寿
太 平
光 禄
兴 道
务 本
平 康
东市
道 政
怀 德
光 德
通 义
殖 业
开 化
崇 义
宣 阳
常 乐
崇 化
怀 远
延 康
兴 化
丰 乐
安 仁
长 兴
亲 仁
安 邑
靖 恭
丰 邑
长 寿
崇 贤
崇 德
安 业
光 福
永 乐
永 宁
宣 平
新 昌
延平门
待 贤
嘉 会
延 福
怀 贞
崇 业
靖 善
靖 安
永 崇
升 平
升 道
永 和
永 平
永 安
宣 义
永 达
兰 陵
安 普
昭 国
修 行
立 政
常 安
通 轨
敦 义
丰 安
道 德
开 朗
大 业
晋 昌
修 政
敦 化
和 平
归 义
大 通
昌 明
光 行
保 宁
昌 乐
通 善
青 龙
永 阳
昭 行
大 安
安 乐
延 祚
安 义
安 德
通 济
曲 池
曲江池
安化门
明德门
启夏门

唐长安城平面示意图

唐大明宫遗址缩微图

李白、杜甫、王维、白居易、韩愈、柳宗元、贺知章等名人大家都以能够在长安立足作为自己成功的标志。

国际化的大都会

在唐代，关中地区是旧士族迁入的主要地区，西域各族人和外国人都有大批居住在长安。唐长安城的常住人口有100万人左右，除皇族、达官贵人、居民、士兵等各式人等外，外国的商人、使者、留学生、留学僧等总数也不下3万人。长安成为大批外国人的聚集地，当时来长安与唐通使的国家、地区多达300个，尽管肤色不同，但大家都能平等交流。唐朝廷还广泛吸收各族人充当文武官员，大食人李彦升在唐及第进士，波斯人后裔李珣成为晚唐著名的诗人和花间派词人，更堪称对外关系史上的一段佳话。唐朝的科技文化、政治制度、饮食风尚等，也从长安传播到

唐代皇帝接受日本遣唐使的朝拜

世界各地。另外，中亚、西方、印度的文化通过唐长安城消化再创造后，又辗转传到周边的日本、朝鲜、缅甸等国家和地区。唐长安城成为世界商业、文化交流的汇集地，是当时世界上最大的国际大都会。

“九天阊阖开宫殿，万国衣冠拜冕旒。”这是安史之乱结束，唐朝还都长安后王维写的诗。当时经过安史之乱的数年战争，长安已受到了严重破坏，但从王维的诗中仍然可以看出长安的繁盛。长安在唐朝最强盛阶段一直是世界中心，吸引了大批的外国使节与朝拜者的到来。

第三节
运河上的洛阳及扬州

唐代，大运河沟通南北，促进了南北经济文化的交流，在造就了唐朝繁荣与强盛的同时，运河沿线也成为全国最重要的经济带和文化带，催生了一批繁荣的运河城市。如通济渠畔的汴州、宋州、泗州、宿州，扬楚运河畔的淮安、扬州，江南运河畔的润州、常州、苏州、杭州等。其中，最著名的是担负着特殊职能的两座城市——洛阳和扬州。

唐洛阳城的兴建

隋炀帝建立的东都洛阳在隋末战争中遭到破坏。唐平定王世充后，李世民下令毁洛阳宫阙，废东都之称。随着大运河的作用越来越重要，位居通济渠与永济渠交汇处的洛阳的重要性再次突显。贞观四年（630 年），又治洛阳宫。显庆二年（675 年），以洛阳复称东都。唐代自唐高宗开始仍以洛阳为都，唐高宗曾 7 次到洛阳，并修建了上阳宫。天授元年（690 年），武则天称帝，改东都为神都，长期驻跸洛阳，对都城进行了大规模扩建，修建了天堂、明堂、万国天枢等建筑。武则天执政的 20 多年时间，只有两年半在长安，其余时间都在洛阳办公。天宝元年（742 年），唐玄宗改东都为东京，他称洛阳与长安为东西两宫，可见洛阳作为陪都的地位之高。

依托运河的繁华

洛阳地处唐代大运河的中枢位置，汴河与永济渠交汇于洛阳。无论是各地的漕船还是商船都集中在洛阳。为了适应漕船停泊的需求，唐代在洛河北岸、瀍河下游、洛阳北市的西北，引漕渠的水开了新潭，用以停泊各州的商船。货物运输的发达，使洛阳商业十分繁盛。洛阳设置了 3 个集市，仅南市就有“一百二十行，三千余肆，

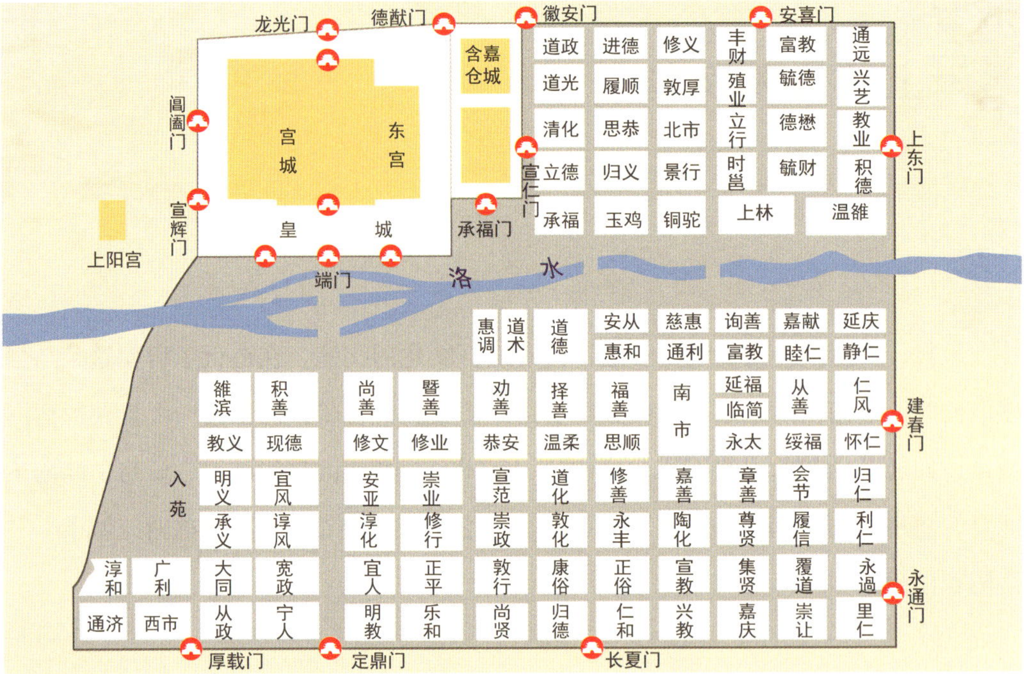

唐东都洛阳城平面示意图

四壁有四百余店，货贿山积”[①]。因为漕渠与汴河、永济渠的贯通，这里成为商品集散地。全国各地的商品通过运河运到这里，再通过漕渠运进洛阳三市，洛阳三市的商品通过运河运往外地销售，甚至外国商船也在这里相互转销。

唐代洛阳城既是大运河的中心，又是丝绸之路的重要节点，成为外国人的聚集地。中外商人和货物或由陆上丝绸之路从河西走廊来到洛阳，或由海上丝绸之路从泉州、明州沿大运河，经杭州、扬州、汴州来到洛阳，洛阳成为当时的国际大都市。河南省考古工作者在洛阳老城北山脚下的唐墓中，发掘出波斯萨珊王朝的银币，这是外国商人在洛阳进行商业活动的有力见证。同时，中国的货物也在洛阳集散，然后沿大运河，经宋州、扬州、杭州，来到明州（今宁波）、泉州，再由海上丝绸之路运往国外。1999 年安徽淮北柳孜镇发现了 8 艘唐宋时代的沉船，以及隋唐宋金时期瓷器 1653 件，被列入当年的全国十大考古新发现。从柳孜出土的瓷器，几乎涵盖了唐宋时期的数十个窑口，充分证明了唐代大运河以及洛阳的繁荣程度。

---

① 《元河南志》卷 1。

扬州城的位置和演变

美国学者爱德华·谢弗在《唐代的外来文明》中写道："8世纪时，扬州是中国的一颗明珠。扬州的富庶与壮美，首先要归功于它处于长江与大运河的接合部的优越地理位置。长江是中国中部众水所归的一条大江，而大运河则是将全世界的物产运往北方各大城市的一条运河。"扬州地处长江三角洲的中心，是长江与运河的交汇处，是南北河运、东西江运、水陆交通的总枢纽，地理位置相当于今天海运时代的上海。通江达海的便利，使扬州成为大运河上最重要的城市之一。

扬州的建城就与大运河有着密不可分的关系。公元前486年，吴王夫差开邗沟，筑邗城，成为大运河的起点，也成为扬州建城的起点。隋朝开皇九年改吴州为扬州，晋王杨广长年住在江都（今扬州）。唐高祖武德八年（625年），将扬州治所从丹阳移到江北，至此完成了历史上的扬州和今天的扬州在名称区划、地理位置上的基本统一。唐太宗贞观元年（627年），分全国为10道，扬州属淮南道。唐玄宗天宝元年（742年），改扬州为广陵郡。唐肃宗乾元元年（758年），广陵郡又改为扬州。安史之乱后，因为北方藩镇割据，唐朝的税赋主要依靠东南地区，因此，设在扬州的淮南节度使因地位特殊，都由朝廷重要官员担任。唐朝的宰相李吉甫、裴度、李德裕、牛僧儒、李绅等都先后担任过淮南节度使。唐代蜀冈上原隋炀帝的宫城所在地，成为扬州大都督府的官衙，称为子城。蜀冈下运河两岸居民和工商业者云集的地方称为罗城。

扬州的经济、贸易和文化

扬州是大运河这条彩练上最耀眼的明珠，是唐代南北水路交通枢纽和财货集散中心。唐朝中央政府必须依仗江淮地区的财富，而江淮以南八道的漕粮都要从扬州北上，以致舟船的桅杆密密麻麻，车辆的轮毂像鱼鳞一样集中。[①] 唐代淮盐转运使在扬州，全国十三巡院中有七个属江淮，所产淮盐多在扬州集散。此外，茶叶、蜀锦、药材、瓷器、藤纸等货物都在扬州集散，扬州的铜镜、丝织品、造船业都十分先进，共同促进了扬州经济的繁荣和手工业的兴盛。当时有"扬一益二"的说法，即天下富庶，扬州第一，益州（成都）第二，可见当时扬州经济之富庶。

① 康熙《扬州府志》卷4。

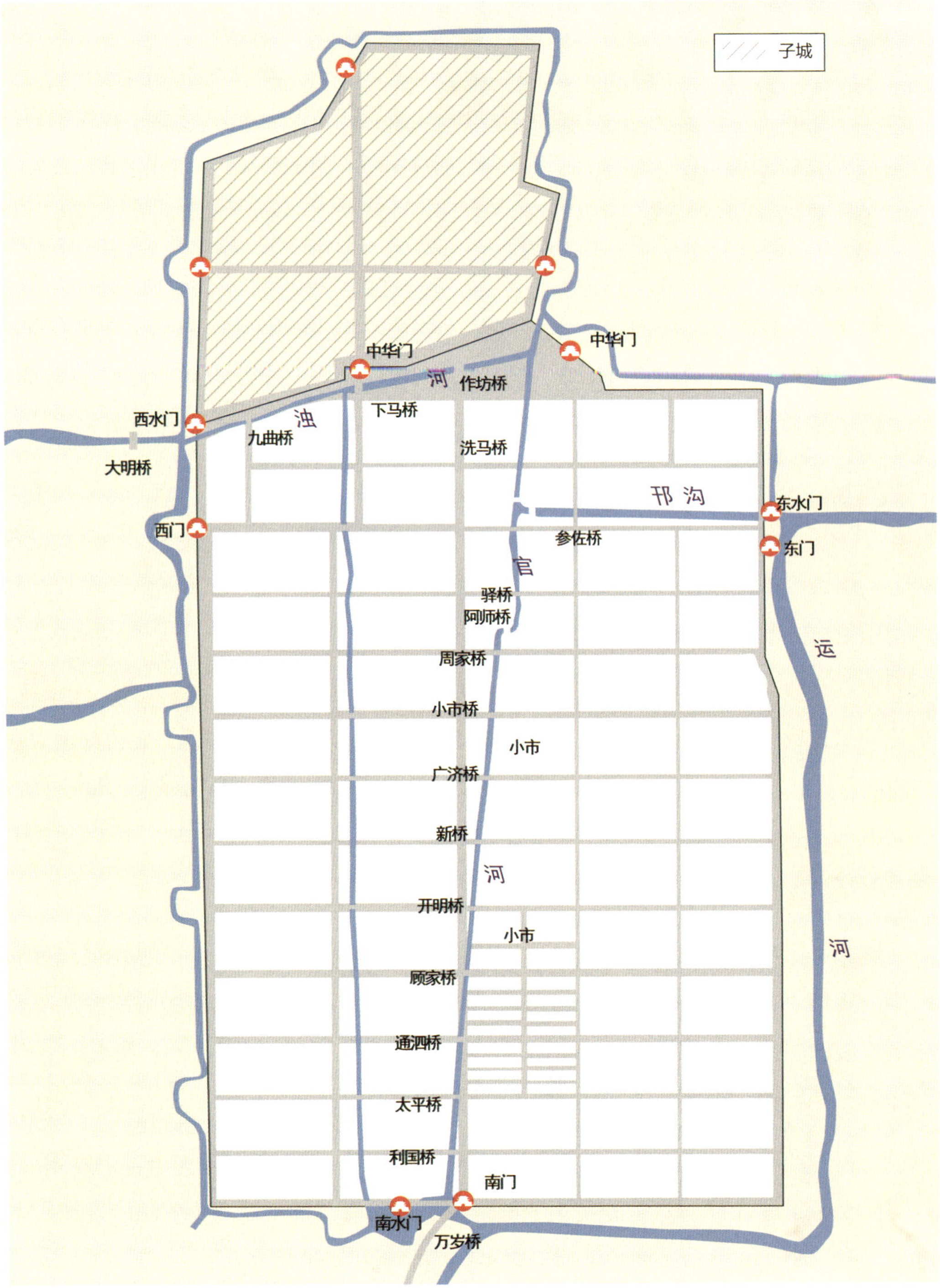

子城
中华门
中华门
作坊桥
河
浊
下马桥
西水门
九曲桥
洗马桥
大明桥
邗沟
东水门
西门
参佐桥
东门
官
驿桥
阿师桥
运
周家桥
小市桥
小市
广济桥
新桥
河
开明桥
小市
河
顾家桥
通泗桥
太平桥
利国桥
南门
南水门
万岁桥

唐代扬州城示意图

扬州瘦西湖二十四桥景区

扬州还是对外贸易的国际港口，大批外国商人定居于此。早在唐朝初期，就有波斯、大食的商人沿着大运河来到扬州经营珠宝业，以至于扬州的珠宝业成为波斯人的专营，扬州至今还有“波斯献宝”的俗语。史载唐肃宗年间的田神功之乱，到扬州，大掠百姓商人资产，商胡波斯被杀者数千人[①]。可见当时扬州的外国商人之多。

商业的繁荣带来了文化的兴盛。中国的雕版印刷起源于唐代，而当时扬州是雕版印刷的中心。扬州吸引了孟浩然、李白、高适、杜甫、徐凝、白居易、杜牧等大批唐代诗人的游历，并写下了数百首歌颂扬州风光秀美和市井繁华的诗歌。扬州诗人张若虚为“吴中四杰”之一，仅《春江花月夜》一首诗，就有“孤篇压全唐”之誉。杜牧诗云：“街垂千步柳，霞映两重城”“二十四桥明月夜，玉人何处教吹箫”。张祜诗云：“十里长街市井连，月明桥上看神仙，人生只合扬州死，禅智山光好墓田。”王建诗云：“夜市千灯照碧云，高楼红袖客纷纷”。徐凝诗云：“天下三月明月夜，二分无赖是扬州”。在唐代诗人的眼中，扬州的繁荣无以复加，不仅雄富天下，而且是文化荟萃之地，文化品位很高。

①《旧唐书·田神功传》。

第四节 连接陆海丝路的桥梁

串连起陆海丝绸之路

唐代大运河的一端从明州港（宁波）通过海上丝绸之路串连海外诸国，另一端则从洛阳西出以衔接横贯亚欧内陆的陆上丝绸之路，大运河成为连接陆海丝绸之路的桥梁。

陆海丝绸之路是古代中国与世界连通的两条经贸文化交流的大动脉，大运河则是国内中东部区域间经贸文化交流的大动脉，对外的两条大动脉正是通过大运河大动脉连接起来。陆海丝绸之路在唐代后期的交汇得益于大运河，大运河的畅通和沿线商业城市的繁荣，为外国商人营造了经商的便利条件。从 8 世纪中叶到 9 世纪末，大批的波斯、大食商人从海上丝绸之路来到中国，在大运河两岸经商。中国的丝织工艺、陶瓷制造术、建筑术、造纸印刷术、指南针以及各种文化书籍由陆海丝绸之路向海外传播，东南亚的优质木材、宝石、香料、象牙以及中亚的皮革、矿物颜料等进入中国并经由运河运往全国。①

大运河与海上丝绸之路

中国东南沿海有夏、冬两季季风的助航，增加了由海路通往东南亚、南亚和欧洲的便利，为海上丝绸之路的开辟创造了条件。两晋南北朝时期，随着造船水平和航海技术有了新的提升，海上丝绸之路的航线和范围进一步扩大，开辟了横渡南海直至马来群岛的海上航线。这条海上航线，后来成为我国与东南亚、南亚、西亚以至东部非洲等地进行交流的重要海上通道。到了唐代，随着中国国内南北统一和大

① 姜师立等：《京杭大运河历史文化及发展》，电子工业出版社，2014 年 10 月。

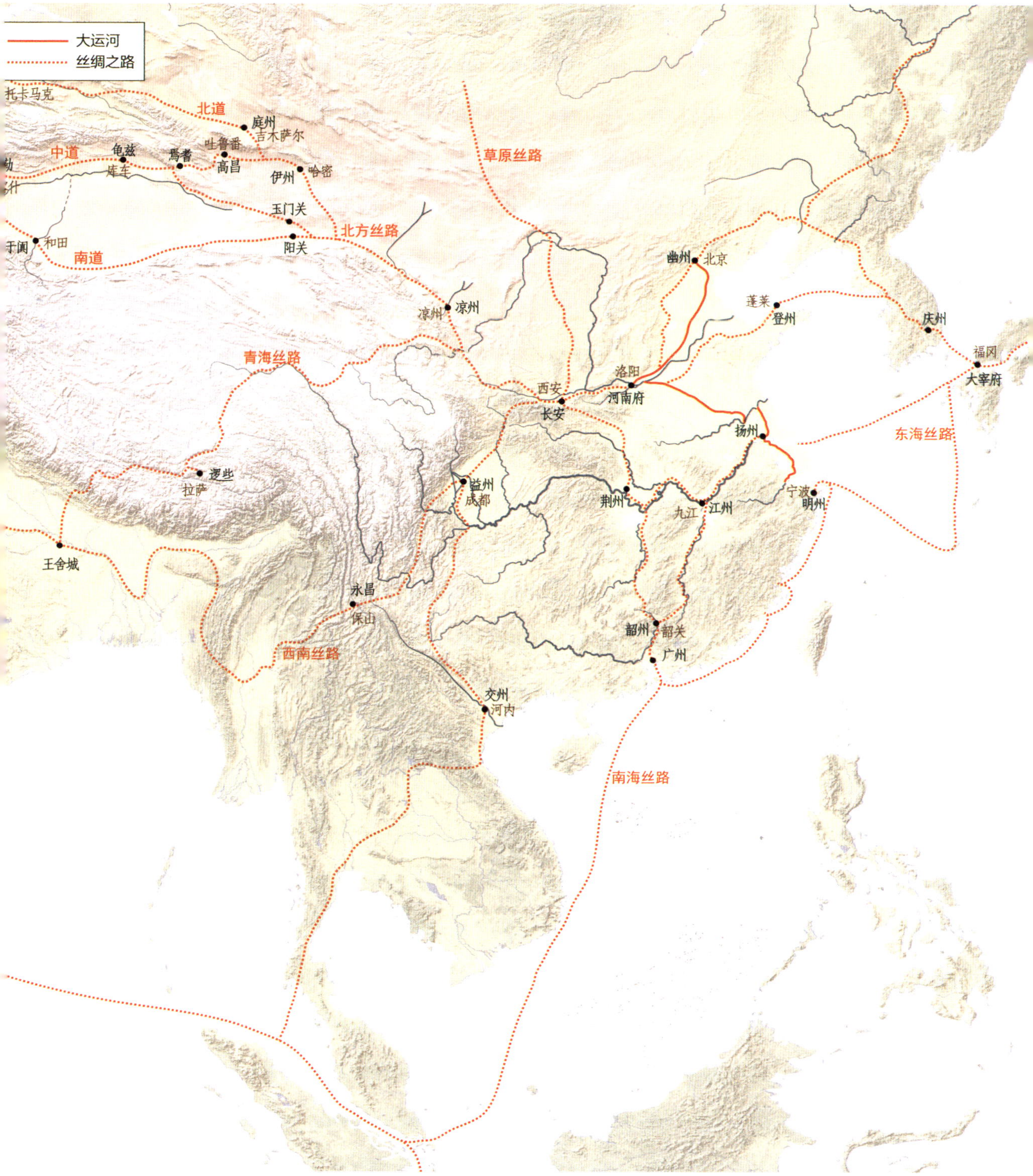

大运河串连陆海丝绸之路示意图

运河的开凿成功，国内区域间经济文化交流空前密切，这也促进了海上丝绸之路的空前繁荣。中唐以后，随着西北陆上丝绸之路的相对弱化和经济重心的南移，海上丝绸之路成为主要的对外经贸和文化交流通道，而且贸易的商品范围扩大，瓷器逐渐取代丝绸成为主要的贸易商品。这时，陆海丝绸之路开始交汇。

唐玄宗开元二年（714 年），唐朝开始设置市舶使，主管海外贸易，为地方和中央提供了可观的财政来源。泉州、明州、扬州等城市成为贸易大港，大运河的最东端明州（宁波）是海上丝绸之路进入大运河的第一站。宁波三江口附近的庆安会馆同时也是供奉海神的妈祖庙，这可以充分说明大运河河运与海运紧密相连的关系。并且，海上丝绸之路新辟了登州、扬州至朝鲜、日本，广州至西亚、欧洲的海上通道。唐代对外经济文化的交流日益频繁起来，大量的外国商人从陆海丝绸之路，尤其是中唐之后主要通过海上丝绸之路来到中国经商定居。

大运河与陆上丝绸之路

唐朝时期，中亚、西亚、北非各国与唐朝的经济文化交流也相当频繁。这些国

宁波三江口附近的庆安会馆

家与唐朝的交往，主要是通过西北地区延伸到国外的丝绸之路。这些国家虽与运河无直接关系，但丝织品等都从江淮地区通过运河辗转西运。唐代中期后，不仅中央政权所需的粮食、丝绸等物资要通过大运河从江南调配，而且此时用以互市贸易、赏赐和赠送的物品，与丝绸之路各国的贸易交往也需要通过大运河从江南运来，再辗转运到北方边疆。从吐鲁番出土的唐代庸调布的情况看，有“宣州溧阳县”“婺州兰溪县”“湖州安吉县”等地的织物，有“常州布”等。这些物品有不少经过运河运到关中，然后经丝绸之路进入西北、西南地区。

随着民族经济文化的交融，许多边地的物品也纷纷流入内地。与之同时，胡商贩客们也纷纷通过运河将异域之物运往内地。如《唐大和上东征传》记载，天宝二年（743 年），鉴真和尚准备东渡时，所携带的香药就有麝香、沉香、安息香、栈香、零陵香、熏陆香等，这些香药不少来自丝绸之路上的各个国家。中国与亚洲、西方的僧侣、官员、商人、传教士、旅行家、使团等频繁由运河南来北往于中国内地，并经由海陆交通，形成了古代中国与亚欧国家在政治、经济、文化方面的广泛联系，促进了古代世界的沟通与交流。①

“商胡离别下扬州，忆上西陵故驿楼。为问淮南米贵贱，老夫乘兴东游。”这是唐代诗人杜甫看到商人东下扬州而写下的诗句，这里的商胡就是指的往来于唐朝的外国商人。

中外文化交流

借助陆海丝绸之路和大运河，中外文化得到了空前的传播和交流。唐代，佛教得到空前发展，完成了中国本土化进程，尤其是在运河沿线传播最为迅速。来中国宣扬佛法的外国僧侣和赴印度求法的中国僧人不断增加，相当大的一部分是从陆海丝绸之路出发的。外出取经求法最突出的是玄奘和义净，他们分别从陆路和海路出发，前往天竺取经，均取得成功。同时，佛教传到中国后，又经运河传到日本、朝鲜等国。唐代鉴真六次东渡终于到达日本，将佛法传至日本。日本现存的唐招提寺，就是鉴真和弟子创建的，对日本建筑产生了重要的影响。

① 《马可·波罗游记》。

日本的唐招提寺

伊斯兰教传入中国分陆海两路，都与大运河相关。伊斯兰教从陆上丝绸之路传入中国的长安、洛阳等地，又顺着隋唐大运河传入运河沿线地区。从海上丝绸之路进入中国的大量阿拉伯和波斯商人，也沿着运河广泛传播伊斯兰教。相传唐时由海路来中国传教的有四大“先贤”，大贤传教于广州，二贤传教于扬州，三贤、四贤传教于泉州。其后伊斯兰教沿着大运河向北传播，在大运河沿线的很多城市都建起了清真寺。

唐朝时，日本全方位学习、移植中国文化。当时日本来唐的路线有三条，其中中路和南路都通过大运河。中路在长江口岸以及苏北沿海一带登陆，进入扬州、楚州，通过邗沟和通济渠继续行船，经汴州、洛阳西达长安；南路在明州（今宁波）及浙江沿海登陆，溯钱塘江或浙东运河经越州（今绍兴）到杭州，由杭州经江南运河到扬州，再经邗沟、通济渠西往长安。从唐太宗贞观四年（630 年）到唐昭宗乾宁元年（894 年），日本前后派遣了十九次遣唐使，其中十六次成行，后九次都走的是中路或南路。[①]

日本遣唐使团组织完备，多时一次达550多人，除官员，还有玉生、锻炼生、铸生、细工生等，还有不少的留学生和学问生。他们给唐朝带来珍珠、绢、琥珀等贵重礼品，唐政府则回赠一些高级丝织品、瓷器、乐器、文化典籍等。在中国学习的留学

① 本宫泰彦著，胡锡年译：《日中文化交流史》，商务印书馆，1980 年版。

崔致远纪念馆

生，有些还留在了中国任职，如阿倍仲麻吕（汉名晁衡）长期留居中国，擅长诗文，在唐历任光禄大夫、御史中丞、秘书监等职。随着中日文化空前广泛深入的交流，中华文明深刻地影响了日本的政治、经济、社会和文化的方方面面。

新罗人崔致远是中华文化成功熏陶新罗、中国与朝鲜半岛友好交往的见证。咸通九年（868 年），12 岁的崔致远，来到晚唐的洛阳、长安等地求学。他 18 岁进士及第，接着游历了两年东都洛阳，当了三年溧水县尉。他在扬州宦游了五年，进入淮南节度使兼盐铁转运使高骈的幕府。他代高骈创作的《讨黄巢檄》传诵一时。崔致远在高骈幕中创作了《桂苑笔耕集》中的 300 多篇文章和 60 首诗。中和四年（884 年）九月，28 岁的崔致远从扬州启程回国。崔致远备受中国文化的熏陶和滋养，著有《私试今体赋》《五言七言今体诗》等著作，是韩国历史上第一位留下个人文集的大学者、诗人，一向被尊奉为韩国汉文学的开山鼻祖，有“东国儒宗”“东国文学之祖”的称誉。

作为古代中国的交通大动脉，大运河已深深烙印进历史，通过与国外文明的交流互鉴，大运河已成为世界文明进程的重要组成部分。大运河影响到古代中外交往，对整个人类社会的发展，乃至现代文明世界的形成，都有着不可磨灭的贡献。

第五节
安史之乱与南方的发展

安史之乱的爆发

安史之乱是唐朝由盛转衰的一个转折点。唐玄宗开元年间晚期，国家承平日久，曾经开创过“开元盛世”的唐玄宗逐渐丧失了向上求治的精神，耽于享乐，宠幸杨贵妃，又把国政先后交由李林甫、杨国忠把持，以致群小当道，国事日非，朝政腐败，让安禄山有机可乘。

唐代前期河北经济区的富裕程度超过其他经济区。唐太宗征辽东，兵马粮饷都集中在河北地区，由此河北地区的经济得到了很快的发展。唐玄宗时，居住在辽西的奚、契丹增强了军事实力，势力渐强，并占据了营州（今辽宁朝阳），河北一带受到契丹的威胁，于是唐玄宗派重兵驻守河北地区。这样，河北地区成为军事区与经济区重合的地区。当时的安禄山兼平卢、范阳、河东三镇节度使，独掌大军，拥兵边陲，其手下将士骁勇善战，再加上有河北经济区的经济支撑，使他的起兵有了足够的资本。天宝十四年（755 年），安禄山与史思明以讨杨国忠为名，以河北经济区为大本营，起兵反叛。

天宝十五年（756 年），安禄山自称大燕皇帝，不久攻下长安。唐玄宗逃奔到四川，太子李亨在灵武称帝，是为唐肃宗，建立了流亡政权。唐至德二载（757 年），河南节度副使张巡、睢阳太守许远等人率领军民坚守隋唐大运河咽喉、江淮屏障睢阳（今河南商丘），长达十个月之久。在睢阳之战中，安禄山之子安庆绪几十万大军被睢阳城四千名守将所牵制，使唐朝能够乘机反攻，郭子仪从容收复两京，战争局势逆转。直到唐代宗广德元年（763 年），历经 8 年，才平定这场叛乱。这场内战使唐朝人口大量丧失，国力锐减，开始由盛转衰。

战争对北方的破坏

安史之乱后，由于朝廷统治力减弱，唐朝又陷入藩镇割据的纷争中，战乱使社会遭到了一次空前浩劫，特别使北方的经济遭受了严重的破坏。《旧唐书 · 郭子仪传》记载，当时的宫室焚烧，十间存下的不到一间，漕运被荒废。京城剩下的人口不满千户。农村里到处杂草丛生，豺狼嚎叫。唐朝廷是既缺乏军储，又没有人力。东到郑州、汴州、徐州，北到怀州（今焦作一带），几乎包括整个黄河中下游，都是人烟断绝，千里萧条，一片荒凉。杜甫有首诗说道："寂寞天宝后，园庐但蒿藜。我里百余家，世乱各东西。"这说明经过战乱，广大人民都处在无家可归的状态，连杜甫也到处逃难。

席卷黄河以北的安史之乱，导致河北、河南经济区被破坏，永济渠丧失功能和战略意义，同时人口大量南迁，江淮经济区成为唐朝唯一的经济重心。

安史之乱后，均田制已经逐步瓦解，土地兼并现象日趋严重，租庸调制也无法实行。中原地区人口不断流徙，大量逃亡，国家掌握的民众大量减少。唐代宗曾于敕令中指出："近日以来，百姓逃散，至于户口，十不存一。"[①] 潼关和虎牢关之间，几百里内，仅有"编户千余"；邓州的方城县，从天宝时的万余户，骤降到二百户以下。北方劳动力的大量减少，使农业生产遭到严重破坏。经过安史之乱，以及随后出现的藩镇割据和军阀混乱，北方社会经济遭到惨重破坏，全国的经济重心已基本上转移到江南地区。唐宪宗元和年间，由于政令不及，税收只能从东南八道（浙西、浙东、宣歙、淮南、江西、鄂岳、福建、湖南）征收。

江南经济的进一步发展

中国古代经济重心南移自魏晋南北朝时就已经开始，在安史之乱后，北民南迁的状况越来越明显，致使经济重心进一步南移。南方相对较为稳定，北方人口的南迁，带去了大量的劳动力和先进的生产技术，促进了江南经济的发展，南方经济日益超过北方。三吴地区成为全国人口密度最高的地区，人口的增长，促进了农业生产，粮食产量的大幅度增长是江淮农业经济发展的重要标志。

① 《唐会要》卷 85《逃户》。

在安史之乱后，随着北方人口的大规模南下，江淮地区的水利工程进入空前繁荣的历史时期。大历十二年（777 年），句容县令王昕在绛岩湖围湖为塘，建立二斗门，开良田万顷。元和八年（823 年），常州刺史孟简在武进、无锡两地开孟渎和泰伯渎。这两项工程都是灌溉工程，而与运河密切相关的水利工程则是李吉甫修的平津堰。

平津堰遗址

唐宪宗元和年间（806—820 年），李吉甫出任淮南节度使。在任期间，他在高邮筑富人、固本二塘，灌溉良田万顷。因为扬楚运河（即邗沟）漕渠不能蓄水，于是筑堤以防不足、泄有余，这座堤就叫平津堰。平津堰不但方便了漕运，而且灌溉粮田千余顷，至今淮扬运河边还有平津堰的遗址。

一系列水利工程的实施，使江淮经济区形成了密集的水利网，成为唐后期全国最富庶的地区，加快了全国经济重心南移的步伐。同时，也使运河的漕运网络更加健全，运河的作用发挥得更加充分，为支撑安史之乱后的唐王朝做出了贡献。史料记载，淮南、浙西、徐、蔡、襄、邓等地的良田，只要一年丰收，就可以资助其他几个道。唐朝政府的税赋来源、漕粮征收、军国大计，都仰仗于江淮地区。[①] 特别是藩镇割据，税收不上缴中央，使唐朝在北方的经济来源大为缩小，只能依赖江淮地区的经济。曾任苏州刺史的白居易说："当今国用，多出于江南，江南诸州，苏最为大。"[②] 李翰则说："扬州在九州之地最广，全吴在扬州之域最大。"[③]

① 权德舆《论江淮水灾上疏》。

② 《全唐文》卷 666，白居易《苏州刺史谢上表》。

③ 《苏州嘉兴屯用政策颂》。

第六节
运河保卫战和唐朝的灭亡

唐代后期，受安史之乱的影响，黄河中下游地区社会生产遭到严重破坏，迫使唐朝政府在财政上更加倚重江南，于是不遗余力地整治南方运河。为了确保江南这个唯一的经济重心向政治中心关中地区输血，唐政府在江南地区进行了水利建设和漕运改革。

刘晏的漕运改革

安史之乱以后，藩镇割据，北方地区的大部分赋税被地方留用，不但河朔一带的安史旧部担任节度使的藩镇“贡赋不入朝廷”，就是河东、宣武一带手握重兵的藩镇都将赋税留作自用。唐王朝的财政收入不得不主要依靠江淮，通济渠成了其重要的生命线。而要保证南方的物资能够运到京城，运河的作用就越发重要。但安史之乱后运河漕运受到影响，频频被割据的藩镇所截断。

唐代储存粮食的含嘉仓遗址

在这种情况下，时任通州刺史的刘晏被任命为户部侍郎、度支盐铁转运使，负责恢复运河漕运。刘晏七岁时就拦住皇帝的御

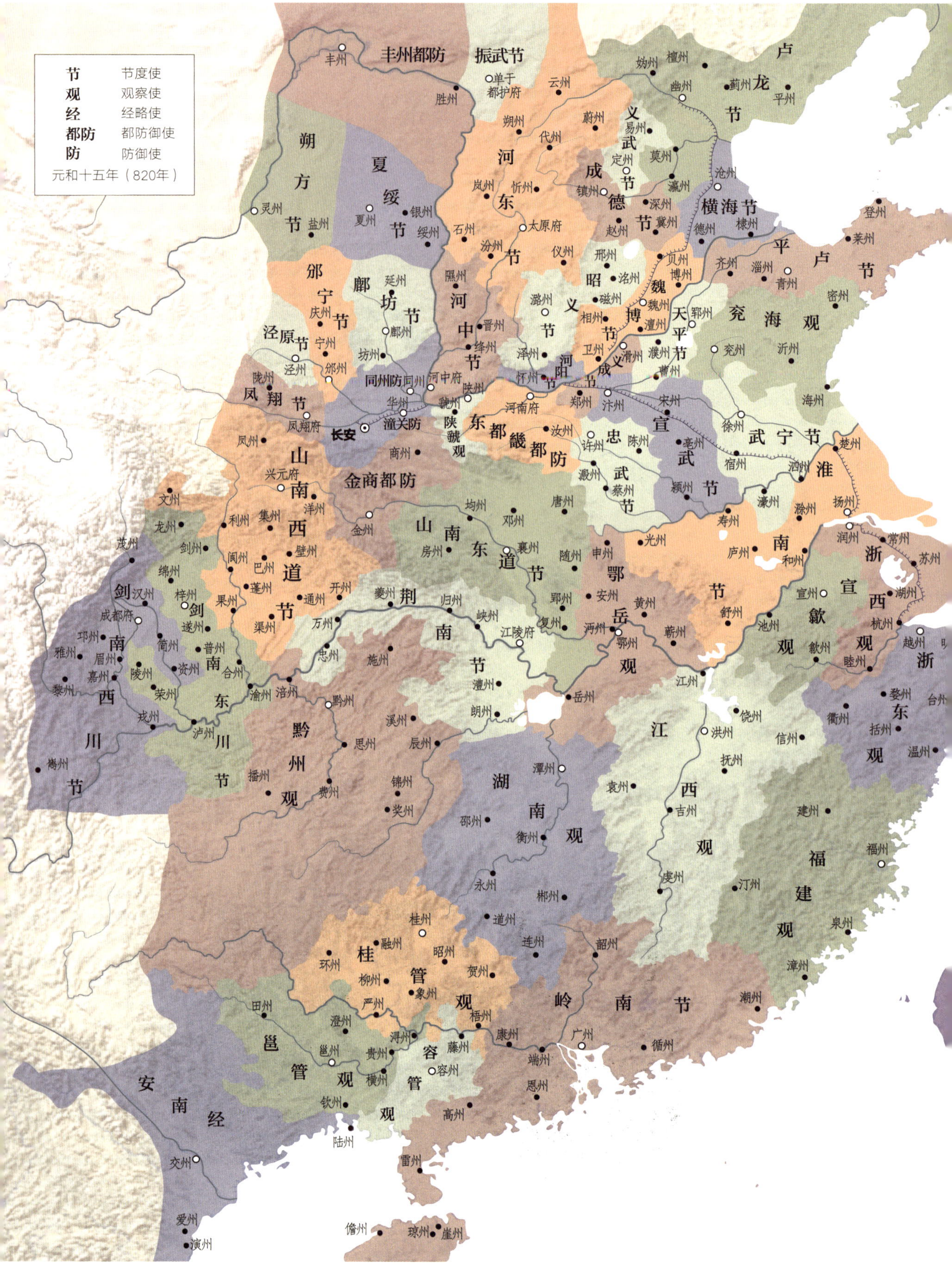
节 节度使
观 观察使
经 经略使
都防 都防御使
防 防御使
元和十五年（820年）
丰州都防
振武节
丰州
胜州
单于都护府
云州
朔州
蔚州
代州
义武节
易州
定州
莫州
卢龙节
檀州
妫州
幽州
蓟州
平州
朔方节
灵州
盐州
夏绥节
夏州
银州
绥州
河东节
岚州
忻州
石州
太原府
汾州
仪州
成德节
镇州
深州
瀛州
赵州
冀州
横海节
沧州
德州
棣州
登州
莱州
平卢节
淄州
青州
齐州
邢州
洺州
昭义节
磁州
潞州
泽州
邠宁节
庆州
宁州
鄜坊节
延州
鄜州
坊州
隰州
河中节
晋州
绛州
河中府
魏博节
贝州
博州
魏州
相州
卫州
澶州
天平节
郓州
濮州
曹州
兖海观
兖州
沂州
密州
海州
泾原节
泾州
原州
邠州
同州防
同州
华州
陇州
凤翔节
凤翔府
长安
潼关防
陕虢观
陕州
虢州
河阳节
怀州
义成节
滑州
郑州
河南府
东都畿都防
汝州
汴州
宋州
宣武节
亳州
颍州
忠武节
许州
陈州
蔡州
溵州
武宁节
徐州
宿州
泗州
濠州
楚州
淮南节
扬州
滁州
寿州
光州
庐州
和州
舒州
凤州
商州
金商都防
山南西道节
兴元府
洋州
文州
龙州
利州
集州
壁州
剑州
阆州
巴州
蓬州
果州
通州
渠州
开州
金州
山南东道节
均州
邓州
唐州
房州
襄州
随州
申州
郢州
安州
复州
鄂岳观
黄州
蕲州
沔州
鄂州
茂州
绵州
梓州
剑南东川节
遂州
普州
资州
简州
陵州
荣州
合州
渝州
泸州
剑南西川节
汉州
成都府
邛州
雅州
眉州
嘉州
黎州
戎州
巂州
荆南节
夔州
归州
峡州
万州
忠州
施州
江陵府
澧州
朗州
岳州
涪州
黔州观
黔州
溪州
思州
辰州
播州
费州
锦州
奖州
湖南观
潭州
邵州
衡州
永州
郴州
道州
连州
浙西观
润州
常州
苏州
湖州
杭州
睦州
宣歙观
宣州
歙州
池州
江州
饶州
洪州
信州
抚州
袁州
吉州
虔州
江西观
浙东观
越州
明州
婺州
衢州
台州
括州
温州
福建观
建州
福州
汀州
泉州
漳州
岭南节
韶州
潮州
广州
循州
康州
端州
恩州
高州
雷州
桂管观
桂州
融州
昭州
环州
柳州
象州
贺州
严州
梧州
澄州
浔州
藤州
邕管观
田州
邕州
贵州
横州
钦州
容管观
容州
陆州
安南经
交州
爱州
演州
儋州
琼州
崖州

唐后期藩镇割据示意图

驾上书，被称为“神童”。他是唐朝杰出的经济改革家、理财家，被誉为“中国古代六大经济改革家”之一。作为一个财政专家，他上任后采取榷盐法、漕运改革和常平法等一系列的财政改革措施。

歇艎支江船模型

刘晏对漕运改革主要有几点。一是疏浚汴渠，以通漕运。二是以盐利为漕佣。三是合理有效组织漕运。刘晏为盐铁转运使时，漕粮开始从扬州转运，十船为纲，每纲 300 人，篙工 50 人，从扬州派军队护送到河阴，保护了漕运的安全。四是他主持设计了适用于汴河和黄河三门峡航道的优良船型。汴河上的船叫歇艎支江船，这种船船体肥阔，船平舱浅，载重量大，吃水浅，便于装卸。黄河浪急，尤其是三门峡旋流暗石，影响行船安全，刘晏设计了善抗风浪的上门填阙船。经过种种改革，改变了自安史之乱以后漕运中衰的状况，使漕运又恢复了每年 100 万石的规模，江淮物资源源不断地通过大运河运到长安，有力地支持了唐王朝与藩镇的战争。

大运河争夺战

唐朝廷从江淮地区运送粮食到关中，主要线路是从江南运河、扬楚运河，然后经汴渠运输到洛阳、关中地区，汴渠段运河的作用更加明显。唐后期与藩镇割据的运河争夺战主要战场就在汴渠段。任何一个藩镇如果夺得此段运河的控制权，就可以西向威胁两都，南下攻取江淮。对朝廷来说，如果丧失对汴渠的控制权，不但会失去江淮的经济来源，而且东都洛阳也会立即暴露在敌人面前。因此，汴渠成为朝廷全力扼守的命脉。

唐朝晚期，朝廷与藩镇展开了对大运河的争夺战。唐代宗大历十一年（776 年），汴宋节度留后田神玉死，部将李灵曜杀兵马使孟鉴，抗拒朝廷，迫使朝廷承认其为汴宋留后，并试图以汴州为中心，实行割据。如果这一割据成为现实，汴宋就会与河北藩镇连为一片，汴渠的运输就会中断。于是，代宗命淮西节度使李忠臣、永平节度使李勉、河阳三城使马燧征讨，击败了李灵曜及其同党，这一场危机终于结束。唐建中三年（782年），河朔三镇节度使与淄青以及淮西镇节度使李希烈联合对抗中央，自南向汴渠进逼。十一月又发生四王之乱，河淮间的漕路完全断绝，迫使唐朝廷的漕粮改道，东南运输者不敢经由汴渠，改为从蔡水北上。

通过代德两朝与藩镇的战争，唐朝廷认识到，要想阻遏藩镇的力量，控制汴河的漕运，必须加强徐州的政治地位。于是唐政府在汴州和徐州加强了防务，使汴、徐成为中原最强大的军事中心。这样就确保了中央对通济渠的控制，确保了中央财赋的来源。即使这样，当时运送漕粮都需要部队护送，否则不可能顺利地运到目的地。

关于唐朝后期对大运河的依赖，有一则故事可以说明。唐贞元二年（786年）4月，身处皇宫的唐德宗像热锅上的蚂蚁——还是饿着肚子的。安史之乱后，国家凋敝，关中仓廪已空，藩镇割据，致使南方漕粮不能运到京城，朝野一片恐慌，禁军甚至放出话来，吃不上饭就要哗变，急得皇帝和太子相拥而泣。山穷水尽之际，皇帝接到奏报：镇海军节度使韩滉押运东南漕粮3万斛到了三门峡。皇帝欣喜若狂，竟然抛开仪仗，一溜烟跑到东宫对太子大呼："米已到了陕州，我们父子得救了……"又派使节传谕神策六军，军士们都高呼万岁。也幸得韩滉的武装护送漕船，才得以支撑唐德宗对藩镇的战争。可以说，是大运河延长了唐朝的生命。史料记载，那一年新麦成熟后，有粮食可以酿酒，街头出现醉酒之人居然被当成祥瑞。

唐王朝的灭亡

唐朝末年，杨行密割据江淮，在扬州称吴王，淮汴间漕路完全断绝。再之后，中原地区的黄巢起义，进一步切断了唐朝洛阳到余杭段的经济命脉，漕运完全废止，唐朝也随之寿终正寝。天祐四年（907年），朱温逼唐哀帝李柷禅位，唐朝灭亡。朱温在中原地区建立后梁，定都开封府（今河南开封），中国进入了南北分治的五代十国阶段。这一阶段因为没有全国统一的政权，大运河也被弃之不用。

第六章　清明上河图的繁华

宋代定都汴梁，最主要的原因就是随着经济重心的南移，国家越来越依仗江淮地区，而汴梁有发达的水运系统，方便江淮地区的粮食物资运输到京城，供给庞大的官僚阶层和禁军。北宋开启了中国都城史的“运河时代”。以汴梁为中心的漕运使东京汴梁成为当时世界上人口最多、经济最发达的城市，北宋名画《清明上河图》形象地记录下了汴梁城的繁华。

从北宋开始，中国建立了独立的运河管理机构和全国性的漕运专门机构，制定了完备的漕运制度。靖康之变后北方人口南迁，经济重心转到江南。南宋通过对浙东运河的不断修整完善，构建了东南的运河网络，促进了东南经济的迅速发展，催生了世界上最大的商业城市临安。浙东运河的出海口成为新的贸易中心，促进了海上贸易与交流，大运河成为海上丝绸之路联系内陆地区的重要通道。

第一节
定都汴梁的无奈

赵匡胤定都汴梁

公元960年，赵匡胤通过“陈桥兵变”，黄袍加身，取代后周，建立了北宋，并通过一系列战争结束了唐末以来的割据局面。由于当时中国经济重心的南移已经基本完成，因而北宋在定都时，必须考虑如何既能照顾到北部和西北部边防的安全，又能较容易地取得江淮地区的巨额漕粮。最终，宋太祖赵匡胤几经权衡，无奈地选择了将汴梁（今开封）作为国都。

宋太祖赵匡胤画像

之所以说无奈，主要是因为汴梁既没有长安、洛阳那样深厚的王都底蕴，也没有山水之险可守，是一个易攻难守之地。当时北宋立国未稳，南方尚未平定，北方更有强大的契丹虎视眈眈，选择汴梁作为都城确实有诸多不利因素。那么，北宋为什么要选择定都汴梁呢？事实上，综合当时的形势，我们可以发现定都汴梁是最切合实际的一种选择。

粮食与人口的矛盾

北宋建立之初，分析了五代十国各朝都短命的原因，打算从根本上消除藩镇割据的根源，加强中央集权，采取了“杯酒释兵权”的办法，剥夺了开国大将的军权，将各地方政府的军、政、财、法和监察大权，全都集中到中央，在开封设置了庞大的官僚机构，以防止乱世夺权的悲剧重演。由于实行强干弱枝的措施，将禁军精锐聚集在京城，使京城附近聚集了数十万禁军。《水浒传》中称林冲为“八十万禁军教头”，可见汴梁的禁军数量之多。庞大的官僚系统，几十万军队，仅靠中原地区的财力是远远不能养活的。

汴梁地处华北平原，这里土壤肥沃，水源充足，是著名的产粮区，能就近为都城人口提供一部分食粮。安史之乱后，南方经济发展水平和速度远远超过北方黄河流域，江淮地区成为最重要的粮食产区。因此，要养活庞大的京城人口，就必须仰仗东南的粮食物资。在粮食物资运输条件上，汴梁远比洛阳、长安有优势。

汴梁城的交通之便

汴梁地处中原腹地，周围平原广阔，河湖交错，战国时就是魏国都城（当时称大梁）。当时，魏国为争雄称霸，对鸿沟进行挖掘改造，北接黄河，南边沟通了淮河北岸的几条主要支流，构成了黄、淮之间的水路交通网络，而汴梁也因此成为中

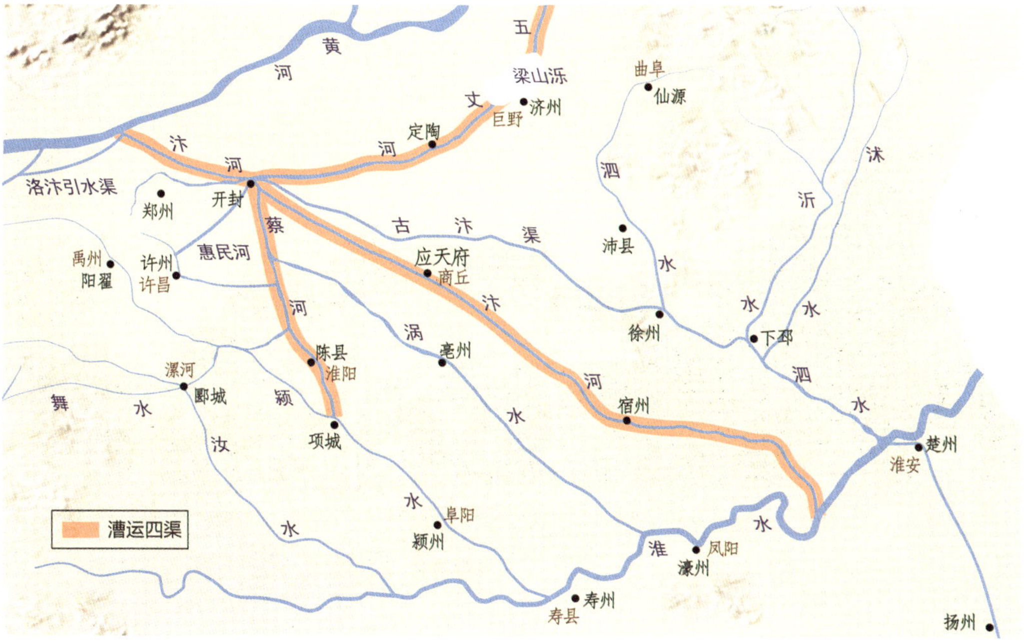

北宋四大漕渠示意图

原地区的水路交通要冲。由于大运河的开凿，到了五代时期，开封已经成为“接引河、汴，南通淮、泗，北接滑、魏，舟车之所凑集”的北方大城市。北宋汴梁是当时漕运的四条河——金水河、惠民河、汴河、五丈河的集中点，有“四达之会”的称号。因此，通过汴渠的漕运，可以便捷地运来江淮地区的粮食，完成政治中心和经济重心的贯通。

陆路方面，当时汴梁也处在中心位置，有几条干道，以汴梁为中心向四方辐射。从汴梁向北，经过滑州、澶州、大名，可通辽国的南京（今北京）；从汴梁向西，经过郑州、西安，可通西北各地；从汴梁向西南，经过许昌、邓州、襄阳、江陵，可达荆湖和两广；从汴梁往东，可到达山东沿海各地。

总的来说，当时汴梁的水陆交通四通八达，“八荒争辏，万国咸通”，确实是作为国都的理想之地。

开封的“宋都御街”

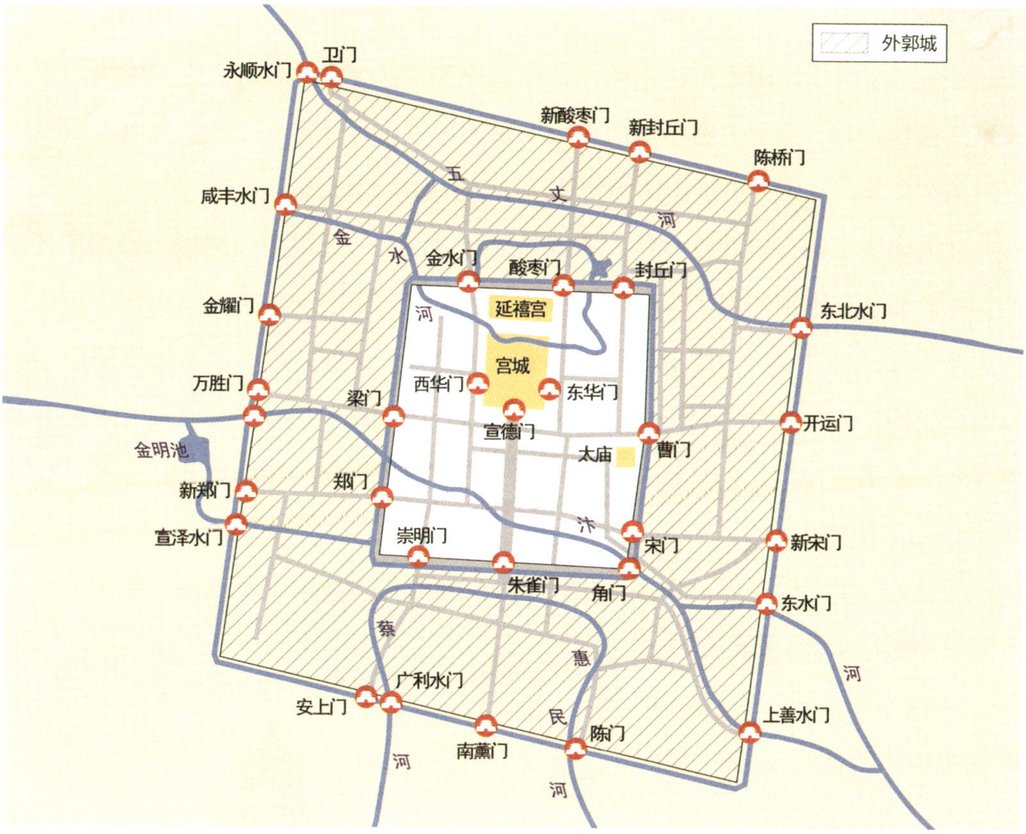

北宋汴梁城示意图

汴梁城的政治基础

公元 907 年，朱温称帝，建立后梁政权，立汴梁为国都，洛阳被改为西都。五代中梁、晋、汉、周四朝都在汴梁定都，虽然其间战乱连连，但作为都城的汴梁还是得到了很大的发展，已经取代长安、洛阳，成为当时全国（至少是北方）的政治、经济、文化中心。北宋以汴梁为都城，可以直接利用它原来的物质基础和社会基础。

同时，汴梁接近北宋政权建立者的根据地。赵匡胤发动陈桥兵变，建立北宋，汴梁是他的根据地，这里有他的家族势力以及忠于他的一班人马。赵匡胤在汴梁经营几十年，曾奉周世宗命令主持修缮扩建汴梁外城，任后周殿前都点检职务期间，也曾转战过黄河、淮河之间，驻节过汴州，对黄河、淮河一带的形势和汴梁的地理民俗等方面都比较熟悉。

汴梁城的衰落

综合诸多因素，宋太祖赵匡胤无奈地选择了定都汴梁。我们从之后宋太祖还曾一度想迁都洛阳，终因漕运不便而否决一事，可以看出其定都汴梁的无奈和纠结。之后的金兵攻占汴梁，更是印证了定都汴梁的弊端也是同样突出。

北宋建立之初，借助汴梁巨大的水陆交通之便，宋太祖南征北战，消灭了各地的割据政权，基本上实现了全国统一。汴梁处于漕运中心和水陆交通枢纽，可以让四方的财富，通过水运，便捷而低成本地进入首都，从而养活了庞大的官僚阶层和日益膨胀的禁军，造就了繁华的汴梁城。同时，汴梁还发挥了“集东南之粮辎御北方兵马”的重要作用，在兵事紧急的时候方便将漕粮转运到国防前线，保卫以汴梁为中心的北宋政权。

同时，汴梁无险可守的先天不足，迫使北宋在汴梁周边大量驻军，维持着庞大的军队数量，以抵御北方的入侵，这给北宋造成了长期沉重的负担。由于汴河水源主要来自黄河，黄河多沙善淤的特点也影响了汴河。到了北宋后期，汴河疏浚制度渐废，泥沙淤塞日趋严重，漕路不畅，运力大减。北宋末年，金军攻破汴梁。北宋统治者放弃中原，偏安临安（今杭州），建立南宋。之后，汴河长期不疏浚，逐渐湮没，汴梁的地位从此江河日下，日渐衰微。由于历史上黄河数次泛滥，北宋汴梁城已被湮没在厚厚的淤泥之下。建于北宋皇祐元年（1049年）的开封铁塔，今天仍然在诉说着那段曾经辉煌的历史。

开封铁塔

第二节
汴梁的繁华世界

汴梁作为北宋的都城，当时不但是全国政治、经济、文化、交通的中心，也是世界上人口最多、经济最发达的城市之一。从人口数量来说，据《宋史·地理志》所载，开封府在宋徽宗时有26万余户，近百万人口；据《太平寰宇记》记载，开封人口最多时达150万以上。北宋汴梁城手工业相当发达，官营手工业和民间手工作坊都很多，汴梁是当时全国四大印刷中心，同时食品、冶炼、织染、刺绣、酿造、制药等手工业都十分发达。

汴梁是当时最大的消费城市，市场十分繁荣。当时汴梁城中店铺达六千多家。京城中心街道称御街，宽两百步，路两边是御廊。北宋政府允许市民在御廊开店设铺，沿街做买卖。为了活跃经济文化，还放宽了宵禁，城门关得很晚，开得很早。夜市在开封更为兴盛，没有时间限制，甚至形成通宵达旦的交易盛况。宋人孟元老所著《东京梦华录》中多次记载汴梁的夜市，如记述“州桥夜市”“自州桥南去，当街水饭、熬肉、干脯。主楼前獾儿、野狐、肉脯、鸡……直至三更”。在朱雀门至龙津桥一带，也是一处夜市中心，在夜市酒楼里“灯烛荧煌，上下相照，浓妆妓女数百，聚于主廊槏上，以待酒客呼唤，望之宛若神仙”。

汴梁城的娱乐区被称为“瓦子”。据记载，当时，整个汴梁城里，瓦子一共有6个，在内城和廓城的各地段均有分布。并且，除了宫城以外，全城各个地段都有酒家、食肆和商店，而这些店铺最集中的地方在沿汴河分布的干道上。据记载，汴梁的医药店铺、书肆、邸店业、酒楼都十分繁荣，仅较大规模的店铺就有6400多家，另外还有小商小贩八九千人。《东京梦华录》提到的100多家店铺，其中酒楼和饮食店就占了半数以上。据记载，北宋时期，政府积极鼓励商业贸易。到了夜晚，宋代汴梁城的街上华灯璀璨、人声喧哗。《水浒传》描写到，连宋徽宗本人也抵御不住这夜晚的诱惑，跑出宫来和李师师约会。大运河不仅成就了汴梁城的繁华，更振兴了整个北宋的活力。

当时汴梁是天下富商大贾所聚之地。据说，当时每天有成千上万头猪被赶入城中肉市待宰，每日消耗的鱼达数千担。还有作为说书游艺场所的“瓦肆”，大的可容纳数千人。《东京梦华录》记载：“（汴梁）东华门外，市井最盛……凡饮食、时新花果、鱼虾鳖蟹、鹑兔脯腊、金玉珍玩、衣着，无非天下之奇。”时令瓜果、新鲜蔬菜上市，如茄子、瓠瓜之类，每对价格可达到三五十文，各个饭店还争相以高价购买，可见汴梁当时市场的繁荣程度。

《清明上河图》的盛景

当时，漕运是经过城里东南角的汴河进入京师的，所以，汴河大街的仓储区和商业区是全城最繁忙的。北宋张择端的著名画作《清明上河图》描绘的正是汴河大街的繁华景象。今天开封市按照这幅名画，修建了清明上河园。

下面，我们通过《清明上河图》这幅名画，来一睹运河给汴梁带来的繁华。《清明上河图》画面从右至左展开，共分为宁静的乡村、繁忙的汴河、热闹的虹桥、忙

开封仿照《清明上河图》建的清明上河园

碌的店铺、威武的城楼、繁华的大都市六个部分。它犹如一架摄像机，把汴梁的人物风景，从城外到城里一一记录了下来，我们今天看了仍身临其境。

宁静的乡村。这一段最先映入观众眼帘的是汴河边一队驮着木炭的小毛驴，沿着河渠迎面而来，走在前面的童子忙将毛驴向小桥方向驱赶。有一支队伍从城里出来，有两位骑驴的人，衣着打扮像是客商，仆人或肩扛或挑着行李。瓦舍的另一面也有一支队伍，最先的三个人，前呼后喊，正在追赶着一匹奔马；后面有一乘轿子，轿上插满枝条；再后面有一位男士骑着马，挑着担子的仆人跟随着，有人认为这支队伍是清明去扫墓的。

繁忙的汴河。这一段首先映入眼帘的是两艘重载的大船已经靠岸，正在往码头上卸货，看来装的是粮食。接下来是一个大码头，街道宽阔平整，两边店铺也比较讲究，经营的主要是餐饮业，店铺里已经坐了不少客人。码头边一连停靠了五艘大船。在这一组航船中有一艘装潢特别华丽，清一色的花格窗子，前后有两个门楼，船舷也比较宽。透过窗子，可以看到舱内有餐桌之类的家具，应该是一艘大客船，再往外是一艘正在行进的大船，近岸边有一只小艇，船夫正在往外舀水。一艘大船刚从它身边驶过，大橹拨动的漩涡，使小艇的船身仿佛在晃动。这个画面也说明当时汴河上航运的繁忙。

热闹的虹桥。这一段画是横跨汴河南北两岸的虹桥，两头都连接着街道，桥面设有护栏，上面各色行人如织，两端立有四根风信竿，为航行者指示风向。桥下两岸用石块砌成，并设有人行道和上下台阶，这是专门为纤夫设计的。桥下水面上许多载重货船一艘接一艘沿汴河溯流而上，其中一艘正待穿过桥洞。由于这里河面较狭窄，水流湍急，桥梁又低，给行船安全带来很大的威胁，因此船工们都一齐忙碌紧张起来。有的在放倒桅杆，有的在用力撑篙，有的则用篙顶住桥梁，有的在呼喊前面的行船注意，有的在桥顶上往下抛着绳索，船篷上也有人接应，就连在船舱里的妇女也扒住窗往外看。周围许多看热闹的人群，跟着叫喊者有之，指手画脚出主意者有之。

忙碌的店铺。这一段画的是一条大街，两边把口的是一家脚店。大门口有一个高大的楼阁式架子，这叫“彩楼欢门”，是酒楼的特有标志。据记载，北宋开封的酿酒业十分发达，朝廷专门设立都曲院制造酒曲供官私酿酒所用。过了这家脚店，汴河在这里拐了一个急弯。在宽阔河面的转弯处，停靠着多艘船只，有客船，也有

热闹的虹桥（《清明上河图》局部）

货船，有人通过跳板正在上船。再往里，在一株老柳树的遮掩下，有一个用竹席搭起来的小棚子，在一条绳子上挂着三块布条，上面写着“神课”“看命”“决疑”。再往里有一个大院落，大红门上有乳钉，张贴着布告，土围墙上插着竹扦，看来像是一个衙署。再往里有一所寺庙，山门紧闭，一个僧人正从旁门走入寺内。从画上可以看出，当时汴梁是一个国际化大都市，能包容各种宗教。据记载，城里共有几百座庙宇，并且庙会繁多，形成商品交易的又一重要市场“庙市”。

威武的城楼。这一段画的城门楼非常高大而有气势，所有的木结构部分都被油漆成红色。城楼室内陈设着一面大鼓，内侧有人凭栏俯视街景。在这座城楼外的平桥两侧，挤满了看风景的人们。在城门口的道路当中，有一个老人匍匐在地，他正在向过往行人乞讨。过往行人纷纷躲着他走，一个骑马的官人，走过了行乞者，回过头来看了看，但毫无停下来给点小钱的意思。城门楼边，一支骆驼队伍正在走出城门，最前面一只骆驼已探出了多半个身子快要出城，而最后一只骆驼仍留在城内。说明这是一支很长的骆驼队伍，也说明当时开封用骆驼运货的胡商也很多。

繁华的大都市。这一段画的是城内的繁华，店铺高大而装饰豪华，人物熙熙攘攘，

繁华的大都市（《清明上河图》局部

货物堆积如山。在街北有一家叫“孙羊店”的“正店”，门面装饰华丽，彩楼欢门高大，透过窗户可以看到里面坐满了客人，桌上菜肴丰富。店后空地上码放着倒扣着的大瓦缸，应该是储酒器或酿酒工具。东北拐角处，紧靠着孙羊店的是一家肉铺，檐下挂一条幌子，上面写着“……斤六十口”。转过去是一家医院，招牌上写着“杨大夫□□□”“杨家应症□□”，门口有人牵着小孩来看病。再远处是一家绸缎铺，横招牌写“王家罗明匹帛铺”，竖牌上书“□□罗锦匹帛铺”。街的对角是一家香铺，招牌上写着“刘家上色沉檀栋香”。十字街东南角的店铺，可以看到两块招牌，其一为“李家输卖上……”，另一块写着“久住王员外家”，是一家旅店。十字街的西南角，面朝西的一家门口挑出一个“解”字招牌，应该是一家当铺。它的北面有一个竹棚，许多人围坐着在听一个老人说书。从十字街口往西去的街道上有一家医院，门面招牌上写着“赵太丞家”，在室内前来看病的是抱着婴儿的两位妇女。隔壁是一所深宅大院，门外有三名门卫看守。在这所宅院的门口，一个外地模样的人在问路。这家门卫一边告诉他，一边用手指着方向，问路人扭头看着他要去的地方，画卷却在这里戛然而止。

第三节
宋代的漕运改革

北宋的漕运改革

漕运始于秦汉，至唐宋时期，通过运河漕运的粮粟每年达七八百万石。北宋时的汴梁，是一百多万人口的大都市，最基本的消费品粮食、布匹、盐、手工业品等都需要通过漕运运入京师。同时，也要把各种军需物资运至北方前线。运输便捷、运价低廉、运量巨大的运河漕运，成为维系皇朝兴衰的经济命脉。北宋朝廷制定了完备的漕运制度，建立了独立完备的运河管理机构和全国性的漕运专门机构。宋朝的漕运改革与完善，创立了历史上独具特色的漕运文化。

宋仁宗皇祐三年（1051年），在三司中设河渠司，以“专提举黄汴等河堤功料事”，地方上则设置都大巡河使臣。嘉祐三年（1058年），取消了三司河渠司而设置都水监，都水监官属以员外郎以上充判监事1人，以朝官以上充同判事1人，又设监丞2人，主簿1人，皆以京朝官充任，专掌内外治理河渠之事。神宗元丰改制，掌管水政河事的都水监设都水使1人为长官，丞2人，都水监之下有时设立若干专掌某项河政的下属机构，如提举汴河堤岸司。除中央机构外，宋朝还规定地方官多兼各地水官，掌管水政。各主要运河段的各个闸堰处，则设立专门官，如管理汴口，巡辖斗门等。在设立维护运河管理机构同时，还设立了专职的漕运管理机构，以保证漕运的正常运转，如发运司、排岸司。有时还设立专门的差遣官员，诸如广济河“河都大催遣辇运官”等。这些管理机构和官职设置，对确保运河畅通和漕运安全发挥了重要作用，也为后代树立了漕运管理模板。

根据当年京城和军队需要的漕粮数量，朝廷还对漕运的运量实行动态管理。北宋太平兴国六年（987年）规定汴河、黄河、惠民河、广济河的漕运量分别为：“汴河岁运江淮粳米三百万石、豆百万石，黄河粟五十万石、豆三十万石，惠民河粟四十万石、豆二十万石，广济河配置单十二万石。共五百五十万石。”[1]后来随着漕运地区的增加，漕运量也不断增加。到了宋英宗年间，总数已经达到了一千一百万石。

漕粮运输方式的改革

为了保证东南漕运的畅通，宋朝统治者制定了转般法、均输法、直达法等一系列制度。

转般法是指东南六路漕运北上供朝廷的物资，先于真州、扬州、楚州、泗州设转般仓库储存，然后再由纲船通过运河分批运往京城。均输法是北宋王安石主持变法时实施的漕运制度，扩大了发运使的职权，允许其视每年年景决定粮食收购和调整漕运入京的物品，以满足京城需要。根据“徙贵就贱，用近易远”的原则，灵活变通，以节省运费，有效地缓和了供需紧张的矛盾。直达法则是东南诸路上供物资由各转运司直接运于京师。

直达法看似减少了中间环节，但由于北宋蔡京当政时不许各漕船转官盐私卖，漕船回程空载，回纲没有收入，因此很多船民毁舟盗卖以解决每天的吃饭问题。特别是实行直达法，东南漕运少了一个缓冲环节，无法调剂东南与京师的供求关系，造成漕粮拖欠现象。直达法因为不断遭到有识之士的反对，不久又改回转般法，后来又改为直达法。如此反复，导致东南漕运的混乱，使北宋面临“财匮而府库虚”的局面。北宋最后亡国与东南漕运的衰败有很大的关系。

南宋的漕运改革

南宋定都临安（今杭州），与前面的王朝都不一样，其政治中心就在经济发达的江南地区，朝廷的军政支出均来自以杭州为中心的周边地区。其漕运范围主要集中在浙江、长江下游和荆湖一带，所有漕粮、钱帛要通过浙东运河、江南运河运往临安，同时通过淮扬运河运到江淮前线，提供军需。南宋时驻在京城的军队数量也大为下降，因此，输送京城的财赋总量占比有所下降，且财赋多供应淮南驻军及行都，但漕运仍极其重要。

---

① 马端临：《文献通考》卷25《国用考》。

为此，南宋政权对漕运的路线、地点、数量做了一些规定。如绍兴三十年（1160年）规定：“鄂州大军每年的四十五万石用米，由全州、永州、郴州、邵州负责……镇江府大军每年的六十万石用米，由洪州、江州、池州、宣州、太平州、临江军、兴国军、南康军、广德军负责拨运。行在（南宋首都临安）共用米一百一十二万石，就近用两浙地区的米外，从建康府、太平军、宣州拨运。”[①] 这里对各地驻军的用米、行在的用米数量和由哪些地区负责运送都做了明确规定。

从数据可以看出，当时的漕运主要供应对象是驻扎在各地的军队，总数达200多万石，而京城的需求相对下降，只有112万石。南宋除在诸路实行直达法外，在长江、江南运河沿岸的隆兴府、湖口、建康府、镇江府等地设分转般仓，在平江府（苏州）和各屯住大军所在地设大军转般仓。不同于北宋的是，南宋漕运基本上是征调民船。老百姓不堪其扰，为逃避漕役，有的不惜自毁其船。南宋后期进行了改革，渐复漕运旧制，并且允许商人入中粮粟，大大减轻了漕民的负担，也保证了前线部队的用粮。南宋政府正是靠着这套漕运制度，从后方源源不断地将漕粮运到前线，维系了南宋朝廷偏安江南150年。杭州的香积古埠自南宋以来就是临安的大运河漕运码头。

杭州的香积古埠

① 《宋史·食货志》。

第四节
靖康之变与重心南移

靖康之变

北宋宣和七年（1125 年），金军分东、西两路南下攻打宋朝。东路攻打燕京，西路直扑太原。东路军攻破燕京，渡过黄河，南下汴京。宋徽宗见形势危急，于是禅位给太子赵桓，即宋钦宗。靖康元年（1126 年）正月，完颜宗翰率东路军攻到汴京城下，逼宋议和后撤军，金人要求五百万两黄金及五千万两银币赔偿，并割让中山、河间、太原三镇。同年八月，金军又两路攻宋；闰十一月，金两路军会师攻克汴京。宋钦宗亲自到金人军营议和，被金人拘禁，这就是靖康之变，之后北宋灭亡。北宋灭亡后，已经退位的宋徽宗赵佶与宋钦宗赵桓以及皇室、皇族、贵戚、近臣、各种工匠等 14000 多人，被押往金国。徽、钦二帝先后被囚禁在燕京（今北京）、中京（内蒙古宁城县）、上京（黑龙江省阿城）、韩州（辽宁省昌图县）等地，最后死于燕京。

建炎南渡

靖康之变后，康王赵构成为徽宗诸子中唯一没有被俘虏北去的亲王。靖康二年（1127 年），赵构在运河畔的宋州（今河南商丘）即位为宋高宗，改元建炎，南宋建立。建炎元年（1127 年）十月，金兵又大举南侵，从陕西、河南、山东兵分三路向南宋发动全面进攻。宋高宗在金兵追击下沿运河仓皇南逃，一路渡过淮河来到扬州，后又越过长江来到绍兴。绍兴元年（1131 年）升杭州为临安府，定为“行在”（陪都），实为首都，正式开始了南宋偏安江南与金国南北对峙的历史。

由于北方的战乱和代表汉人政府的政治中心南移，北方人口大量南迁，使江南人口迅速飙升。南宋乾道年间，朝廷把楚州界内宝应县、山阳县一带的空闲水陆田

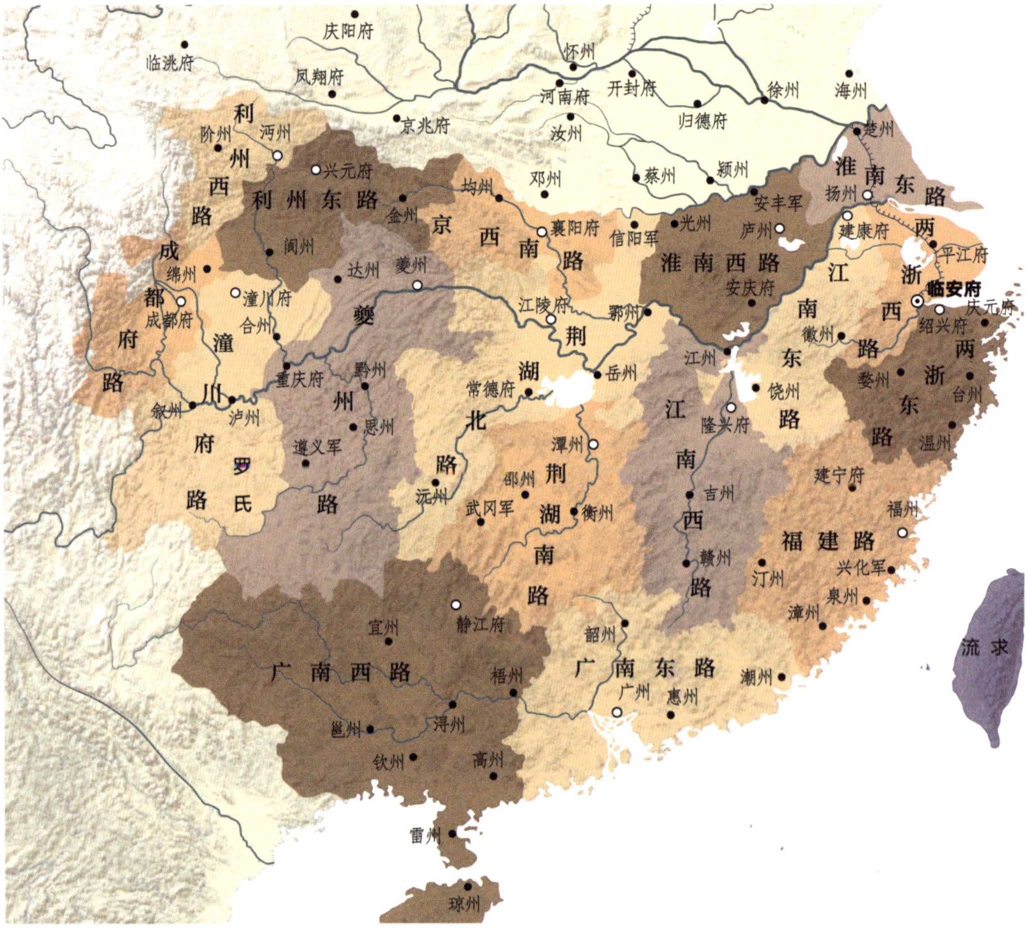

南宋形势示意图

分赐给“归正人”耕种。“归正人”是指宋人流落金国而又脱身回归到南宋者，这更加促进了汉人向南方的迁移。南方人口在度过南宋初年的恢复期后持续增长，保持在 1000 万户以上。以临安为例，从北宋后期的 16 万户，增加到南宋初年的 26 万户，到了度宗咸淳年间发展到了 40 万户。人口的增多，为社会生产力的发展和商业的繁荣创造了条件。

经济重心南移

北方人口的不断南下，为南方经济的发展带来了劳动力和先进的生产技术。以耒耜为主的耕地工具，以耙、田荡为主的整地工具，以耧车为主的耕种工具，以筒车、龙骨车为主的灌溉工具都传到了南方。农业生产技术的发展与进步，极大地提高了江南地区的农业生产水平。土地的耕翻作为改善土壤性能的重要措施得到提倡，南方水稻田的耕耙体系在南宋时发展到相当水平。朝廷屡次颁发诏书，劝谕江南诸州人民种植麦子，因此江南地区普遍实行了稻麦两熟制度，大大提高了单位面积粮食产量。

江南运河流域，由于水网纵横，水资源丰富，大量发展圩田。在江边或低洼地四周筑堤防，做成圩田，在堤上设闸门，内有河渠，平时闭闸防水，旱时开闸放水。圩田面积很大，长达数十里。还有一种在湖泊处围湖造田，称为围田。在浙东地区，人们还创造出一种称为箱子田的水田。这些圩田、围田及箱子田遍布江南运河和浙东运河沿线，出现了千荡万圩的景象。圩田都是旱涝保收的高产田，种植粳稻产量很高，江南的很多圩田成为朝廷财政收入，尤其是稻米的主要来源，出现了“苏湖熟、天下足”的状况，江南经济区成为产粮最多的新农业开发区。同时南道棉的种植越过南岭推进到长江流域，江东和浙西已开始征收棉花税。太湖流域的养蚕业更是得到了快速发展，出现了一批桑蚕经营的集中区。到了南宋，江南经济区正式成为全国贡献最大的经济区，古代中国彻底完成了经济重心的南移。

第五节
南宋的运河治理

南宋时期，为了保证首都临安和前线的粮食供给，政府对东南地区的运河进行了治理，主要是治理江南运河和浙东运河。

江南运河的治理

南宋时期，江南运河和浙东运河成为维系宋政权的一条生命线。当时的江南运河，从平望到杭州分为东西两条河道进入。东道由平望经嘉兴、崇福镇（今浙江桐乡）到杭州。西道由平望经湖州菱湖至塘栖入杭州。运河所经区域为杭嘉湖平原，因呈

江南运河的最南端拱宸桥

三角形，经济又发达，被称为金三角，素有鱼米之乡、丝绸之府的美誉，是南宋粮、蚕、水产、畜产的集中产区，也是手工业最发达的地区。南宋政府必须依靠运河将这一带的粮食物资运输到临安以及军事前沿，因此加强了对江南运河的治理。

宋高宗年间，南宋政府两次大规模开浚江南运河。宋孝宗年间，又两次开浚杭州近城河道，使舟楫往来便利。宋宁宗年间，有一次较大规模的修整工程，就是疏浚镇江闸口段，修京口诸闸以及各闸原有的归水澳和停靠码头泊舟潭。

浙东运河的治理

浙东运河又名杭甬运河，位于浙江东部的平原上，是江南运河在浙江境内的延伸。浙东运河西起杭州市钱塘江南岸，跨曹娥江，经过绍兴市，向东汇入宁波市甬江入海，与海上丝绸之路相连。浙东运河包括西兴运河、绍兴城内运河、绍兴护城河、山阴故水道、虞余运河、慈江、刹子港等河段。

浙东运河最初开凿的部分是位于绍兴市境内的山阴故水道，始建于春秋时期。西晋时会稽内史贺循主持开挖西兴运河，到南北朝时以渠化天然河道为主的运河体系已经初步形成。唐代的浙东运河在绍兴以西有局部改建。宋代是浙东运河的形成时期，其标志是运河上的工程设施和管理制度的完备，国家对运河实行准军事化的管理，而且在文献中也开始正式有了“运河”之名。[①] 至此，浙东运河自钱塘江经绍兴、宁波通海的完整水运体系已经形成。从宁波运河上勘测水位的水则碑，我们可以看到浙东运河航运的发达程度。

南宋绍兴初年，为躲避金军追击的宋高宗南逃到越州，见到河道浅涩，命上虞县令调集民夫浚治，不久，又开浚余姚境内的运河河道。南宋定都临安后，浙东运河运输的需求量加大，地位更加重要，南宋政府也加大了对浙东运河的整治力度。整个南宋统治时期，浙东运河经过多次整饬，航运条件有了较大改善。南宋先后开凿西兴运河，又开浚了其他浅涩河段，并开通明州（今宁波）、定海（今镇海）的入海通道。至宋孝宗乾道三年（1167 年），因江沙淤积，阻碍船只通航，又招募民夫，自西兴至大江，疏沙河 20 里，同时疏浚闸里运河 13 里，还设立开西兴沙河的专门

① 据姚汉源先生研究成果，宋《元丰九域志》在两浙路越州的萧山、上虞二县均注有“运河”，于山阴县下注有“莲河”，疑为“运河”之误。

宁波水则碑

机构，以管理河道，派捍江兵 50 人，专门开掘沙浦，保证了运河的通畅。南宋时期，政府还在绍兴府城东南 15 里自城东 7 里的董家堰到宝山开凿了一条人工运河，称为御河，成为浙东运河的重要组成部分。西兴码头成为江南运河沟通浙东运河、钱塘江的重要交通枢纽。

为了调节运河水量，早在唐代浙东运河就修建了运道堤塘，北宋时建有钱清堰、都泗堰、曹娥堰、梁湖堰、通明堰、西渡堰等七大堰坝。到了南宋，又增建了若干堰坝、斗门、水闸及水门等，如宋宁宗嘉泰元年（1201 年），修建山阴钱清新闸及上虞通明南北闸；嘉定十四年（1221 年），鉴于钱塘口不断北移，运河河道出现大量积淤的现象，又疏浚西兴至钱清段运河，后又开新河，建新闸于钱塘江口，以阻挡漏水入运河。南宋国家政府对浙东运河直接进行管理，各段运河有军队专事维护、疏浚，实行准军事化的运河航运管理制度。这些措施，使浙东运河航运和繁荣达到极盛。据《嘉泰会稽志》载，当时浙东运河在萧山和上虞境内可通行二百石船只，而山阴县和姚江可通行五百石船只。

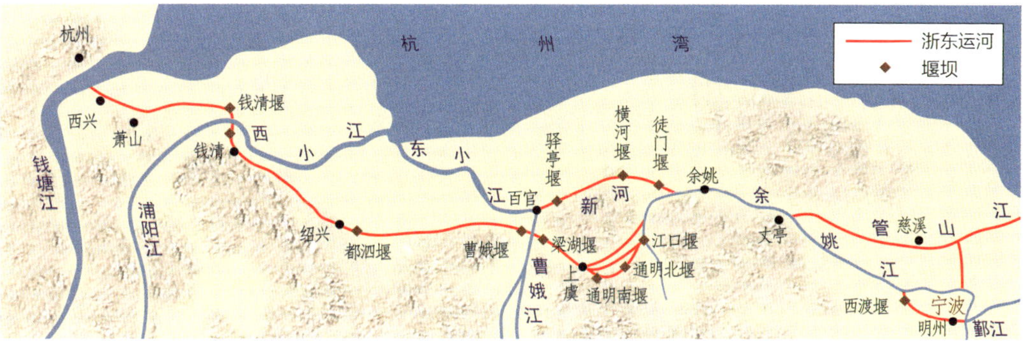

浙东运河上的堰坝示意图

南宋时期对江南地区运河的治理，不仅保证了漕运的畅通，为京城和军事前沿运输粮食提供了便利，而且促进了江南地区经济的发展。尤其是把陆上主要贸易线路延伸到东海岸，促进了海上贸易的繁荣，而且还刺激了运河流经地区商业的发展，催生了当时全球最大的都市——临安。

第六节
直把杭州作汴州

南宋诗人林升写过一首题为《题临安邸》的诗："山外青山楼外楼，西湖歌舞几时休？暖风熏得游人醉，直把杭州作汴州。"这首诗批评了南宋朝廷并没有接受北宋亡国的惨痛教训而发愤图强，不思收复中原失地，只求苟且偏安，政治上腐败无能，达官显贵一味纵情声色，寻欢作乐。然而这首诗也从侧面反映了南宋都城临安城的繁华。

南宋定都临安

隋开皇九年（589年），废钱塘郡，置杭州，杭州成为隋唐大运河最南端的一座城市。隋唐大运河的南北贯通和东南经济的迅速发展，尤其是江南运河与浙东运河的沟通，使杭州从一个滨海小邑一跃发展成为重要的经济都会。唐朝时，杭州已成为国内外通商口岸，贸易兴盛，呈现出"骈樯二十里，开肆三万室"的繁荣景象。公元907年，在唐政权被后梁政权取代的同时，唐地方将领钱镠建立吴越国，以杭州为都城。经钱氏数十年的经营，杭州成为一座规模宏大的城市。北宋时期，杭州是全国重要的工商业城市之一，经济、文化十分繁荣，是对外贸易主要港口之一。

公元1132年，经过开封陷落后的数年颠沛流离，宋朝统治者终于在杭州安定下来。宋高宗到杭州后，将杭州升为临安府。考虑到临安自身优越的经济条件和物质基础，以及它作为江南运河、浙东运河及钱塘江三条水路交汇点的便利水运交通条件，公元1138年南宋朝廷正式将其定为行在，成为南宋的首都。宋高宗定都临安后，立即大兴土木，营建宫室殿堂。从绍兴年间，"大凡定都二十年，而郊庙、宫省始备焉"[①]。后来，又扩建了宫城及东南外城，兴建了一批殿阁堂园，使临安成为一

① 《舆地纪胜》卷1。

座南跨吴山、北至武林门、左靠钱塘江、右近西湖的气势宏伟的大城市。

南宋政权偏隅南方，北有强敌，但仍然维持了150多年，且经济持续发展，全靠其坚实的财政基础的支撑。而正是大运河对于各地财赋的转漕，才保证了朝廷的财政需求，并成为其布达政令、遣发军旅、流通物资的重要通道。

临安城的繁华

南宋经济、文化、社会的高度发展，促成了临安的极度繁荣，临安很快就有了天堂的美誉。当时临安手工作坊林立，生产各种日用商品，是全国最大的手工业生产中心。手工业门类齐、制作精、分工细、规模大、档次高，以丝绸、印刷、制瓷、造船以及军器制造业最为显著。当时，临安有专门刻印历书、茶引、盐钞的作坊，专门印制纸币“会子”的纸局就有工匠1200多人。

同时，临安还是当时全国商业最为繁华的城市。据《武林旧事》等书记载，南宋时的杭州商业有440行，各种交易甚盛，万物所聚，应有尽有。临安的商业发达

今天的杭州小河直街

绍兴的八字桥街区

还表现在其营业时间的延长，各个店铺或摊贩营业时间长，除日市外，还有早市和夜市，以致“买卖昼夜不绝”“冬月虽大雨雪，亦有夜市盘卖”①。城内城外集市与商行遍布，天街两侧商铺林立，早市夜市通宵达旦；城北运河樯橹相接、昼夜不舍，城南钱江两岸各地商贾海舶云集、桅杆林立。

北宋时西湖就是著名的风景区，苏东坡曾在此建有苏堤。到了南宋，西湖风景区经过修葺，更加妩媚动人，吸引了不少中外游客；酒肆茶楼、艺场教坊、驿站旅舍等服务性行业以及夜市也很兴盛，更是形成了“西湖十景”，成为文人墨客诗词中的文化胜地。

临安工商业的发展带动了一大批城郊镇市的兴起，使其南、西、北三面各数十里之内，都呈现出“人烟生聚，市井坊陌，数日经行不尽”的景象。同时，临安市场向四方辐射，南抵福建、广东，北通淮南、淮北，西连四川，特别是通过大运河漕运物资，带动了运河沿线城市的发展，扬州、建康、镇江、明州、越州、温州、

① 《梦粱录》卷13《夜市》。

台州等地都成为临安货物的供应地，临安逐步发展成为当时全世界最大的工商业城市。今天我们从这些城镇的遗址中，依旧能够看到昔日的繁华。

国际化大都市

在一个半世纪内，南宋依托江南运河和浙东运河的便利交通，开启了一个辉煌的时代，成为当时世界经济、文化的交流中心。当时临安对外贸易相当发达，有日本、高丽、波斯、大食等50多个国家和地区与南宋有使节往来和贸易关系，朝廷专设“市舶司”来负责这件事。甚至在临安于1274年被蒙古军队攻陷之后，马可·波罗来到临安时，仍然认为它是世界上最为华丽高贵的城市。因为当时临安的人口有100多万，而马可·波罗的故乡、西方最大最繁华的城市威尼斯也只有10万人口，作为世界著名大都会的伦敦、巴黎，直至14世纪的文艺复兴时期，城市人口也不过4万至6万人。

第七节
海上贸易与交流

空前繁荣的海上贸易

南宋时期，朝廷管辖的地方大大缩小，耕种土地减少，北方贸易道路被切断，原先的丝绸之路被阻断。迫于形势和发展的需要，政府被迫转向以海外经济尤其是远洋贸易为主的商业经济模式。得益于造船技术和航海技术的提高，指南针的发明使用，海外贸易成为南宋经济繁荣不可或缺的一环。这就催生了海上丝绸之路的繁荣。南宋远洋的商船有 6 层桅杆，4 层甲板，12 张大帆，可以装载 1000 多人，航行于世界各地，令世界各国的人民惊叹不已。据《岭外代答》《诸蕃志》等书记载，

宁波的妈祖庙

南宋商人前往从事贸易的国家有 20 余个，远达波斯湾沿岸，同南宋有直接或间接通商关系的国家总计 50 多个。

当时进行对外贸易的船舶多是从广州、泉州出发，在季风的推动下先期前往马六甲海峡沿岸，随后在信风带的推动下前往印度与波斯湾，与当时的阿拉伯诸国进行贸易。当时的广州和泉州都是世界上有名的大商港，明州（宁波）港的规模虽然略逊于广州和泉州，却是面对高丽、日本的重要海上商港。南宋的进口商品以原材料与初级制品为主，如香料、珠宝等；出口商品则以手工业制成品为主，如丝织品、瓷器等。当时南宋的经济总量已占世界的 50%，京城临安的人口已经突破了百万。

增设市舶司

南宋沿袭北宋时的制度，在主要外贸港口设置市舶司，管理外贸，征收税费，并管理侨居中国的外国商人。在广州港、泉州港、明州港三大港口的基础上，南宋政府分别设置了广南东路、福建路和两浙路市舶司。在市舶司所在的港口，设有专供外国商人居住的“番坊”和用于番货交易的“番市”。南宋海上贸易的范围从南洋、西洋直至波斯湾、地中海和东非海岸。

由于海外贸易规模迅速扩大，南宋的市舶收入迅速增长。12 世纪中叶，市舶收入就已经达到 200 万贯，这一数字已经超越北宋时期峰值的两倍有余。在海上贸易规模持续增大的背景下，南宋对进口货物的抽解比例（关税税率）往往低于北宋，由北宋时一般货物抽解 1/10 或 2/10，下降到 1/15，甚至 1/25，进一步促进了海外贸易的发展。南宋发达的海外贸易成为朝廷重要的财政收入来源，对政权的稳定和发展起到了重大作用。

海上与内陆的通道

随着南宋海外贸易的发展，运河出海口、东南沿海的港口成为新的贸易中心。特别是明州（宁波），凭借经余姚、曹娥与杭州联系起来的水路以及浙东运河，当时实际上成了大运河的南端终点，是海上丝绸之路与大运河最重要的连接点。由于受杭州湾和长江口的浅滩和潮汐影响，来自中国东南的远洋大帆船大多在宁波卸货，转驳给能在运河中通航的小船，再由这些小船转运到杭州、长江沿岸港口以及中国

大运河的入海口宁波三江口

北方沿海地区。而长江下游地区的产品则运到宁波集中出口。除了官方贸易之外，沿浙东运河的民间航运同样十分发达。宁波港和浙东运河，实际上为大运河提供了河海联运、接轨内外贸易的优良水道与港埠，是大运河连接世界大通道的南端国门。瓷器、丝绸等出口产品通过浙东运河运往宁波，再通过海上丝绸之路运往海外。日本、越南、高丽等地的产品也通过宁波和浙东运河运往京城。

对外文化交流的桥梁

南宋的海外贸易在发展经济的同时，也加强了中外的文化交流，开辟了古代中国东西方交流的新纪元。浙东运河不仅是古代中外货物交流的通道，也是文化交流的重要通道。宋代以来，高丽、日本等到中国交流的僧人大多由这条水路进入中原；

出使南宋的外国使节也往往从宁波登岸，再经由浙东运河前往临安。日本求法僧通过来南宋学习交流，带回了宋朝的大批书籍和雕版印刷技术。元丰三年（1197 年），日本权臣平清盛从南宋购得《太平御览》；嘉定四年（1211 年），日本僧人俊仍带回儒学书籍 296 卷，杂书 463 卷，法帖、御书、堂帖等碑文 76 卷。日本人也利用雕版印刷技术印刷了《大觉禅师语录》等大量书籍，今天成为中日雕版印刷交流的重要物证。农业生产方面，高丽的黄粒稻稻种引入南宋的池州地区，籽粒饱满，是一种优良品种。

海上丝绸之路的开通，使善于行船和经商的阿拉伯人大批从海上来到中国，并沿运河来到中国内地。阿拉伯人普哈丁相传为穆罕默德第十六世裔孙，南宋咸淳年间来到扬州，并在扬州修建了清真寺仙鹤寺。公元 1275 年，普哈丁在扬州归真，长

扬州古运河畔的普哈丁墓园

眠在大运河畔。今天在扬州城古运河东岸的土岗上，还有一座占地25亩的普哈丁墓园。它由古清真寺、古墓园、古典园林三部分组成，成为海上丝绸之路的遗迹。随着大批穆斯林来到中国，有些人还在政府担任官职，如阿拉伯人后裔蒲寿庚曾做南宋的泉州市舶司提举达30年之久，他的兄长蒲寿宬任扬州知府，著有《心泉学诗稿》。

第七章　忽必烈的征服野心

伴随着草原帝国的崛起，元朝将定都和改造大运河放在一起来规划和设计。忽必烈按照有利于摆脱蒙古贵族的威胁，方便统治全国的原则，定都大都，开辟了以北京作为都城的新时代。郭守敬主持开通了从南方经济区直接到大都的元代大运河，成为维系中国大一统局面的政治纽带。

北京作为元朝都城及大运河漕运的终点，得到了快速发展，一跃成为全球性的大都市和国际文化交流的中心。马可 · 波罗在中国为官，回国后写成的《马可 · 波罗游记》，激发了欧洲人对东方的热烈向往，对大航海时代新航路的开辟产生了巨大影响。元末，运河沿线的农民起义切断了大运河的漕运，之后元朝灭亡。

第一节
元王朝建都北京城

北京城历史的演变

元世祖忽必烈画像

北京古称蓟，战国时即为燕国的都城。作为中原进入北方和东北地区的门户，北京逐渐成为区域政治中心。隋炀帝开通永济渠，东征高句丽时，北京作为涿郡的首府得到了充分的发展。随着大运河第一次大贯通，开辟了从江南到涿郡（今北京南郊）的运道，解决了漕运问题。唐朝对东北高句丽的多次用兵，也都以北京为基地。这一切提升了北京地区的政治、经济和军事地理价值，为其上升为全国政治中心——首都奠定了基础。

北京建都史有 860 余年。中唐以后，契丹、渤海、女真等少数民族相继崛起于东北，北京的政治地理价值日益突显。公元 938 年，辽太宗耶律德光将其升为析津府，号称为五京之一的“南京”，又因古代曾为燕国首都而称作“燕京”。燕京是辽国经济文化最发达的城市，可与宋都开封相媲美。

12 世纪上半叶，由女真族建立的金朝取代辽朝，并攻灭北宋，占据淮河以北的领土，与南宋形成了南北对峙的局面。公元 1153 年，鉴于辽南京交通发达、物产丰富，金统治者正式将都城迁至北京，改称中都，并随即恢复了以中都为中心、以御河（即隋唐时的永济渠）为主干、以黄河北流诸水为辅的漕运体系。公元 1264 年，忽必烈下令在金中都东北郊另建新城，并于公元 1272 年把新城命名为大都，定为全国的都城。之后的明清两代，北京继续作为全国的首都。今天，北京依然是中国的首都。元大都的确立与兴建，使北京由北方区域中心第一次上升为统一国家的政治、经济、文化中心，这是北京城市发展史上的一次飞跃，对中国历史发展产生了重要影响。

北京城的崛起有政治、军事、地理等方面的深刻原因，而大运河沟通南北、连接黄河、长江两大流域，也为北京作为中国的都城奠定了坚实的基础。随着中国经济重心的东移，长江中下游平原、华北平原和东北平原逐渐成为中国的经济、政治中心区域。正是由于大运河的沟通，位于华北平原北端的北京成为连接三大区域的枢纽，也成为全国的中心。北京作为中国古代两项伟大工程——长城与大运河的交汇点，既捍卫了中原文明，又努力吸取南方的养分滋润北方的大地，促进了中国经济的发展、商业的繁荣和文化的兴盛。

蒙古帝国的崛起

蒙古人是形成于漠北部落人群的合称。唐朝后期，蒙古祖先逐渐与突厥融合，并对蒙古族的最终形成起了决定性的作用。公元 10 世纪到 12 世纪，蒙古逐步并入契丹人建立的辽国版图，女真人建立的金朝中期也曾使蒙古臣服。公元 1200 年左右，随着金朝的衰落及蒙古势力的逐渐强盛，蒙古不再向金朝进贡。公元 1204 年，铁木

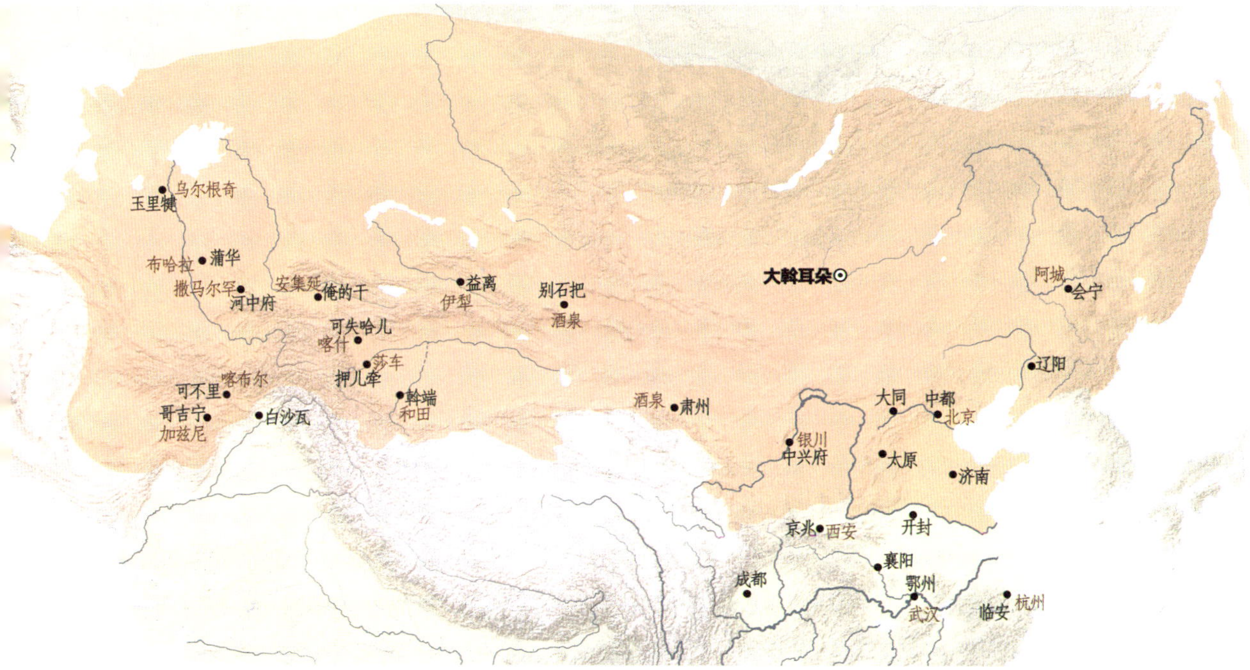

成吉思汗的帝国示意图

真征服了蒙古高原各部，统一蒙古，尊号“成吉思汗”，建国于漠北，国号“大蒙古国”。

13世纪初期左右，在首领铁木真的领导下，蒙古民族冲出高原，掀起强劲的扩张浪潮。成吉思汗在位时开始征伐西夏、西辽、金国、花剌子模等国，其继承人又经过两次大规模的西征，到公元1259年蒙哥汗去世时，蒙古帝国已占据包括漠北、华北、东北、西藏、西域、中亚、西亚、东欧等在内的辽阔地域。西方史学界把元朝与四大汗国等蒙古政权统称为“蒙古帝国”，蒙古人的扩张浪潮使人类中古时代政治、文化和地理上产生了巨变。这不仅极大地影响了蒙古民族的历史进程，也在人类文明演进的轨迹上留下了深深的印痕。

忽必烈元上都称帝

成吉思汗死后，又历经窝阔台汗、贵由汗和蒙哥汗三位可汗。公元1259年，蒙哥汗在攻打南宋的钓鱼城时死在军中，并未指定继承人。当时，蒙哥汗的三个弟弟，阿里不哥留守在首都哈拉和林，忽必烈正在征服南宋的途中，旭烈兀正在进行蒙古的第三次西征。蒙哥汗去世的消息传出后，为了帮助阿里不哥争夺汗位，旭烈兀从千里之外的西征途中撤回；忽必烈得知阿里不哥正在图谋继承汗位，于是与南宋秘

元上都遗址

密签下了停战协议，率师北归，于公元 1259 年底回到燕京。

当时在这场夺位大战中，阿里不哥已经占得先机：一是拿到了蒙哥汗的玉玺；二是占据着蒙古人的神圣之地哈拉和林，取得了大部分哈拉和林贵族的支持。于是，忽必烈另辟蹊径。公元 1260 年，忽必烈打破蒙古传统惯例，召集自己的亲信诸王，在开平府（今内蒙古自治区锡林郭勒盟正蓝旗）自行召开选汗大会，并登上大汗宝座，改开平府为元上都。随后，忽必烈又仿效汉人称帝，即元世祖。蒙古大汗的产生要经过忽里勒台会议推选，因此，许多蒙古贵族认为忽必烈的即位是不合法的。几乎同时，阿里不哥在哈拉和林召开了忽里勒台会议，宣布登上大汗位。于是，蒙古帝国出现了两个大汗。

从当时的形势来看，蒙古贵族中阿里不哥的支持者更多，但忽必烈发挥了自己在军事上的才能，发兵迅速控制了川陕地区，亲征哈拉和林，封锁了运输线，使阿里不哥无法从汉族地区获得粮食而陷于困境。后来，阿里不哥因为多次战败，不得不到上都向忽必烈投降。击败阿里不哥，其实并没有完全消灭隐患，在忽必烈的有生之年，北方蒙古诸王叛乱此起彼伏，从未停止过。来自蒙古贵族的威胁，对漠北控制力的减弱，成为忽必烈南下定都的重要原因之一。

元世祖忽必烈雕像

定都元大都

经过慎重考虑，元世祖忽必烈决定迁都大都。公元 1264 年，忽必烈先恢复了燕京中都的名称。之后的几年，忽必烈一直在为迁都中都做准备，他指定刘秉忠负责设计及建造新都城。于是，刘秉忠参照汉族传统的风水理论，按照“前朝后市，左祖右社”的格局进行布置，设计九经九纬的街道和标准的纵街横巷制的街网布局，历时 24 年方才建成，这也奠定了如今北京城的轮廓。公元 1267 年，新都城还没有完全建好，忽必烈宣布迁都中都，之后蜗居在金朝时的别宫大宁宫。公元 1272 年，忽必烈正式下诏将中都更名为大都。忽必烈继续发起消灭南宋的战争，最后于公元 1276 年灭亡南宋。之后，元军扑灭各地南宋军民的抗元斗争，统一全国，开启了元王朝。

忽必烈定都大都主要有三个方面的原因。一是摆脱蒙古反对派贵族的牵制。忽必烈的继位，因为另外四个汗国的抵制，并没有召开真正的忽里勒台大会，远在北方的一大批蒙古贵族并不支持他。因此，离开蒙古草原，定都大都有利于摆脱蒙古贵族的威胁。同时，大都离蒙古故土和东北游牧部落较近，还可以建瓴之势压制南方，进可掌控全国州县，退可返回漠北重整旗鼓。二是方便统治全国所有地区。忽必烈立朝时，金朝刚刚被灭不久，在黄河流域和辽东原金人统治的地区，元朝的统治并不稳固。同时，南宋仍然偏安江南，全国并未统一。坐镇大都，一方面可以安抚辽金故地的民众，防止金地复乱，另一方面也方便调兵遣将，南下攻打南宋。三是利用大都得天独厚的地理优势。未登上汗位之前，忽必烈经营漠南时，大臣木华黎就对他说：“幽燕是龙盘虎踞的地方，地势雄伟，南边控制江淮，北边连着朔漠。而且天子必须居住在中央以接受四方朝觐。大王如果想经营天下，驻跸的地方，非燕不可。”[①] 确实，倘若我们仔细研究当时的地图就会发现，北京位于华北平原、蒙古高原及松辽平原之间，西北枕着燕山山脉，西南直抵太行山脉，辽东半岛及山东半岛扼守着北京所濒临的渤海，并且在元朝的版图中也处于中间位置。

---

① 《读史方舆纪要》“幽燕之地，龙盘虎踞，形势雄伟，南控江淮，北连朔漠。且天子必居中以受四方朝觐。大王果欲以营天下，驻跸之所，非燕不可。”

健德门
安贞门
肃清门
光熙门
千斯仓
万亿库
翰林院
钟楼
积
水
潭
北中书省
鼓楼
中心阁
宝钞库
倒钞库
警巡院
大总
国子监
孔庙
和义门
崇仁门
和义行用库
金
崇国寺
海
子
崇仁库
万寿宫
北大院
社稷坛
水
后苑
兴圣宫
兴圣殿
太
御苑
延春阁
玉德殿
液
通
太庙
平则门
齐化门
河
红门
红门
西华门
东华门
太子宫
光大殿
大明殿
枢密院
太子宫
前苑
池
崇天门
惠
灵星门
城隍庙
大庆寿寺
中书省
河
御史台
文明行用库
太史院
顺承门
丽正门
文明门

元大都示意图

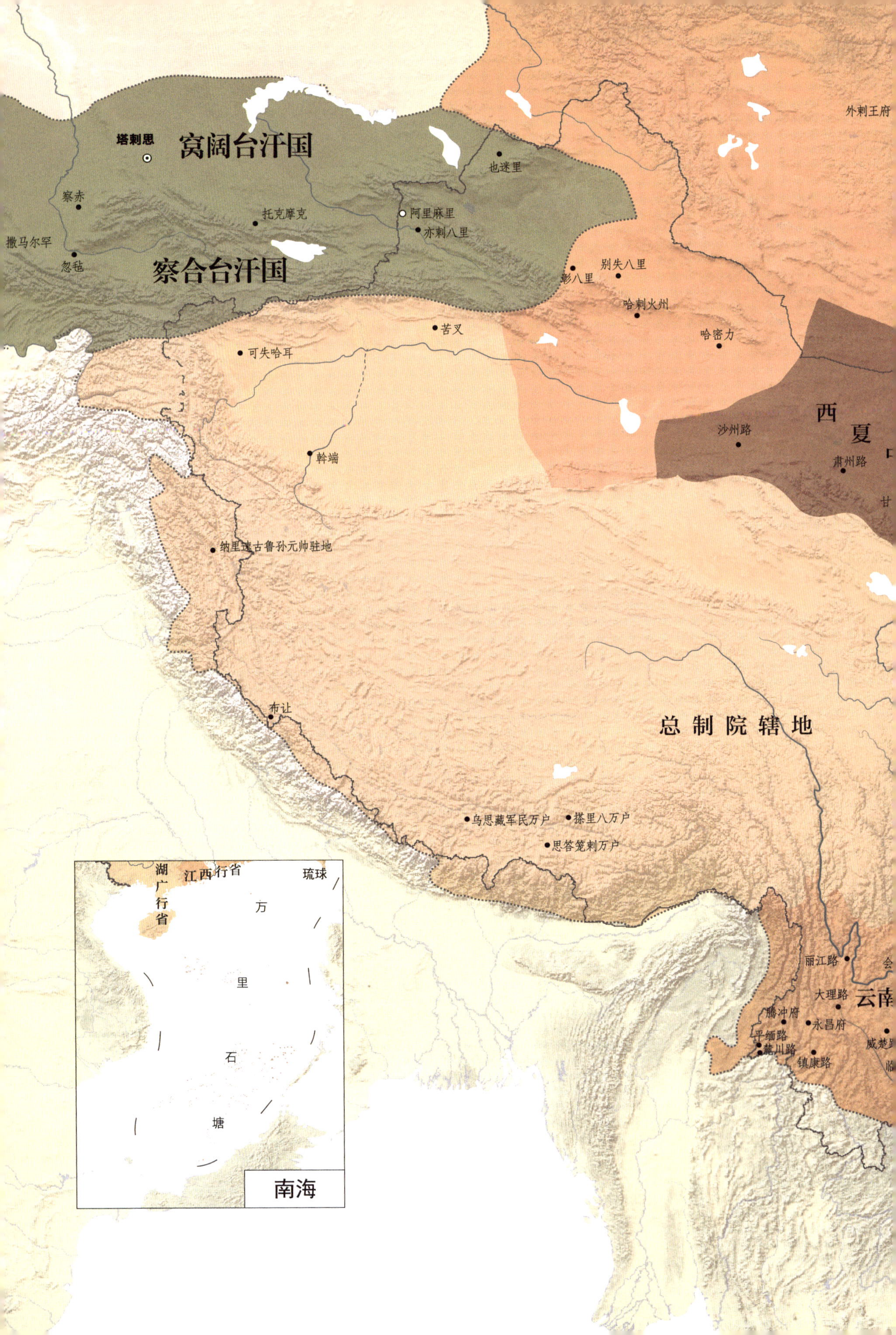

塔剌思
窝阔台汗国
察赤
托克摩克
阿里麻里
也迷里
亦剌八里
撒马尔罕
忽毡
察合台汗国
外剌王府
别失八里
彰八里
哈剌火州
哈密力
苦叉
可失哈耳
西
夏
沙州路
肃州路
斡端
纳里速古鲁孙元帅驻地
总制院辖地
布让
乌思藏军民万户
搽里八万户
思答笼剌万户
丽江路
大理路
云南
腾冲府
永昌府
平缅路
麓川路
镇康路
湖广行省
江西行省
琉球
万里石塘
南海

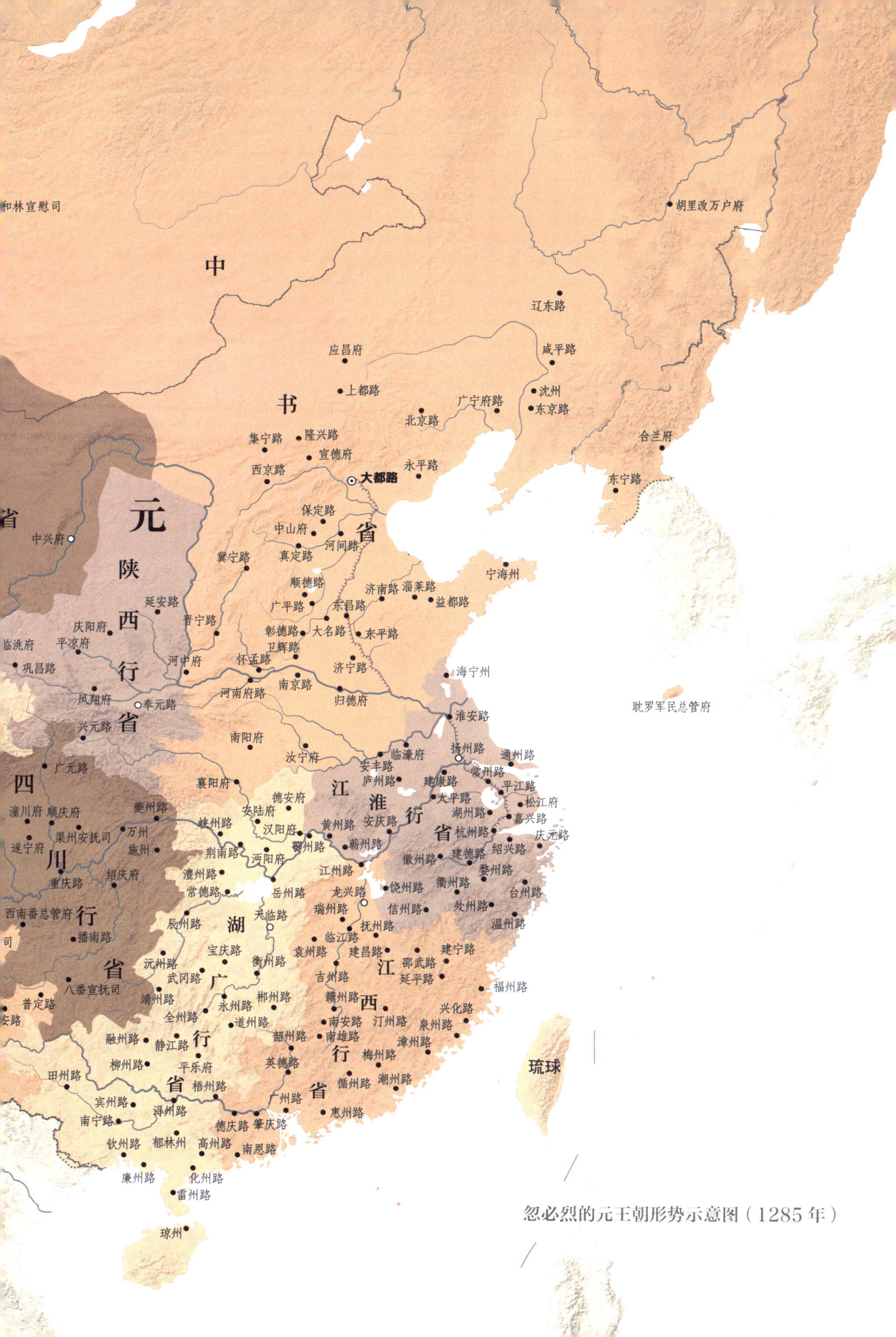

忽必烈的元王朝形势示意图（1285 年）

第二节
大运河的截弯取直

从历史上看，运河的开凿与开发，无不是围绕着巩固和加强王朝的政治统治而展开，最直接的目的就是经济需要和军事需要。由于运河区域在全国范围内，长期处于政治、军事、经济、文化等方面的重心，因而成为历代封建皇朝着力控制的重要区域。对于刚刚定都大都的元朝来说，运河区域同样重要。

大都的粮食运输问题

元朝在大都建立政治中心，完成对中国的统一后，如何解决南方经济重心供给北方政治中心的粮食需求再一次被提上议事日程。大都尽管地处华北平原，但这里经过长期战乱，经济发展已严重滞后，粮食的总产量不足，很难养活帝都庞大的官僚阶层和军队。忽必烈在亲征南宋的过程中，尽览了南方的繁华，自然就想到了像隋唐宋一样，从南方运粮到大都。

但当时从江南经江南运河、邗沟、通济渠到开封，再通过永济渠到大都的隋唐大运河已经不通。因为南宋末年，黄河泛滥，先夺泗入淮，又夺淮入海，导致原有运河河道多处淤塞，不能行船。到了元朝初年，整个隋唐大运河体系中，只有江南运河、邗沟及御河部分河段能够顺利通航。因此，元朝初年的漕运，就是由江南运河、邗沟入淮后，再从淮河入黄河，到河南封丘一带，转为陆上运输，到达淇门后，再入御河，运到直沽（今天津），沿白沙河至通州的张家湾，最后从陆路运到大都。这条运输线路水陆并用，多次装卸，既耗费时间，粮食浪费也十分惊人。

元代也曾采用过海运来向元大都运粮，为此专门成立了两个漕运司和万户府来管理海运。海运线路是从苏州刘家港（今江苏太仓浏河镇）入长江经崇明三间沙（今上海崇明西北）入海，北行经山东，然后到直沽（今天津）登陆，再从内河运到通州的张家湾，最后转运到大都。通州附近的张家湾因同时作为河运和海运重镇，得以走上历史舞台，繁盛一时。由于这条线路在海中航行时易遭风浪，而且运输过程中需要多次转运，所以很多运粮食的船遭到损坏，粮食的损耗也很大。

因此，元王朝迫切需要开通一条新的运河，来解决大都的粮食物资供应问题。正是在这一背景下，在原有运河的基础上，裁弯取直，开辟一条从江南直通大都的运河，成为忽必烈的选择。

开凿通惠河

元代大运河这一浩大工程的主持人，是著名的水利学家郭守敬。郭守敬进行了大量的考察和测量，主持了一系列的运河工程，主要有开凿通惠河、济州河、会通河，治理北运河、南运河、江淮运河等。郭守敬因主持开通元代大运河而名垂千古，至今为人们怀念和敬仰。

郭守敬雕塑

元代，大都城内每年消费的粮食多达几百万斤，这些粮食绝大部分是从南方产粮地区征运来的。为了便于运输，早在金朝时，就曾在华北平原上利用天然水道和隋唐以来修建的运河建立了一个运输系统。但由于自然条件的限制，它的终

通惠河通州段

点不是北京，而是京东的通州，离京城还有几十里路。这段路程只有陆路可通，需要占用大量的车、马、役夫，一到雨季，泥泞难走，运输工作更加困难。为了方便通州到大都的粮食运输，郭守敬首先开通了通惠河。通惠河的开凿，从规划设计到施工指挥，都出自郭守敬。通惠河解决了漕船向北抵达当时中国的政治中心大都的问题，使运输南方漕粮的漕船可以通过通惠河直达元代大运河的北方终点——积水潭（包括现今的什刹海、后海一带）。

作为大运河最北端的一段，通惠河是与元大都同期勘察、规划、兴建、完工的漕运河道，是通过全面的前期勘察、规划设计而兴建的水利航运工程。通惠河塑造了北京的城市河湖水系，对北京周边区域生态环境和城市风貌的塑造产生了长远的影响。

治理北运河

北运河始建于 1205 年，以历史上的潞河为基础开凿，由三岔口北上至通州。元代初期开凿通惠河，使漕运航船能够直抵大都，促使北运河的航运业在元代兴盛一

北运河张家湾古镇段

时。在元代，无论自海道或内河南来的漕船，都需要经过北运河航行到通惠河再到大都。这段运河夏秋两季常常因洪水决堤，冬春两季则因为水浅阻滞行船。因此，早在开凿通惠河前，政府就开始了对北运河的改道裁弯和疏浚工程，主要是改道孙家务，同时开凿了武清蒙村运道。通惠河开成以后，经北运河的运输量大大增加，又对北运河进行了整修和疏浚，主要采取了分引白河水入榆，又从坝河引水入榆，以济北运河之水。经过大规模的整修，北运河直到元末仍能保持正常航运。

治理南运河

北运河向南，从直沽向西，由静海向南转，过清州（今河北青县），与滹沱河、漳水交汇，再过沧州、陵州（今山东德州）至临清，这一段称为南运河。当时，临清以南的卫河还承担着河南北部和河北南部的漕运任务，这一段仍称为御河。南运河通过连接御河，实现了漕运的目的。由于长期战乱，到元世祖初年，南运河多已淤塞毁坏。为维护南运河堤堰，疏浚河道，元政府诏令滨河州县的官员都兼河防事务，

南运河沧州—衡水—德州段

凡堤防损坏的地方，及时修筑，严禁私自掘堤放水，还在河堤上种植树木以加固堤防，保证了南运河的畅通。

为了解决水量变化较大给航运带来的困难，南运河在自然河道的基础上，通过开凿人工弯道，以蜿蜒曲流的河道形态对航道水面坡降做出调整，将河道纵比降减缓，降低流速，便于行船，不建一闸就实现对航道水力特性的调整，同时满足干流河道行洪的需要，并有效地提高了通航质量。其综合工程效益被归纳为“三弯抵一闸”。这种人工做弯体现了古代运河在工程规划方面的科学性。

开凿济州河

济州河是从济州（今山东济宁）向北到须城（今山东东平）安山镇的运河。后来会通河开通后，济州河成为会通河的南段。元世祖至元十二年（1275 年），丞相伯颜率军南征，设立水运驿站，就委派郭守敬勘察汶水、泗水、卫河及相邻的河道。漕运副使马之贞建议在济州城南的汶水与泗水交汇的地方至大清河之间开凿新河，引汶、泗诸水以济漕运。至元十九年（1282 年）十二月，济州河工程正式开工，到次年八月竣工，开凿了从济州到须城安民山之间长达 100 千米的运河河道，并筑坝引汶河、泗水的水到运河行运。

济州河开通后，主要是需要解决水源不足的问题，元政府先后在兖州立闸坝约束泗水西流，在堽城坝（今山东宁阳大汶河上）立闸堰导引汶水进入洸河，使二水在任城的会源闸会合，以闸堰调节水势，启闭通放舟楫，后来又建了一系列水闸，调节水势，保证了运河的畅通。但这一系列工程并没有真正解决运河的水源问题，漕船到了南旺这一运河河脊处，仍需要人力畜力盘驳过坝。直到明代修建南旺枢纽，才彻底解决了这一段的水源问题。

开凿会通河

会通河是继济州河后，开凿的一段运河河道，自须城安山西南起，经寿张西北过东昌（今山东聊城），再西北经临清与南运河相连接。会通河开凿前，曾经过周密的区域河流水系考察和工程规划。至元十二年（1275 年）郭守敬勘察黄河、御河以及山东境内汶、泗、沂三河，论证了黄河、山东诸水与御河沟通的可行性，确认了御河、汶水、泗水、黄河四河相互沟通的可行性，对大运河南北贯通的关键河段——会通河进行了初步规划。至元二十六年（1289 年）正月动工开凿，当年六月就完工，开河道 125 千米。

会通河开通后，朝廷将原来利津海道运粮的万户府改为临清御河运粮万户府，把原来由东阿至临清的陆运人夫改为兵丁户，专门护送会通河的上贡物品。会通河的开通，使元代大运河正式全线贯通。会通河是元朝政府在之前以洛阳为中心的大运河的基础上为了避免绕道迂回，而新修建的一段人工运河，使中国大运河实现了距离最短的南北贯通。会通河因地势较高，整段运河全靠设闸控制水势，从临清头闸到济州李海务闸，总共设置了 31 座闸门。因此，会通河又被称为闸河。但使用时间不长，会通河诸闸就多处毁坏，再加上疏于管理，导致黄河溃决侵犯会通河河道，因此，终元一代，漕粮北运仍是海运与河运并举。到了元朝末年，会通河就废弃不用了。

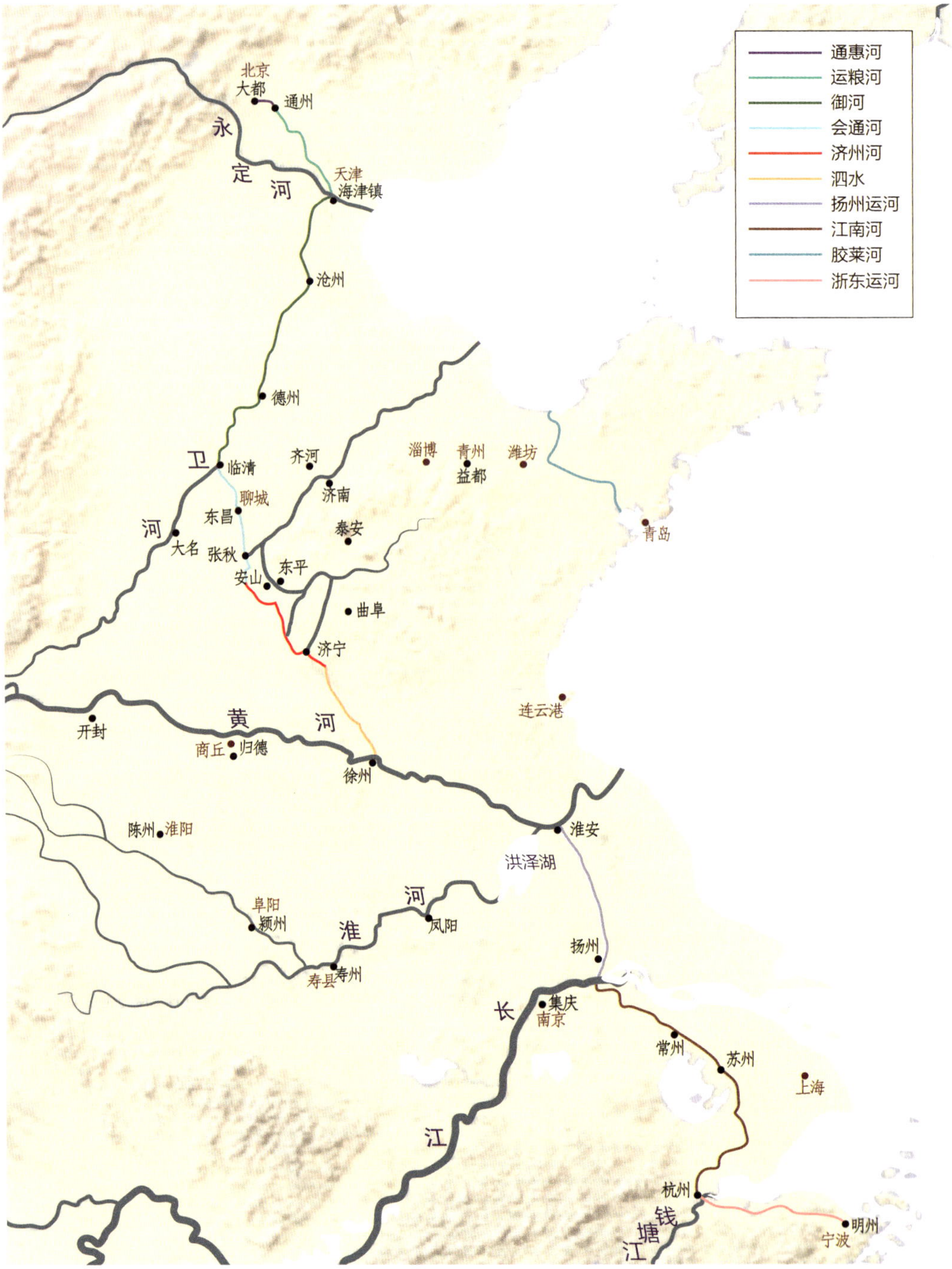

大运河的第二次大沟通示意图

整治江南运河

早在宋蒙战争时，蒙古军队就曾利用泗水运道运送粮食物资到淮河流域，供给前线所需。灭宋以后，元朝也利用沙水、颍水等淮河支流通黄河北上，转运漕粮到御河。元政府对这段运河也进行了多次整修。而从淮安到扬州的邗沟，从元初就因为漕粮运输受到朝廷重视。元世祖至元二十一年（1284 年），朝廷发兵疏浚扬州段运河；成宗大德四年（1300 年）又疏浚了淮东运河（淮扬运河）。在疏浚淮东运河的同时，元朝廷也多次对江南运河和浙东运河进行了治理。

大运河第二次大沟通

经过一系列的开凿和治理，终于形成了从杭州经江苏、山东，到大都的元代大运河，实现了中国大运河的第二次大沟通。元代开通的大运河，是在隋唐大运河的基础上，进行裁弯取直，弃弓走弦，不再经过安徽、河南，运河形成了南北直行的走向，从根本上改变了淮河以北大运河的格局，比隋唐大运河减少行程 500 多千米。这段运河分为六段，自大都到通州为通惠河，自通州至直沽为北运河，自直沽至临清为南运河，自临清至徐州为会通河（又称山东运河），徐州以下利用了黄河水道直到淮安，淮安至扬州为淮扬运河（又称淮南运河），过长江后自镇江到杭州为江南运河。重新开通的元代大运河以大都为中心，直穿山东、江苏全境，径抵江南，沟通了河、海、江、淮、钱塘五大水系，把南北方各大经济区更直接地联系起来，由此奠定了此后大运河的基本走向及规模，这就是后来的京杭大运河。

元代大运河直接沟通了元代的政治中心与经济重心，并沿用至明清二朝。直至今天，还在发挥着重要的通航和水利灌溉作用，成为维系中国大一统局面的纽带。尽管政治中心北移了，但大运河的开凿加强了国内各民族间的密切联系和交流，进一步增强了中华民族的凝聚力、向心力，中国从元代以后，再没有出现大的分裂。

第三节
水上漂来的元大都

吴晨在《京杭大运河沿线城市》一书中说道：“一部浩浩荡荡的运河史，也是运河两岸的城市发展史。城市在广阔的空间中沿着运河的脉络展开，而运河文化文明的基因则顺着流淌的河水渗入到城市的每一个末梢之中，使得每一座城市从社会结构、经济形态、民风民俗，到城市的性格与气质，都被深深地打上了运河的烙印。大运河与运河城市是一体同胞，唇齿相依。”① 这段话用在元大都身上最为适合。

秦汉以后，中国历史上大一统王朝的嬗变与鼎革，与运河的关系都十分密切。特别是在王朝建立之初的定都问题上，统治者要考虑既有政治优势，又有经济优势，还要有交通优势的地方，从而才能驾驭全国。这时，运河区域就成为王朝统治者的首选。元朝在定都问题上也逃离不了这一规律。随着政治中心的北移，元王朝将定都和改造大运河放在一起来规划和设计。元大都成为漕运的终点，开辟了北京作为中国首都的新时代。而北京因为作为元朝首都及大运河漕运的终点，也得到了快速发展，一跃成为全球性的大都市。

元大都的营建

元大都之前的金中都是参照北宋都城汴京的规划和建筑式样，在辽南京城的基础上，从东、西、南三个方向往外扩展，共动用了 120 万人，历经两年才宣告完成。而元大都是在金中都的基础上兴建的，因为当初成吉思汗率军灭金时将金中都一把火烧得精光，忽必烈必须花大价钱营建一个全新的国都。元大都仿造金中都，也是三重：大城、皇城、宫城。大城相当于主城区，三教九流都可以入住。大城呈南北长方形，其中南城墙就在现在的长安街。大城规划中注意了商业的布局，总面积达

① 吴晨等：《京杭大运河沿线城市》，电子工业出版社，2014 年 10 月。

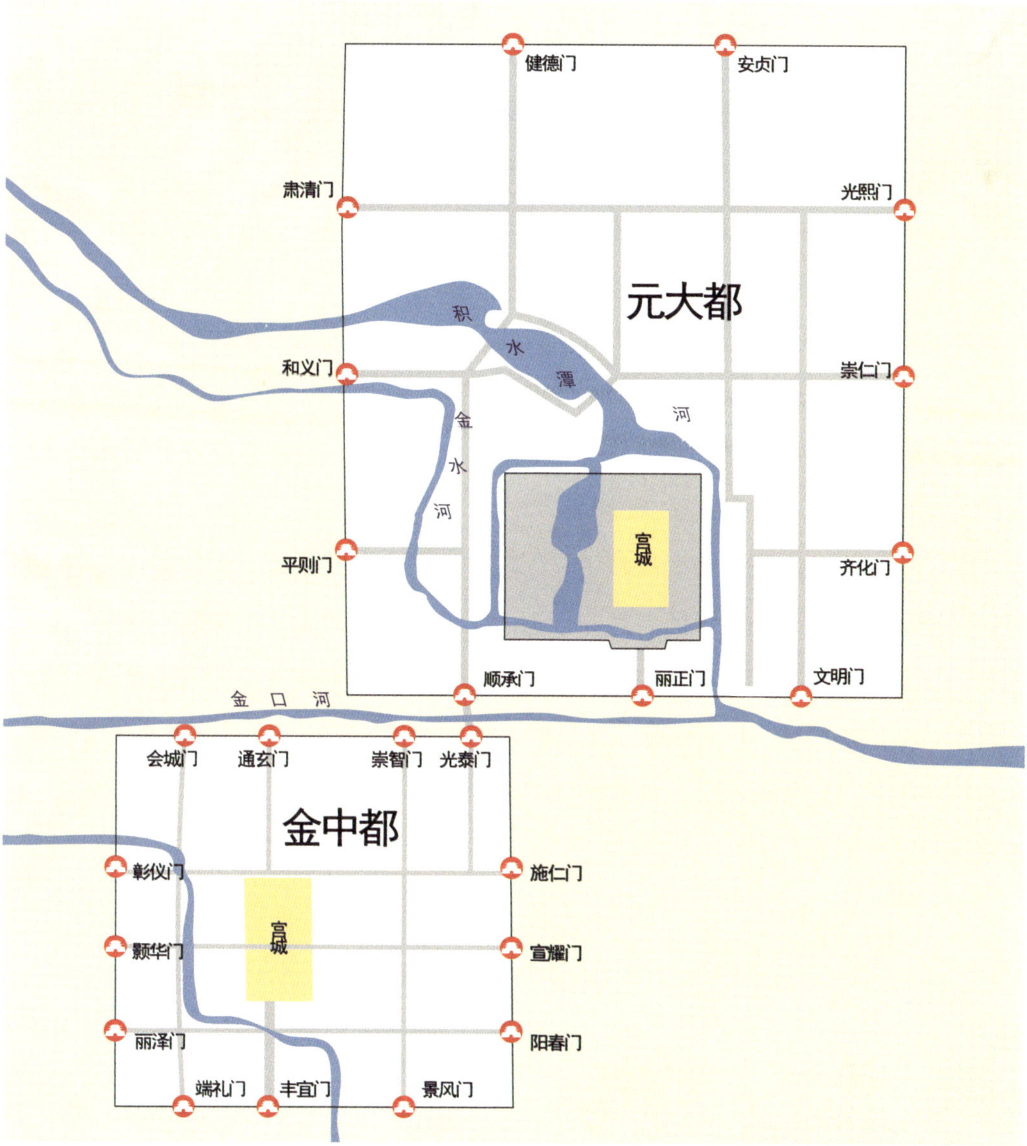

元大都与金中都的比较示意图

到50平方千米，在当时是世界上有名的大都市，放到现在都是规模很大的新城区。

元大都皇城的建设参考了金中都的建造特点。元大都的皇城坐落在大都城南侧偏西的位置上，以太液池为中心，东岸建有大明殿为主的宫城，宫城后面为御苑；西岸建有以光天殿为主体的隆福宫和以兴圣殿为主体的兴圣宫以及西苑。在皇城内还建有仿照瑶池仙境的瀛洲（今团城）；在大小宫殿间，还建有负责警卫的宿卫直庐，负责饮食的庖人、酒人之室，负责缝纫的女红之室，以及各种储物的仓库、办事的衙门等。

而大都城的山形水系，在其规划设计之初便被认真考虑在内。设计者首先选择了城内最重要的水源——积水潭的东北岸为全城的中心点，立“中心台”，又建“中心阁”。从“中心台”向南，紧傍积水潭东岸，垂直南下，形成设计上的元大都城市中轴线。在此中轴线上，又紧傍太液池的东岸，建造宫城“大内”，又以积水潭的东西宽度，作为全城宽度的一半，用以决定东西两面大城城墙的位置。元大都的最大特点是规模宏伟，规划整齐，有高峻的城墙和角楼，有多民族建筑风格的宫殿、寺庙；有美丽的万岁山和太液池，有皇家园圃和动物园，有宽敞整齐的街道和扬名中外的胡同。

从元大都到北京城的演变反映了元、明、清三个朝代传统文化的高度发展，也反映了中国各民族劳动人民的智慧和创造才能。元大都奠定了今天北京城的基础，它不但是当时中国最大、最繁华的城市，也是当时世界上所公认的最大城市。它规划科学，从建筑规模、布局安排、建筑艺术等方面充分利用了地理条件和人才优势，不仅在中国都城建筑史上无比辉煌，而且在世界都城建筑史上也占有不可磨灭的重要地位。

通惠河北京旧城段

元大都的水源问题

水资源短缺一直是北京地区面临的一个难题，元大都时期也是如此。元大都依托的高梁河水系包括积水潭、什刹海、北海、中海以及毗邻的上下游河流。元代把大都城的城址从莲花池水系转移到高梁河水系，主要是为了取得足够的水源供应。这个转移是元大都城市建设大获成功的自然地理基础，以至于今天的北京人还在享受着它带来的恩泽。但随着大都的经济迅速发展，短短的时间里，京城人口迅速增至 40 多万，这就使水源出现了更大的短缺问题。京城周边有水，并不意味着城内水源充足。如何把京城周边的水引入城市，让城市的建设者伤透脑筋。

为解决大都的水源问题，元朝政府兴建了一系列水利工程，如开凿高梁河、金水河，使这些旧渠道起到了灌溉和漕运的作用。至元二十八年（1291 年），郭守敬经过详细勘测，发现了白浮泉的利用价值。他向朝廷提出了一个彻底改变大都地区水源问题的大胆建议："上自昌平县白浮村引神山泉西折而南，过双塔、榆河、一亩、玉泉诸水，经甕山泊至西水门入都城。"《元史 · 河渠志》记载："南汇为积水潭，东南出文明门（今崇文门），东至通州高丽庄入白河。"最后入于潞河。这就是既能解决大都的水源问题，又能用于通航的通惠河工程。

至元三十年（1293 年），在郭守敬的建议和主持下，在昌平县白浮村引神山泉，

大运河最北端的水源白浮泉遗址

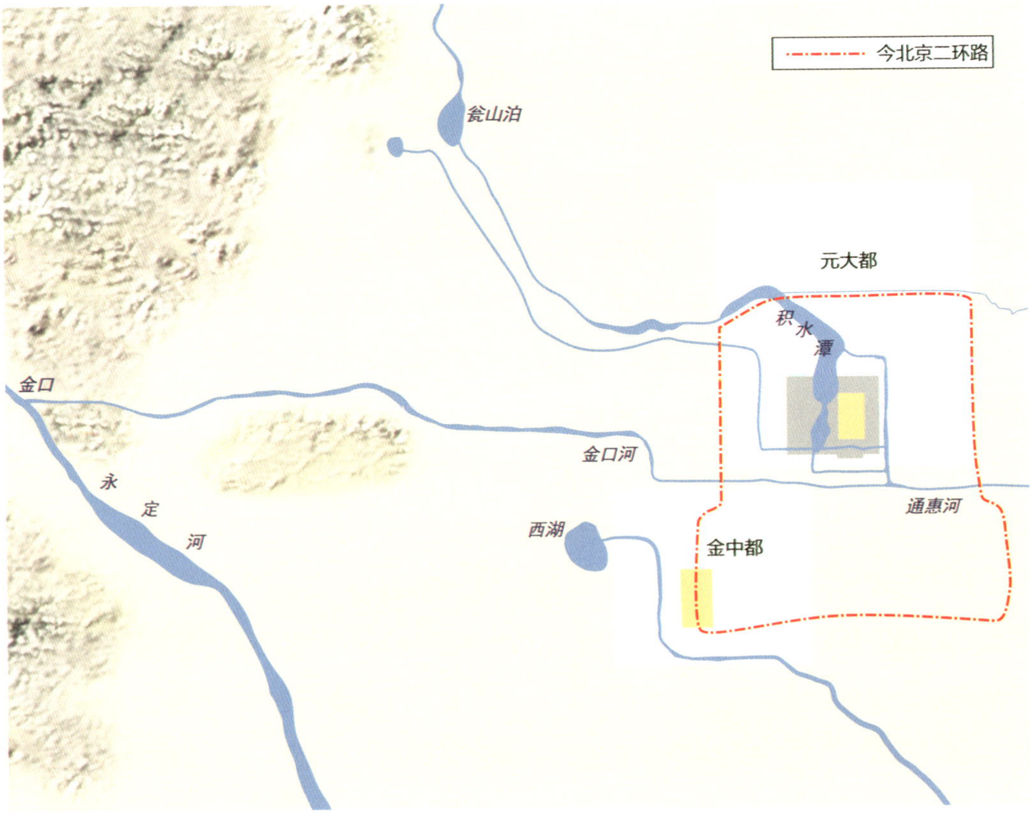

元大都的水系分布示意图

西折南转，会双塔、榆河、一亩、玉泉诸水，又东南流，汇入大都积水潭泊船港，而后大致沿金国的运河故道到通州高丽庄接白河，长 84 千米，设闸 24 处。郭守敬还将当时的供水河道分为两条，一条河道由宫城注入太液池为宫廷供水，是皇家的专用水源，不与其他水相混；另一条河道则用来满足漕运的要求。

解决了水源问题后，元政府又通过对大运河进行大规模的整治和开发，解决了南粮北运问题，这促进了元大都的商业繁荣。

元大都的繁荣盛景

元代大运河的开通，建立起大都与中原和南方地区的内河、海上交通网，发达的交通和繁荣的商业，使大都成为北方最大的城市，人口增加到四五十万。元大都作为元朝当时最大的城市和世界闻名的商业贸易中心，商业店铺、戏馆酒楼林立，百货云集。当时有鼓楼、斜街、羊角、枢密院角四大市场，另外还有30多处物流集散之地。其中斜街也就是今天的鼓楼西大街，当时作为元大都最为繁华的商业区，设有大运河的终点积水潭（今什刹海）码头，

北京什刹海

南北货物都在这里被吞吐。所以当时人说：“东面到大海，西面越过昆仑山，南面到交州、广州，北面抵达大漠，舟车所通的地方，货物和珠宝全部往大都集中。”[1]无论是当时的皇亲国戚、中外巨商、达官贵人所需要的高档商品，还是普通百姓所需要的盐、粮、油等日常用品，都是应有尽有。意大利旅行家马可·波罗称赞大都“商业繁盛之都”，说“外国巨价异物及百物之输入此城者，世界诸城无能与比”[2]。据《元史》记载，文宗天历初年，全国商税收入为76万余锭，其中元大都税额就达10万余锭，这从侧面反映了大都商业的繁荣。

后来，明清两朝相继建都北京，继续沿用元代大运河作为连接北方政治中心与江南经济中心的水运通道。为了确保这一交通大动脉的畅通，明清两朝都不遗余力地经营运河，使运河的功能和作用得以充分发挥，进而将古代运河的发展推向一个高峰。而作为元、明、清三朝都城的北京，素有“漂来的城市”之说。大运河每年为北京运进数百万石粮食，还把南方的其他物资，如木材、铜、铁、铅及百货等，源源不断地运来。可以说，没有大运河，就没有北京那些金碧辉煌的城阙和宫殿，也就没有北京历史上的兴盛和繁华。

---

① 程钜夫：《雪楼集》卷7《魏长者传》：“东至于海，西逾于昆仑，南极交广，北抵穷发，舟车所通，货宝华来。”
② 《马可·波罗游记》。

第四节
马可·波罗与大运河

兼容并蓄的元王朝

元朝是疆域辽阔、空前大一统的国家，其征服的区域最大时到达了欧洲的西部，几乎覆盖整个欧亚大陆。因为元王朝版图内民族众多，对外开放程度超过之前的历史上任何一个朝代。元朝统治者对各种宗教采取了兼容并蓄的政策，所以国人信奉萨满教、佛教、道教、伊斯兰教、基督教的都有。为了获得外国基督徒的支持和协助，忽必烈甚至邀请和招募外国基督徒来元王朝任职。在多民族、多地域、多成分的文化融合与发展中，元朝形成了多元共荣的中华文明，将中国文化推进到了一个新的阶段。

马可·波罗的铜像

元代不像以前各代以农为本，而是重视商业，这使元代的商业和城市得到了空前发展。新兴的城市元大都不但成为中国经济、文化、宗教中心，而且是世界文化、商贸交流的汇合点。元大都在忽必烈的励精图治下，成为13世纪世界城市最辉煌的顶点，引起了全世界的注目。

当时元大都的外商以波斯、阿拉伯、高丽、欧洲和其他一些亚洲国家的商人为主，主要从中国输出布匹、绸缎、茶叶、糖、瓷器、皮货、中草药材、纸墨、马匹、铁制品和手工艺品；输入毛织品、珠宝、人参、香料、地毯、铜器、象牙以及稀奇古怪的高档奢侈品。元大都还是当时的中心驿站，无论是商业贸易还是海洋运输业都蓬勃发展。元朝时，我国的四大发明罗盘、火药、造纸术、印刷术和元大都发行的纸币，也传入了欧洲。“中统交钞”的外传更是引起了一场改革沉重金属币的浪潮。

马可·波罗游历大运河

在元王朝，有大批来自欧洲、中亚等地的各民族人民来到中国居住，有的还被任命为王朝的政府官员，马可·波罗就是其中之一。他在大运河沿线生活多年，还

大运河畔的临清钞关

扬州马可·波罗纪念馆

写下了《马可·波罗游记》，记叙了运河地区的风土人情，成为元代大运河的历史记录。

马可·波罗，出生于克罗地亚考尔楚拉岛的一个商人家庭。他的父亲尼科洛和叔叔马泰奥都是威尼斯商人。马可·波罗小的时候，他的父亲和叔叔到东方经商，并朝见过蒙古帝国的忽必烈大汗，还带回了大汗给罗马教皇的信。他们回国后讲述东方旅行的故事，引起了马可·波罗的浓厚兴趣。据称马可·波罗 17 岁时跟随父亲和叔叔前往中国，历时约四年，在至元十二年（1275 年）到达元朝的大都。元世祖忽必烈对马可·波罗特别喜欢，并加以重用。

据《马可·波罗游记》记载：至元十二年（1275 年）到至元二十九年（1282 年），马可·波罗在元朝任职，曾担任枢密副使、淮东道宣慰使、扬州总督等职务。他精通中国文化，有广博的学识。在担任扬州总督的 3 年多时间内，对所管辖的 24 个县多有涉足，在他后来的游记中也多有描述。至今，扬州东关古渡旁还竖立着马可·波罗的铜像。马可·波罗还奉忽必烈之命巡视各行省，到过山西、陕西、四川、云南及江南各地，还奉命出使过南洋诸国。

马可·波罗在中国游历了17年，思念故乡。至元二十八年（1292年），马可·波罗和父亲、叔叔受忽必烈委托，护送一位名叫阔阔真的蒙古公主到波斯成婚。他们趁机向忽必烈提出回国的请求，忽必烈答应他们。第二年春天，他们从泉州出海，历经三年，终于在1295年末，回到了阔别二十四载的故乡。他们从中国回来的消息迅速传遍了整个威尼斯，所见所闻引起了人们的极大兴趣。从东方带回的无数奇珍异宝，使他们一夜之间成了威尼斯的巨富。公元1298年，马可·波罗参加了威尼斯与热那亚的战争，同年九月七日不幸被俘。在狱中，他遇到了作家鲁思梯谦。他在监狱里口述旅行经历，由鲁斯梯谦写出《马可·波罗游记》。

《马可·波罗游记》与大运河

《马可·波罗游记》（以下简称《游记》）记述了马可·波罗在当时东方最富有的国家——中国的所见所闻。原书分4卷，共229章，其中大量篇幅记述了他在运河区域的所见所闻。

关于元大都，《游记》中详细记述了大都的城市建筑，马可·波罗说大都有12个城门，宫殿有3层围墙环绕；还说元大都人口众多，十分繁华，商旅往来不绝，物品臻集，“凡世界上最珍贵的东西，这里都能找到，特别是印度的商品，如宝石、珍珠、药材和香料。这里出售的商品数量，比其他任何地方都多。”[①]

在《游记》中，还详尽地描写了他出巡中国南方各地的情况。对于涿州，他写道：“这座城市，有一条大河绕城而过，大量的商品，由这条水路运往汉八里（元大都）。由于挖掘了运河，这座城市和京都河川相连，交通方便。”[②] 对于临清、东平等城市，他写道：“临清有一条又宽又深的河流经过这里，运输大量的商品如丝绸、药材及其他有价值的货物；东平有一条深水大河绕过城南，居民将河分为两条支流，一条向东流过契丹（指北方地区），一条向西流向蛮子省（指南方的江浙等地）。大河上千帆竞发，舟楫如织，数目之多，简直令人难以置信。”[③] 这真实反映了临清、东平等作为卫河与会通河交汇处的场景。

---

① 《马可·波罗游记》卷2，第10章。

② 《马可·波罗游记》卷2，第35章。

③ 《马可·波罗游记》卷2，第62章。

马可·波罗在扬州任过三年总督，因而在游记中记述了扬州及所辖的宝应、高邮、通州、真州等城市的商业和手工业发达景象。他写到，瓜洲是货物运往大都的集散地，每年汇集大批的小麦和稻米，其中大部分经运河运往大都，又写到“这条交通线，是由许多条河流、湖泊及一条又深又宽的运河组成，这条运河是根据大汗的旨意挖掘的”①。他在游记中还着重描绘了杭州的繁华，他认为“这座城市的庄严和秀丽，堪为其他城市之冠”②。《游记》记述了大量关于元代大运河的史料，包括运河运输、沿途城镇、民风民俗、社会经济等，为研究元代运河文化提供了丰富的资料。《游记》在欧洲广为流传，他的经历激发了哥伦布和其他不少旅行家对东方的热烈向往，对以后新航路的开辟产生了巨大影响。同时，西方地理学家还根据书中的描述，绘制了早期的“世界地图”。今天，马可·波罗作为中意友好交往的使者，还在为中意两国人民的友谊发挥着重要作用。扬州人民为了纪念马可·波罗，在古运河畔建了马可·波罗纪念馆。马可·波罗纪念馆门前还竖立着一个铜狮，是依据马可·波罗的故乡意大利威尼斯广场的铜狮复制，由意大利威利托区赠送给扬州。

意大利赠送给扬州的铜狮

① 《马可·波罗游记》卷 2，第 71 章。

② 《马可·波罗游记》卷 2，第 75 章。

《鄂多利克东游录》

继马可·波罗后，又有一位长期在元朝游历的意大利旅行家鄂多利克写出了《鄂多利克东游录》，也详细记叙了元代运河流域的繁华。元延祐元年（1314 年），鄂多利克受罗马教廷指派来元朝了解宗教活动，他从威尼斯出发，经过巴格达，然后从海上来到泉州，再沿运河北上来到杭州、扬州，最后来到元大都。《鄂多利克东游录》一共 88 节，其中第二部分对大运河沿线的城市进行了详细的描述。其中写到，杭州是“世界上最大和最宝贵的城市，并且是最好的通商地”，是一座“天堂之城”；[①] 扬州是座雄伟的城市，在此他见到了基督教堂，城中有长江流过，北上又有运河，因而有许多船舶往来。他在游记中以多个篇幅描写了元大都的繁华。他记述元宫廷由两层围墙环绕，外面一层有 6 千米长，大汗及家庭成员居住在第二层里；宫廷中既有蒙古人，又有突厥人，既有基督徒，又有佛教徒。《鄂多利克东游录》同样对研究元代运河地区的情况提供了宝贵的资料。

① 《鄂多利克东游录》第 33 节。

第五节
江淮起义与元朝灭亡

江淮地区农民起义

元末吏治腐败，横征暴敛，苛捐杂税名目繁多，全国税额比元初增加了 20 倍。后来的元朝皇帝为了笼络蒙古王公，一登帝位，就把金银和土地分赐给他们，而且不断加码。元世祖时，政府赐给大臣田一次不过百顷，以后增至千顷、万顷。以前赐田多在北方，后来更转向江南大部分地区，如苏州等膏腴之区。蒙古贵族把从农民那里收夺来的土地，再以苛刻的条件租给农民，用租佃的方法进行剥削。蒙古贵族已完全成为封建的大地主，各自占有大量的田土。元泰定帝孛儿只斤·也孙铁木儿在其即位以前，曾献给朝廷七千顷土地；元顺帝时，公主奴伦陪嫁的土地由朝廷转拨给大臣伯颜的也有五千顷。土地问题引发社会动荡，民不聊生，而中原连年灾荒，更使得百姓破产流亡，无计为生。

元政府还推行严厉的民族压迫政策，民分为四等，蒙古统治阶级对汉人、南人进行残酷统治，民族矛盾尖锐。同时，赋役沉重，再加上灾荒不断，广大民众在死亡线上挣扎，终于激起了以红巾军为主的农民起义。

至正十一年（1351 年），元朝征发 15 万人修治黄河，并派兵 2 万沿河监督。监督修河的官吏贪污作弊，克扣民工“食钱”，致使民工挨饿受冻，群情激愤。北方白莲教首领韩山童及其教友刘福通等抓住这一时机，发动起义。起义军头裹红巾，称红巾军。起义部队主要分为两支，一支起于颍州，领导人是韩山童、刘福通；一支起于蕲、黄，领导人是徐寿辉、彭莹玉（即彭和尚）。八月，徐寿辉、彭莹玉攻下蕲州，建元治平，国号天完。至正十五年（1355 年），刘福通拥立韩林儿在亳州称帝，改元龙凤，国号大宋，史称“小明王”，中原各地的红巾军都接受其领导。至正十七年（1357 年），刘福通分兵三路伐元。至正十八年（1358 年）十二月，起义军攻占了上都（今内蒙古自治区

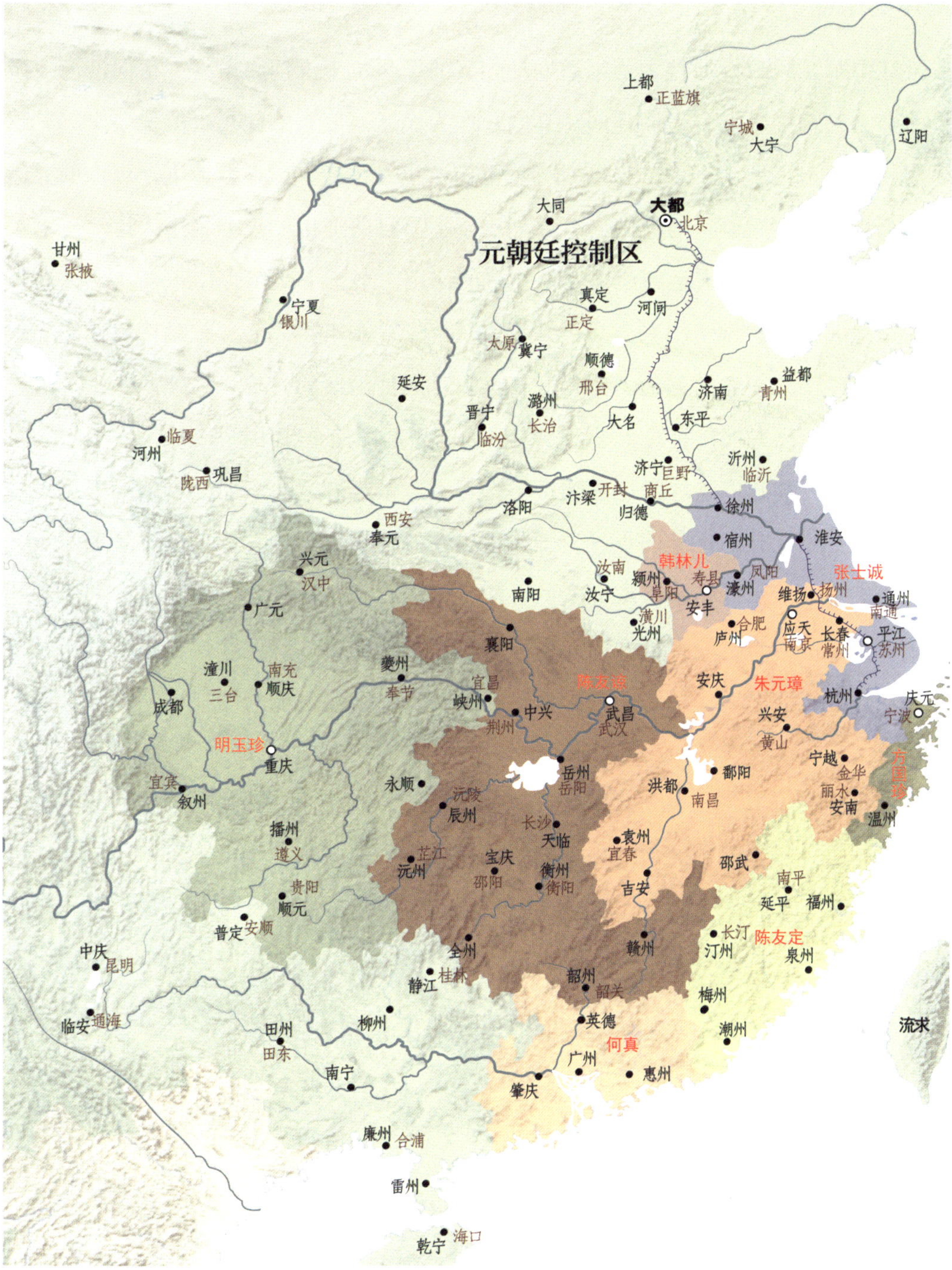

元末各路农民起义示意图

多伦附近），烧毁了“富夸塞北”的蒙元宫阙。与此同时，郭子兴、朱元璋在淮河流域，方国珍在浙江，陈友谅在湖北等地先后起兵反元。

漕运的中断

红巾军龙凤政权的首领刘福通发动起义的颍州位于淮河中游，义军向淮河下游扩张势力，直接影响到运河地区。其间，作为大运河要塞的徐州也爆发了李二、赵君用起义。至正十二年（1352 年），安徽定远也发生起义。这样，淮河以南的大运河完全被起义军控制。与此同时，元朝出于军事目的征用船只，利用大运河运输军用物资，这也降低了大运河运输其他物资的作用。至正十八年（1358 年），龙凤政权的东路北伐军占领了山东半岛，并攻占了济宁、东平、大名、东昌诸路，进一步切断了元朝南北漕运的通道。同年底，又攻克运河沿线的南皮、清州、沧州等地，直抵通州区，离大都只有几十千米，大运河的漕运被迫全线中断。

于是，元朝政府从江南运输物资不得不完全依靠海运。以浙江台州为根据地的方国珍抓住了元朝的这一弱点。方国珍曾因在海上袭击驶往大都的官方货船，被元朝官府追究。后来元朝廷采取怀柔的办法，赐其官位，让其负责海运。方国珍看到元朝已经没有力量镇压自己，向元政府提出了苛刻的条件。元朝接受他的要求，并且再次让他升官职以作抚慰。方国珍这才准备好在海路运输的船只，从浙江沿海直接运至大都。

至正十三年（1353 年），盐贩张士诚在泰州发动叛乱。泰州这个地方接近长江的入海口，无论是对运河运输还是海路运输来说都很重要。失去了对这块土地的控制，对元朝来说，不但完全失去了运输江南物资的路径，而且也不能从黄海沿岸盐场征收盐税了。至正十四年（1354 年）正月，张士诚自称诚王，定国号为大周。两年后，张士诚渡过长江来到江南，定苏州为都城，又切断了元朝政府组织的从长江入海的海运。元政府把皇帝才能穿的龙袍赐给张士诚以示拉拢，才勉强与其达成提供江南粮食的协议。

元朝的灭亡

到了至正十九年（1359 年），运河流域完全脱离了元朝的统治。被红巾军切断了大运河的运输通道，被张、方等地方割据势力控制了海路运输，大都陷入了饥荒状态。漕运的中断，切断了元朝的血脉，元朝也很快走向了灭亡。

龙凤政权中的朱元璋，趁元军前期疲于对付红巾军北伐无暇南顾，南方不同军阀

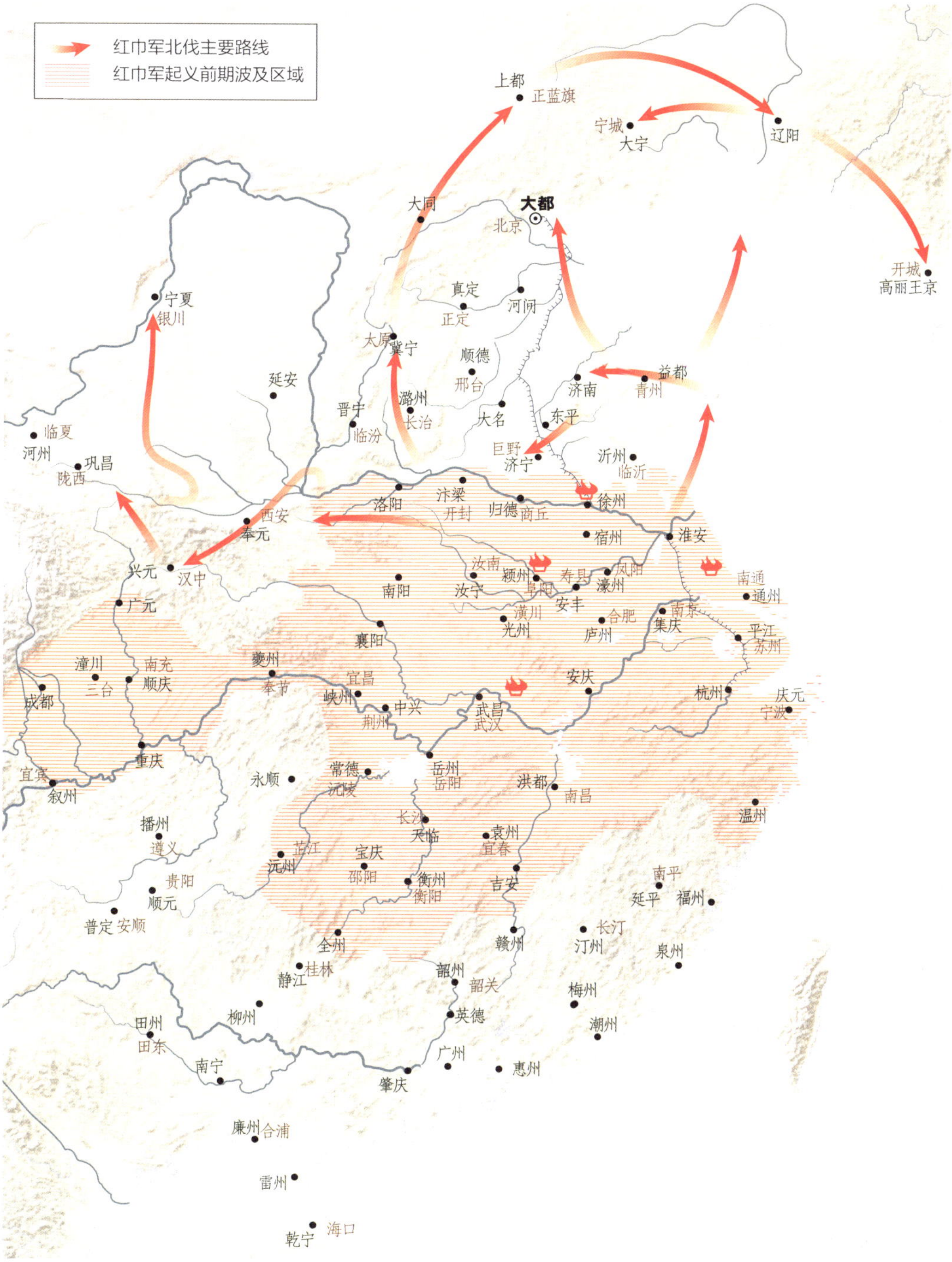

红巾军的北伐路线示意图

势力互相攻伐之机，逐渐发展壮大。至正十六年（1356 年），朱元璋占领集庆路（今江苏南京），改名应天，成为红巾军内部一支强大的武装力量。接着朱元璋先后打败陈友谅、张士诚等江南割据势力，积极准备北上伐元。至正二十八年（1368 年）七月，徐达率军沿大运河北上，会诸将于临清，连下德州、通州等城，元顺帝率后妃、太子和一部分蒙古大臣从大都北逃，奔往元上都。八月，徐达率领的北伐军进占大都，结束了元朝在中原的统治。这一年，朱元璋建立了明朝，改元洪武。

第八章　南京到北京的距离

1368 年，朱元璋建立明朝，定都应天府（今南京）。应天府位于富庶的江南地区，所需粮食物资可以就近调配，因此，大运河的运输价值并未凸显。燕王朱棣通过靖难之役夺取帝位后，做出了迁都北平（今北京）的重大决策。北平一跃成为政治中心和军事中心，但是却远离了江南这个经济中心，南粮北运成为明王朝的重要任务。为此，明朝对大运河进行了治理疏浚，特别是南旺枢纽的建设，使大运河重新全线畅通，为北京城源源不断地提供了漕粮物资。

为了保证运河漕运，明朝制定了一套更为完善的漕运制度，促成了明代运河航运的兴盛，明代漕运量达到了有史以来的最高水平。国力强盛的明朝与周边诸多国家建立了朝贡关系，郑和下西洋促进了东南亚各国的来朝。菲律宾苏禄东王长眠在德州段运河畔，成为中菲友好的见证。随着正德皇帝在大运河上的落水，大明王朝也不可逆转地走向了衰落。

第一节
从南京迁都北京

朱元璋定都应天府

公元 1368 年，朱元璋建立明朝，定都应天府（今南京）。应天府，在元朝时称为集庆府。它虎踞龙盘，左临山险，右临大江，三面环水，以山为城，以江为护城河，非常有利于凭险据守；而且周边经济发达，可以提供大量军需。公元 1356 年，朱元璋率军攻下集庆府，改名为应天府。从应天府名字中顺天应人的意思可以看出，当时朱元璋已有定都南京的准备。

灭亡元朝后，当时明朝的首都有几处待选之地：长安（今陕西西安）、洛阳、开封（当时称北京）、北平（今北京）、临濠（今安徽凤阳）、南京。朱元璋其实很想在其老家临濠定都，但临濠十分贫穷，经济落后，周围无险可守，经反复权衡，不得不放弃。明朝建立后，大都易名为北平，当时元顺帝刚被驱逐北返，手中还有数十万精锐之师，对北平构成巨大威胁，因此当时的情况下北平并不适合作为都城。如果定都长安、洛阳或开封，粮食物资就需要从南方供应，而元末时通往关东、关中地区的大运河线路已废弃不用，大量粮食物资无法运输和获得。综合考虑，定都应天府就是一个明智的选择。

其一，朱元璋的根据地在南方，应天府是他多年经营的地盘和势力范围，且易守难攻。谋士叶兑曾说过：定国都于金陵，可以向南拓地，若向北拓地不利，可守江淮，以江南之财力，足以保证南朝半壁的安全。其二，也是最重要的原因，当时江南的经济早已超过北方，钱粮赋税都要靠东南地区支撑，而应天府恰恰是东南地区的核心，定都应天府方便取得钱粮赋税。其三，应天府既可以通过发达的内河航运，集天下之粮食，又可以通过“河海兼运”，将南方的粮食物资运到北方，以满足北方军事前线的需要。当时“江西、湖广之粟，浮江直下；浙西、吴中之粟，由转运河；凤、

长江
狮子山
钟阜门
仪凤门
河
神策门
城
金川门
护
军营
册库
军营
定淮门
古平岗
军营
后湖
地坛
司法
机关
钟楼
鼓楼
鸡笼山
覆
舟
山
孝陵
国子监
太平门
校场
清凉山
五台山
皇
城
清江门
秦
石城门
宫城
朝阳门
三山门
护
淮
军事机关
行政机关
秦
通济门
城
正阳门
河
河
天
坛
淮
秦
山川坛
聚宝门
河
淮
河
聚宝山
（雨花台）

明初的应天府示意图

泗之粟，浮淮；河南、山东之粟，下黄河”。因此，明朝初年最终选择了定都应天府。

靖难之役

朱元璋病逝后，由于太子朱标早逝，皇太孙朱允炆即位，史称建文帝。而功高权重、镇守北平的燕王朱棣自恃势强兵重，多次不听皇帝命令，并且日事练兵，多置异人术士于左右[①]，密谋举兵造反。建文帝十分担心，“诏责燕王”并调兵遣将准备攻打北平。建文元年（1399年）七月，朱棣打着“清君侧”的旗号，公开举兵反叛朝廷。中国历史上叔侄皇位之争的“靖难之役”在运河北端的北平拉开帷幕。

在靖难之役中，朱棣在粉碎对北平的围攻后，逐步取得优势，转守为攻。通过济南之战、东昌之战等，朱棣首先占领了山东境内的济宁等运河城市，使得建文帝失去了对整个山东地区的控制。接着，燕军开始南下，通过灵璧之战，占领了淮河流域，攻下了泗州城，并向扬州方向进逼，不久扬州守军不战而降。朱棣攻占了扬州这座大运河的枢纽城市，使得建文帝对江南地区失控。经过三年的战争，朱棣攻破应天府，登上皇位，历史上称为明成祖，又称永乐皇帝。

朱棣迁都北平

明成祖朱棣登上皇位后，为了巩固自己的统治，做出了迁都北平的重大决策。朱棣从应天府迁都北平主要出于三个方面的考虑。其一，明成祖是通过造反取得的江山，原建文帝的大臣和诸王对他还不是太服气。同时，他的根据地又在北平，而在江南基础还不稳。其二，当时北部边疆并不太平，蒙元残余势力不甘心失败，屡次派骑兵南犯明朝的边境，掳掠人口和财物。应天府虽然是富裕之地，但就地理位置而言，对于防御北方游牧民族的入侵没有地理优势。北平地处与北方游牧民族对峙的前沿阵地，同时负山带海，是建都的理想之地。而且金元二朝均建都于此，也打下了较好的物质基础。其三，有元代开凿的大运河带来的水运便利，南方的粮食物资能够方便地运到北平。

经过周密布置，永乐元年（1403年），朱棣刚即位，就下诏：改北平为顺天府，

---

①《明史·成祖本纪》。

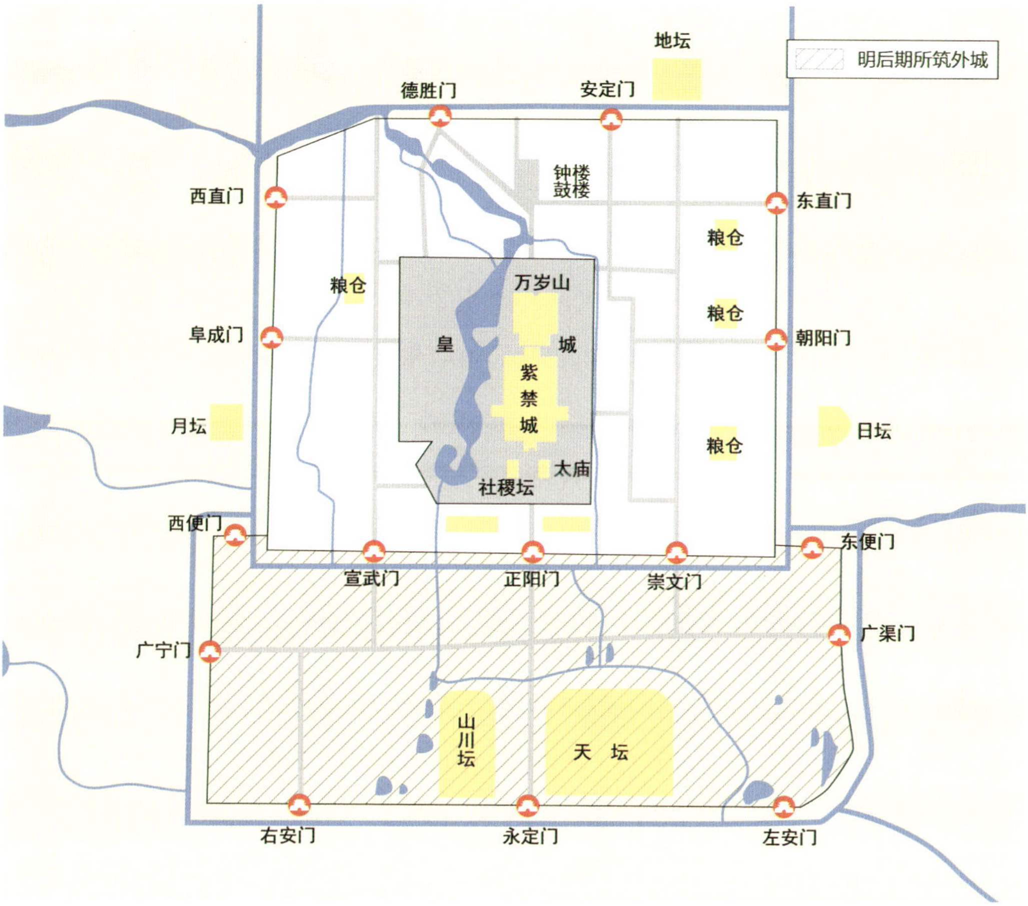

明代北京城示意图

以北平为北京。同年，迁徙直隶、苏州等 10 个府，浙江等 9 个省富裕的老百姓充实北京。永乐三年（1405 年），又迁徙山西上万户民众开垦北京荒田。永乐五年（1407 年），开始兴建北京宫殿。永乐七年（1409 年），为了解决北京粮食物资和建筑材料的运输问题，在兴建都城的同时，朱棣又命令工部尚书宋礼率领 30 多万民工对会通河进行治理疏浚，使大运河重新全线畅通。到永乐十八年（1420 年），北京城主体建筑如紫禁城、皇城、太庙、社稷坛等均已建成。于是，明成祖朱棣颁布诏令，正式将都城从南京迁往北京，南京作为陪都与北京同时存在。

明代北京城是在元大都旧址基础上改建和扩建而成的。明成祖朱棣建的北京城由皇宫紫禁城、皇城、内城和外城组成，“凡宫殿、门阙、庙社、郊祀、坛场规制悉如南京”。紫禁城（今故宫）的兴建是明代北京城中最具有代表性的建筑。皇宫分外朝、内廷两部分，外朝为皇帝大臣参加重大政治活动的场所，由奉天殿、华盖殿、谨身殿三部分组成；内廷是皇室、嫔妃住宅生活区，主体建筑以乾清宫、交泰殿、坤宁宫为中心，沿南北中轴线依次排列。皇城与紫禁城相接之处为北京城第二重，主体建筑以承天门（今天安门）、广场、太庙、社稷坛、万寿山（今景山）、北海、中海、南海为代表。内城地处皇城外围的第三重，永乐年间修建，主要分布有各行政机构、仓储、王府官吏住宅、居民区和商业区等建筑。外城为京师外围之城，嘉靖年间建造，地处北京城南，与永乐年间的内城相接，主体建筑为天坛、山川坛、地坛、先蚕坛、夕月坛等。

北京中轴线

明代所建北京城的规划严整，主次分明，高低交错，井然有序，体现了“左祖右社，面朝后市”和“九经九纬，经涂九轨”的传统建筑规制。其主体建筑以皇宫紫禁城为中心，南北沿中轴线两边对称分布。中轴线南起外城永定门，经内城正阳门、大明门、天安门、端门、午门、太和门，穿过太和殿、中和殿、保和殿、乾清宫、坤宁宫、玄武门，以及万岁山万春亭、寿皇殿、鼓楼，直抵钟楼的中心点，长达 7.8 千米。北京中轴线连着四重城，即外城、内城、皇城和紫禁城，就好似北京城的脊梁，鲜明地突出了九重宫阙的位置，体现了封建帝王居天下之中“唯我独尊”的思想。

北京城以宫城为中心的向心式格局和自永定门到钟楼的中轴线，是世界城市建设历史上最杰出的设计范例之一。同时，它也向世人展现了 15 世纪中国的经济实力和科学水平。著名建筑大师梁思成曾这样赞美这条中轴线：“一根长达八千米，全世界最长，也最伟大的南北中轴线穿过全城。北京独有的壮美秩序就由这条中轴的建立而产生；前后起伏、左右对称的体形或空间的分配都是以这中轴线为依据的；气魄之雄伟就在这个南北引伸、一贯到底的规模。”明朝建立中轴线，目的是为强调封建帝王的中心地位，正如中国之名，意为“中央之国”一样。从城市布局上来说，北京无疑是世界上最辉煌的城市之一。从明成祖朱棣再次定都北京直到清朝灭亡的 500 年间，北京一直是全国的政治、经济、文化中心。

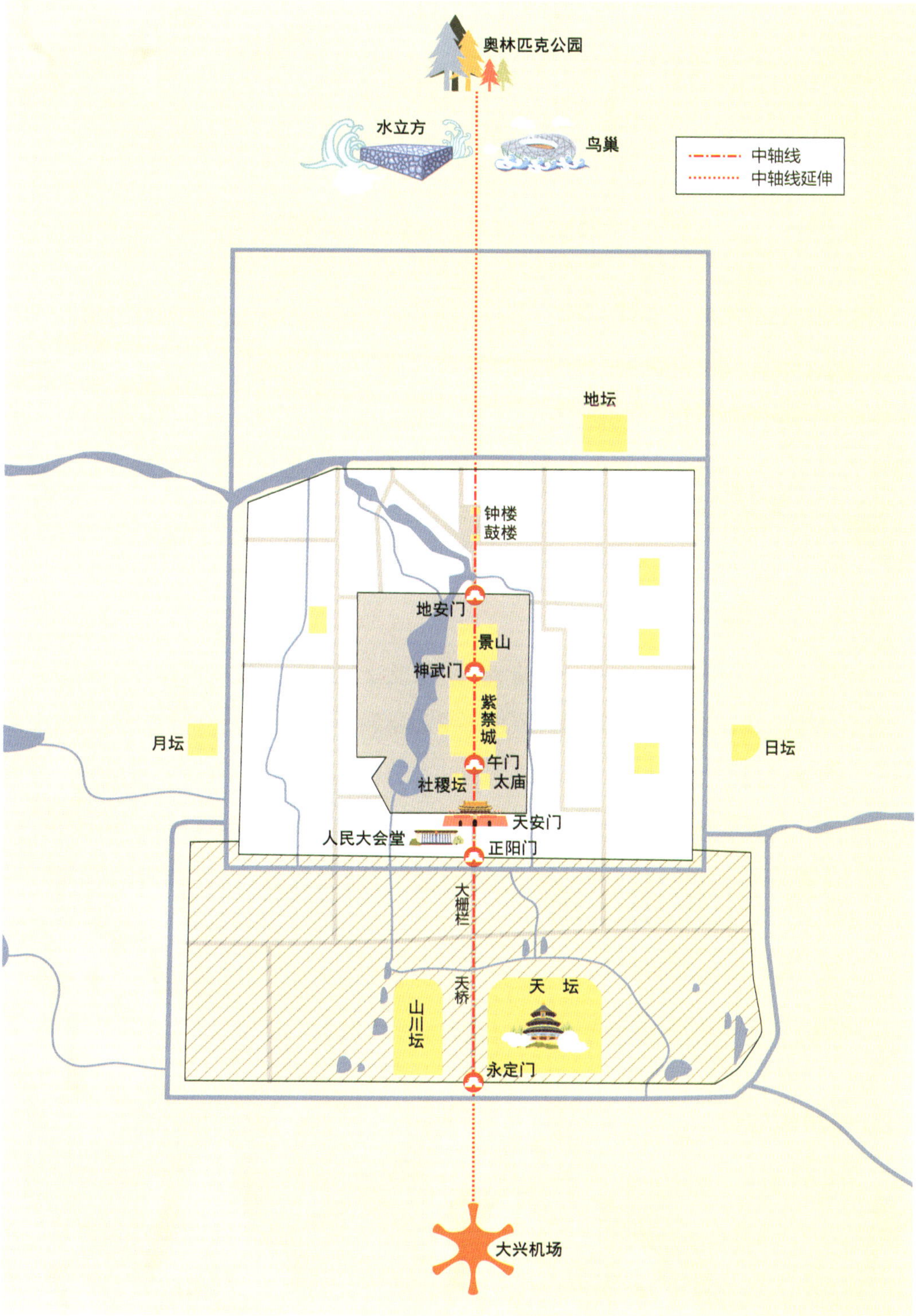
奥林匹克公园
水立方
鸟巢
中轴线
中轴线延伸
地坛
钟楼
鼓楼
地安门
景山
神武门
紫禁城
月坛
日坛
午门
社稷坛
太庙
天安门
人民大会堂
正阳门
大栅栏
天桥
天 坛
山川坛
永定门
大兴机场

北京中轴线示意图

第二节
南旺枢纽工程

朱棣迁都北京后，北京的物产并不足以养活帝都庞大的人口，朝廷差不多一半的赋税都要从东南地区调运。明朝需要从南方调运的粮食物资数量实在太大，而海运风险大、成本高，远远不能满足。于是，通过大运河的漕运依然是粮食物资北运的主要方式。经过元末战争和靖难之役后，大运河并不通畅，于是明朝开始对大运河进行大规模的整治。

“遏汶入洸”的不足

元代，随着济州河和会通河的建成，[①] 从北京到杭州的大运河初步形成，成为元大都的生命线。为了解决大运河跨越水脊的难题，元代治理会通河采用“遏汶入洸”，修建了济宁分水工程，迫使汶水的一部分汇入洸水，并在济宁入运河。但济宁地势较南旺低 8 米，造成济宁至南旺一段运河供水不足，难以行船。漕船经过济宁段时，都需要在地上铺滚木或淤泥，用人力、畜力拉过堰坝，造成漕运的极大不便和人力物力上的浪费。因此，元代大运河“每岁之运，不过数十万石，远不及海运二三百万石之多”[②]。这一问题直到明初改造会通河，建设南旺枢纽工程才得以彻底解决，而汶河水由南旺以南的济宁附近汇入运河。

南旺枢纽的建设

南旺枢纽位于济宁市汶上县南旺镇，这里是大运河全线位置最高的段落，平均海拔 43 米，由地势最高点南旺分水口分别向南北倾斜，与运河南北两端最低点（分别位于扬州长江运口和天津静海附近）的最大高差达到约 30 米（明代测得）。地势

① 后来将会通河与济州河通称会通河，而济州河随时间推移而少有提及。

②（清）张伯行：《居注一得》卷 1《运河总论》，商务印书馆，1936 年。

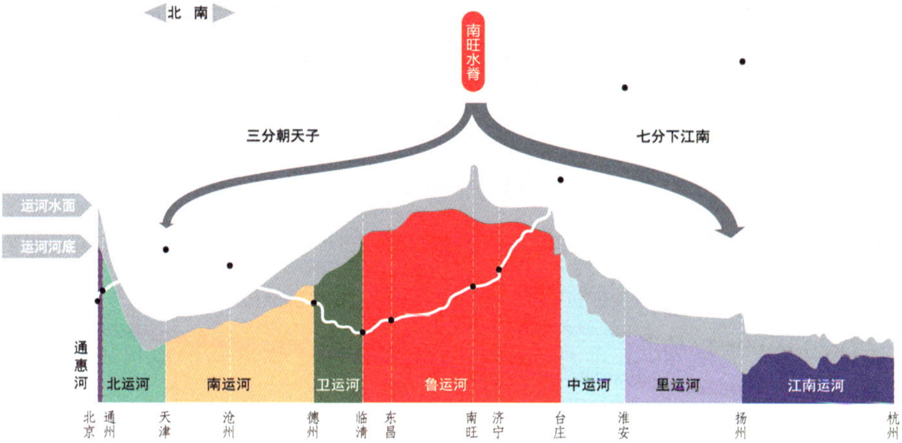

大运河沿线的高差

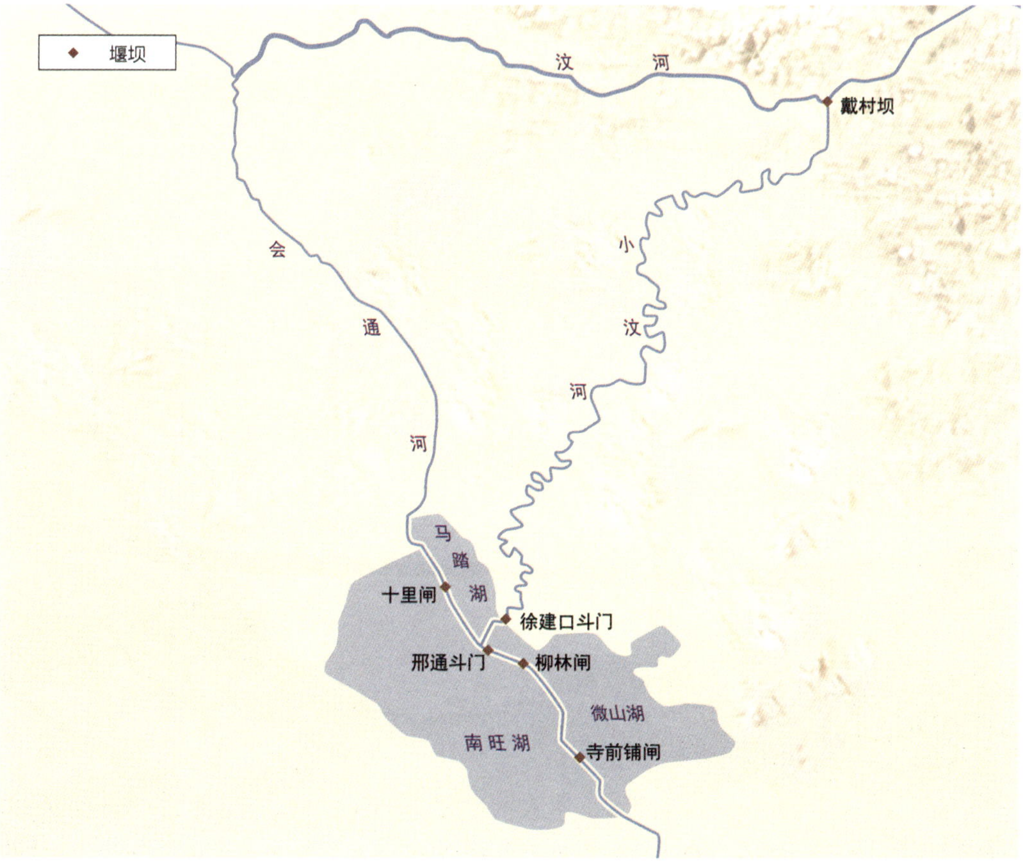

南旺枢纽工程整体示意图

高而水源不足是这一段运河面临的巨大挑战。

永乐九年（1411 年），工部尚书宋礼为了解决会通河缺水的问题，遍访名家，终于在济宁南旺附近找到了民间水利专家白英。白英向他提出改变元代“遏汶入洸”的做法，而用“遏汶济运”的建议。宋礼和白英经过实地勘察，决定修筑堽城、戴村两坝，同时建分水工程，使汶水西行，从南旺进入运河，三分向北流，进入漳河、卫河；七分向南流，进入黄河、淮河。因此，民间形容南旺枢纽为“三分朝天子，七分下江南”，指的就是南旺枢纽对运河水的三七分流。南旺枢纽因具有与都江堰一样的分水功能，被称为“北方的都江堰”。南旺枢纽工程主要由戴村坝、引水河（小汶河）、南旺水柜、分水口组成。

戴村坝的修建

为了解决运河水源问题，宋礼和白英在南旺东北的汶河上修建了戴村坝，将汶河水抬高，经小汶河将汶河水引入运河，由运河沿线地势最高的南旺分水口汇入运河，从南北两个方向给运河供水。这一工程改变了元代“遏汶入洸”的做法，实现了运河水在最高点的南北三七分流。

明代水利工程——东平戴村坝

戴村坝现为东北西南走向，略呈弧形，全长1500米，由三段组成，从南向北依次为主石坝、太皇堤和三合土坝。三段既各自独立，又相辅相成，互为利用，互为保护，形成了“三位一体”的独特布局。

最南端的主石坝呈南北走向，长443米，自身又分三段，南边一段叫滚水坝，中间一段叫乱石坝，北边一段叫玲珑坝。滚水坝在三坝中最低，它的作用是在汶水开始上涨、小汶河河水水位超过安全界线后向西漫水，以防小汶河决口。北边的玲珑坝比滚水坝高0.1米，中间的乱石坝又比玲珑坝高0.2米。随着汶水水位的升降，三坝分级漫水，可调蓄河水储量。据今天的水利部门测量，三坝先后漫水的数量与大汶河洪水的流量及小汶河的过水是互相协调的，因而既保证了小汶河持续供水，又能排洪防溢。

坝的建筑形状略成弧形，弓背向着迎水面，增加了坝的预应力。为保证跌水坡与坝基的安全，又在坝的跌水面修了一道缓冲槛，水经缓冲槛而缓速，减轻了对大坝的冲击力。整个大坝为石结构，重达1吨至6吨以上的巨石，镶砌得十分精密。为防止洪水冲塌，石块与石块之间采用束腰扣榫结合法，一个个铁扣把大坝锁为一体，气势磅礴，雄伟壮观，直到今天仍在发挥作用。

节制闸的修建

由于会通河面临较大的年内和年际降雨不均、较高的地形高差带来的困难与挑战，需要依靠节制闸来对会通河水源进行控制。在戴村坝建成约70年后，为了精确调配供水与分水的水量，明政府又在南旺分水口南北两侧的水道内陆续修建了柳林闸、十里闸、寺前铺闸等节制闸，起到调配向两侧供水水量的作用。多闸的联动控制，实现了会通河南北段的分水比例定量控制，达到了有效控制水道航深的目的。

南旺水柜的修建

考虑到汶河属山溪型河流，汛期洪水水量占全年70%，水量分布十分不均衡，因此又在引汶河水入运河处设置了多处水柜（南旺湖、蜀山湖、马踏湖等），蓄引多余水量和汛期洪水，以增加调剂运河供水的能力，并在水柜与运河之间设置了邢通斗门、徐建口斗门等水门以调控进出水柜的水量。水柜还起到为运河防沙、防淤的作用。在汶河洪水期间开蜀山湖、马踏湖闸蓄水，泥沙随之入湖，经过沉淀后，再引入南旺湖蓄积，南旺湖的清水再入会通河，“如此，则二湖之役，不惟可为水柜，亦可为沙柜矣。”[①]有了水柜容蓄，由河道清淤转而为水柜集中清淤，疏浚可间隔数年进行一次。尽管南旺疏浚工程巨大，但是集中在湖中疏浚，施工战线大大缩短，难度降低。

由于在地形上运河高而湖水低，平时湖水不能顺畅地流入运河，明代又在分水口附近修建了分水龙王庙建筑群等辅助设施，逐步完善了南旺枢纽的配套设施。这样就通过戴村坝使汶河水入小汶河流至南旺分水口，为会通河段带来了稳定的水源。通过修建南旺水柜、斗门和节制闸的方式，平衡丰枯水期水量，精确控制分水水量，平稳运河水位利于航运，从而成功解决了会通河面临的难题。

南旺枢纽的价值

南旺枢纽还围绕保水济运，建立了一整套严格的航运、水利管理制度。明清两朝均设立严格的规定，禁止侵占水柜湖泊，严格管理会通河水源，有力地阻止了地方生产生活行为对运河水工设施的影响，维持了水柜的调蓄作用，使会通河漕运量大大增加。明初南旺枢纽工程建成后，会通河的通航能力大大提高，漕船载粮的限额，每船由元朝的150料[②]提高到明朝的400料；年平均运粮至京的数量，由以前的几十万石，猛增到几百万石。重开会通河的成功，坚定了朱棣迁都北京的决心，也使明朝得以停止取道海上运输南粮。

南旺枢纽工程是为了解决大运河跨越水脊难题而建设的大型综合性水利水运枢纽，是大运河上最具科技价值的节点之一。它通过疏汶集流、蓄水济运、泄涨保运、增闸节流等措施，科学地达到引汶、分流、蓄水的目的，达到对水资源进行年际、年内调节的效果，从而保障了大运河在之后约4个世纪的顺利通航。到清朝末年，也正是因为南旺段水源不足，才造成大运河济宁以北段不能通航。而今天的南水北调东线工程还是从长江抽水，借运河输水，经过13级提水到达大运河的最高端南旺附近，然后顺流而下，一直流到天津和北京，补充华北地区的水资源。

① （清）张伯行：《居济一得》卷2，丛书集成本，商务印书馆，1936年。

② 一料等于10立方尺，约0.31立方米。

南旺分水龙王庙遗址

后来为了纪念宋礼、白英和潘季驯等治水英雄，明永乐年间开始修建分水龙王庙，有龙王殿、戏楼及钟楼等建筑；明正德七年（1512 年）建宋公祠、白公祠和潘公祠；清康熙十九年（1680 年）建禹王殿，其后相继增建了莫公祠、关帝庙、文公祠、蚂蚱神庙、观音阁等祠祀，规模持续扩大，到清朝末年已经形成一座结构和功能完备的大型建筑群落。

第三节
明朝的漕运制度

会通河段问题解决后，大运河全线畅通，明朝漕运量连年增长。永乐十三年（1415年），漕粮北运达300万石，行“支运”后过了三年，已达460万石。除此之外，还要加“耗米”入京，也就是要将沿途损耗计算在内，就达到了580多万石。另外，征自北方的田赋也要“以八百万石供边境”。这些都需要通过运河运输。这一切与明朝制定的漕运制度息息相关。明政府制定的这套漕运制度，保证了南粮北运的实现，并促成明朝200多年运河航运的兴盛。

漕运总督与漕政官制

明朝的漕运制度较宋代又有了较大的完善与改进。首先在漕运的管理体系上，从中央到地方都设置了一批官职和管理机构。明景泰初年，开始设立漕运总督，驻地淮安，与总兵、参将同时管理漕运。漕运总督是总管漕政的最高长官，从征收、兑运到查验核实等一切事宜都由他负总责。每年八月，漕运总督、总兵官等要赴京城商讨第二年的漕运事宜。第二年正月，漕运总督要巡视淮安、扬州段运河，督促漕船过江过淮。总兵驻在徐州，督促漕船过黄河入会通河。漕运总督下面还设领运、攒运、监兑等官职。

漕粮的征收主要是针对地方各府州县，因此，在有漕运任务的各省中也设立了一套相应的漕政官制。督粮道是各省设置的常设机构，由道员出任，主要职责是总理全省的粮食储备，协助巡抚主管本省的漕粮征收和起运。押运由各省的参政担任，漕粮征收由各府州县的正职官员负责。为防止漕政中的弊端，朝廷还设置了巡漕御史，由京官出任。在各河段，还有专门的河道管理机构。明代漕运管理中的漕运部门和河道管理部门及地方政府构成了既相互制约又相对独立的漕运管理体系。

淮安漕运总督府

漕运的数量和种类

明朝还有专门承担漕运的运军。天顺年内，朝廷确定漕船为11770只，官军12万，分别来自有漕运任务的省份的113个卫所。再看漕粮数量，永乐年间最高为460万石，宣德年间最高为500万石，以后各年略有变化，总之在400至500万石之间。漕粮的地区分配，以成化八年（1472年）的400万石为例，来自山东、河南的“北粮”为75.56万石，来自南直隶（今江苏、安徽、上海）、浙江、江西、湖广等地的“南粮”达324.44万石。此外，还有实行民运的，从苏、松、常、嘉、湖五府征收的白熟粳米18万石，再加上耗米等，漕运规模达520万石左右。同时，这个数字也说明，当时江南地区进贡朝廷的物资已大大超过了北方的数量。

在各个征漕的州县，漕粮的征收有的按田亩平均分配任务，有的按田地的等级分配任务。江南地区土地肥沃，亩产较高，漕粮征收的任务就较重。对于漕粮的类别，明政府规定：江南江宁、安庆等十六府州征收粳、糯米；苏松常镇等府州则以粳米为主，糯米为次；浙江的杭嘉湖三府征收粳米和灿米；江西、湖广征收粳米兼收糯米；山东、河南两省则征收粟米和麦豆。各地在征收漕粮前，需要先上交样米，取样确定等级。样米要求必须“干圆洁净”，封好送到户部，等运粮到时，“比对相同，方许收纳”。

支运与兑运

明代漕粮征收的起点是各州县，终点是北京的通州。为了运输方便，在运河沿线设立了淮安、徐州、临清、德州、天津五个粮仓，称为水次仓。明代前期，漕粮征解实行“民收民解”，由各州县征收漕粮，责成粮长或大户负责运抵朝廷指定的水次仓交纳，这种征解称为“支运”。实行民间“支运”的漕粮到指定水次仓交纳，因路途遥远，很费时间，特别是江南各省的纳漕民户，运漕往返，有时要将近一年的时间，不仅耗费钱粮，而且也耽误农时，成为漕粮户的一大负担。

宣德六年（1431 年），改为“兑运”，即民运漕粮到淮安、瓜洲，兑给卫所，由运军运载到北京通州。成化七年（1471 年），朝廷又令淮安、徐州、临清、德州四仓改为就近到水次仓交兑。实行运军代替民运，由州县兑粮到北京交仓的长运法。这

通州的漕运码头

一改革，使得长江以南的纳粮户不必再运粮过江，从而免除了长途运输的劳役之苦。

但改为“兑运”后，因为要承担“耗米”，又使粮户的纳粮负担大大加重。朝廷规定，粮户向运军兑运，每石要额外交纳路费耗米，湖广地区 8 斗，江西、浙江 7 斗，南直隶 6 斗，江北淮、扬、凤阳 5 斗。后来，又加征鼠耗米，还有各种附加费，如船钱米、水脚银、脚用米、贴夫米、贴役米等，粮户实际纳粮超过漕粮正额的 2 倍，成为漕运地区粮户的沉重经济负担。

为了确保漕粮及时安全运抵京城，明朝还实行严格的漕粮运输制度，主要有“八定”，分别为定漕粮开仓兑运时限，定漕粮行程时限，定漕船修造及容载、定运军随带土宜、定漕粮漂流损失处罚、定漕粮挂欠处罚、定民运白粮漕规、定漕运禁令。后来甚至定漕运水程图，规定运船逐日填注行止日程，由沿途巡漕官员稽查。而漕运禁令则有 16 条，违反禁令，轻则包赔，重则充军处斩。

水陆驿站

为了保证明朝的漕粮能够安全地运送到北京，明朝在南京到北京之间，沿着大运河还设立了 53 座水陆驿站，每 30 千米设一座驿站，负责督促漕运，兼作邮送过

高邮盂城驿遗址

大运河沿线的驿站分布示意图

境公文的邮铺，并为过境官员提供住宿、膳食、舟车、民夫服务。这53座水陆驿站绝大多数都沿大运河而行，只有仪真驿过后的龙潭驿和龙江驿是沿长江而行并过长江的，这样通过大运河就将北京和南京紧紧联系在一起。明朝的《水驿歌》里唱道：“试问南京到北京，水程经过几州城？皇华四十有六处，途程三千三百零。”可见这53处驿站中仅水驿就有46处。高邮盂城驿是目前大运河沿线唯一保存完整的水陆驿站，是中国邮驿的“活化石”。

第四节
运河上的商帮

商品经济的发展

明代漕运制度的实施，保障了京师皇室和百官、六军的物资供应，有利于拱卫京师、保卫边防，对明朝的政权巩固和国家统一起到了重要作用。明代的漕运制度，还促进了商品的流通，使得漕运成为沟通南北的经济大动脉，对促进运河地区的经济发展起到了重要作用。特别是明文规定漕船可以顺便带一定的土宜产品，兑完漕粮后，还可以满载私货而回，进一步加快了各地商品的流转，促进了运河地区商品

满载物资的大运河运输船

经济的发展，甚至促进了明后期资本主义萌芽的出现。

明代运河地区棉花、蚕桑、果树等商业性农业的发展，棉纺织、丝织、出版印刷、砖瓦制作等手工业的发展，都离不开运河的沟通作用。随着运河南北经济联系的加强，运河地区逐渐形成了一个统一的区域市场。北部地区作为农业生产基地是江南手工业产品的销售原料生产市场，同时，江南作为手工业生产基地也是运河北部地区农产品销售和加工生产市场，从而实现了自然资源的重新配置，优化了运河地区的经济发展，促进了运河地区商品经济的发展。

明朝时期，在运河沿线兴起了一批工商业城市，如通州、天津、临清、济宁、张秋成为运河北部的经济中心；而南方的扬州、苏州、杭州的商品经济则更加繁荣，出现了资本主义的萌芽，如丝织业从农副业中分离出来，成为一个发达的产业，苏杭城内聚集了大量的“城机”。这时，不乏拥有数十织机、雇佣数十雇工的工场手工业主。① 榨油业、酿酒业中也都出现了资本主义的萌芽。

明代出现的大型织机

① 陆粲在《庚巳编》中记载，万历时苏州“里人郑灏，其家有织帛工、挽丝佣务数十人”。

明代五大商帮

随着商品经济的发展，明代的商帮开始产生并发展。商帮是我国历史上由地域关系联系在一起发展的商业集团。他们已经积累了大量资本，各自在所在地区具有相当发达的商业，在我国历史上产生过重要的影响。明代产生了五大商帮，分别是晋商、徽商、浙商、鲁商、粤商。

五大商帮中晋商出现最早，主要指山西及陕西的商人，他们以盐业、茶叶、票号为主，其中票号最为出名。在晋商称雄的过程中，一共树立了三座丰碑，分别是驼帮、船帮和票号。

徽商即徽州商人，又称为“新安商人”，俗称“徽帮”，是旧时徽州府籍的商人的总称。徽商最兴盛的时期在明代，经营范围以盐、典当、茶、木材为主，其次是米、谷、丝绸、纸、墨、瓷器等。

浙商一般指的是浙江籍的商人。先后产生过湖州商帮、绍兴商帮、温州商帮、台州商帮、义乌商帮等。明代时，江浙一带是我国经济较为发达的地区之一，商品经济发达，也产生了我国早期的资本主义萌芽。后来到了清代，浙商成为我国民族工商业的中坚之一。

鲁商是明清时期山东的商业群体，他们以“德为本，义为先、义致利”的商业思想著称，具有深厚的历史渊源和强大的生命力。鲁商有许多是亦工亦商，其经营方式是“前店后坊”，如周村生产经营烧饼、布匹的商人。

粤商主要指广东的商人。当时，我国的资本主义尚处于萌芽阶段，广东商人依靠广东的人文地理环境、发达的手工业以及与海外的密切联系，形成了我国的又一大商帮。粤商主要从事贸易和运输，鸦片战争后，随着商品流通的扩大、商品经济的发展，粤商与外国商人做生意的不断增加，形成了发达的海外贸易并和向海外大量的移民。

这五大商帮尽管形成和兴旺的时间并不相同，但他们先后支配了我国明代以来的民间贸易，并在一定程度上影响了全国的经济，构成了中国民族商业的主干力量。

第五节
苏禄王长眠运河畔

随着大运河作用的发挥，明朝国力日益强盛，周边国家纷纷与明朝建立朝贡关系。明成祖即位后，开始设置驿馆，鼓励海外各国前来朝贡。郑和下西洋之后，到中国朝贡的国家数量激增，到永乐末年达到 30 多个。① 这些朝贡的外国使节，无论是从广州还是从福建、浙江沿海登陆，都要经过大运河到北京，运河又被赋予了中外文化交流的新使命。朝贡使节不仅把本国的特产进贡给明朝皇帝，而且在贡品之外，又带了大量的私货，沿途交易，使运河沿岸的人们能够更多地享用海外名产，丰富了人们的物质生活。往来于运河之上的外国贡使和商人，也通过运河把明朝先进的文化带回自己的国家。

郑和下西洋

明朝时期，造船业发展到中国古代造船业的顶峰，造船工场遍布于全国滨江沿海各地，尤以江苏、福建、湖广、浙江等地最为发达。除民办的以外，还有官办的。洪武二十六年（1393 年），明朝廷规定："如或新造海运船只，须要量度产木、水便地方差人打造。"② 根据这个原则，各地出现了一大批官办船厂，其中最大的有南京的龙江船厂、苏北的清江船厂、山东的北清河船厂。

随着造船技术的完善，海上远航成为可能。郑和下西洋是明代永乐、宣德年间的一场海上远航活动，首次航行始于永乐三年（1405 年），末次航行结束于宣德八年（1433 年），共计七次。在七次航行中，郑和率领船队从南京出发，在江苏太仓的刘家港集结，至福建福州长乐太平港驻泊伺风开洋，远航西太平洋和印度洋，拜访了 30 多个国家和地区，其中包括爪哇、苏门答腊、苏禄、彭亨、真腊、古里、暹罗、

① 据《明史・成祖本纪》记载"受朝命而入贡者殆三十国"。

② 《明会典》卷二百。

榜葛剌、阿丹、天方、左法尔、忽鲁谟斯、木骨都束等地，已知最远到达东非、红海。

郑和下西洋是中国古代规模最大、船只和海员最多、时间最久的航海活动，也是15世纪末欧洲地理大发现以前世界历史上规模最大的一系列海上探险。然而，关于郑和下西洋的起因却众说纷纭。有人说是为了寻找在靖难之役中失踪的建文帝；有人说是为了宣扬大明威德，令蛮夷国家畏威怀德、输诚纳贡；也有人说是针对帖木儿帝国而采取的行动。不管怎么说，郑和下西洋在政治上使明朝在东南亚全面建立起华夷政治体系，扩大了中华文明的影响力；在经济上开拓了海外贸易，促进了明朝内部的生产发展。同时，郑和下西洋也为大航海时代的全球航行开了先河。

苏禄王的故事

苏禄国位于今天的菲律宾群岛的南部，早在宋元时期，中国的商人和商船就到达苏禄，用丝绸换取当地的珍珠和土特产。郑和下西洋，足迹远至非洲东岸，每到一地，都要向当地统治者宣读明朝皇帝的诏书，并邀请其来华访问。永乐七年（1409年）郑和船队经过苏禄国，明朝船队的威武气势和贸易物资的丰盛，给苏禄国的统治者留下了深刻的印象，使他们产生了强烈的与明朝通好的愿望。

明永乐十五年（1417年），苏禄群岛上的三位国王东王巴都葛叭哈剌、西王麻哈剌叱葛剌麻丁和峒王妻叭都葛巴剌卜，在东王巴都葛叭哈剌带领下，率家眷、官员共340多人的友好使团远渡重洋来明朝进行访问，经杭州、扬州沿大运河北上去北京。他们沿大运河北上时，明成祖已得到消息，他听说苏禄国三王一起来朝贡，十分高兴，要求运河沿线的地方官员热情接待，为使团提供充足的口粮和相关开销。八月初一，苏禄国使团来到北京，受到了明成祖朱棣的隆重接待。明成祖不但为他们举行了隆重的国宴，而且为他们举行了正式的册封仪式，封巴都葛叭哈剌为苏禄国东王，其他两位国王也受封，并赐诰命和袭衣。这样，苏禄王的名分确定，苏禄国得到明朝的正式承认。

在中国访问了27天后，三王辞归，明成祖朱棣又派人专程护送。九月初，沿运河行至德州时，东王巴都葛叭哈剌因为水土不服，加上旅途劳累，身染重病，不得已停船就医，但东王就此一病不起，于九月十三日病逝于德州。朱棣闻讯后悲痛万

天方
麦加
帖木儿帝国
忽鲁谟斯
霍尔木兹
阿丹
剌撒
佐法儿
麻林
竹步
木骨都束
溜山
郑和下西洋航线及航行该航线的航次
郑和下西洋航次的终点

郑和下西洋到达的地区示意图

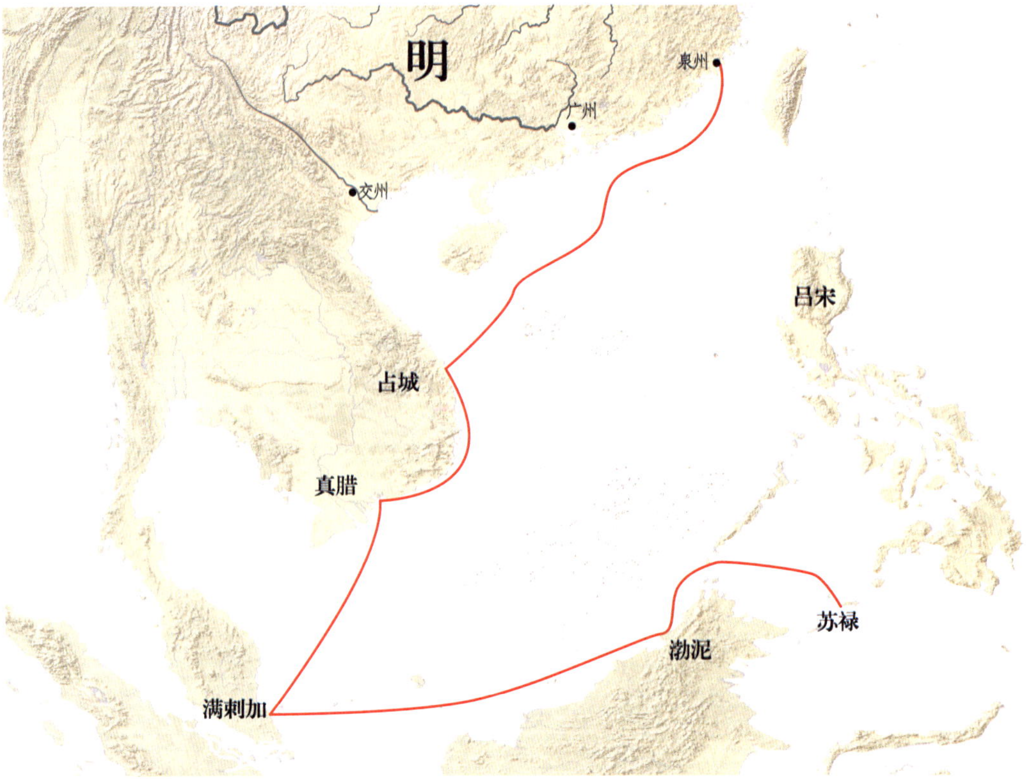

苏禄王来华航海路线示意图

分，立即派礼部郎中陈士启前往德州致祭，并抚慰其家人。朱棣还为苏禄东王写下悼文，追谥他为“恭定王”，按王礼将苏禄东王葬于德州。朝廷按照诸侯王的礼制，在德州城北为苏禄东王营建了陵墓，其陵墓南侧有御碑、石人、石马、石羊、翁仲等。碑文是由明成祖朱棣亲自题写。

东王下葬后，其长子都马含随西王、峒王等人回国继承王位。按照中国的礼俗，成祖让王妃葛木宁、次子温哈剌、三子安都鲁及侍从十余人留在德州守墓三年后返回。明朝对守墓的东王后裔非常照顾，不仅赐田免税，德州官仓还每人每月供给口粮一石。朝廷还从山东历城县拨来 3 户居民供东王守墓的后人役使。每当季节，德州地方官员都要祭扫东王墓。

由于留在德州的东王家人受到明朝廷的优厚照顾，三年守丧期满后，东王的次子温哈剌、三子安都鲁不愿再回到苏禄国，而愿长久留在德州为父守墓。他们按照中国的姓氏习惯，改姓安姓和温姓。永乐二十二年（1424 年），明朝政府派人护送

苏禄国东王墓的简介碑

王妃葛木宁回国，由于对东王的眷恋，次年她再次返回德州，从此再未离开，与两位王子长期留居德州，直到去世。现在的苏禄王墓东南方，有三个比王墓略小的土堆，便是王妃和王子的坟墓。经过数代繁衍，到明万历年间，安都鲁的后代已达到70多人，王墓附近已形成了一个苏禄人后裔的村庄。

返回苏禄国的王子都马含继承父王的东王位后，继续与明朝通好，不断遣使来明朝贡，永乐十八年（1420年）、十九年（1421年）、二十二年（1424年），三次派使来贡，其中，永乐十九年东王母亲派遣使节，贡献了一颗7两多重的特大珍珠，引起轰动。到今天，苏禄东王长眠在中国大地上已600多年，他的后裔安、温二姓已有500多人。

第六节
正德皇帝运河落水

大运河对明朝的经济发展、社会稳定和国家统一发挥了重要作用，但曾经有一位明朝皇帝在大运河落水，最后染病身亡，那就是正德皇帝。

戏剧性的人生

正德皇帝画像

正德皇帝朱厚照是中国历史上争议较大的一位皇帝。史书上对他有两种截然相反的评价。一种评价说他英明睿智，处事刚毅果断，批答奏章、决定国家重大事件勤勉有加，弹指之间诛灭宦官刘瑾，平息安化王之乱、宁王之乱，大败蒙古小王子，且多次赈灾免赋。而且，他在位时大臣中仍出现不少贤才，也从侧面反映出这位帝王总体上仍有可圈可点之处。尤其值得一提的是，在应州一战中，他与普通士兵同吃同住，甚至还亲手杀敌一人，极大地鼓舞了明军士气，从而大败鞑靼军。另一种评价说他为政期间荒淫无道，国力衰微，一生贪杯、尚武、无赖、喜好玩乐、荒淫暴戾、怪诞无耻，是少见的无道昏君。尽管后一种评价有失公允，但正德皇帝最后落水染病身亡，就与他喜好游玩有关。

大运河上落水

明正德十五年（1520 年）九月十五日，大运河上的重要港口淮安府清江浦上，一位衣着华贵、举止优雅的人正在水面上兴高采烈地划船打渔，岸边旌旗蔽日，侍卫如林，显然这不是普通渔民为了谋生的渔业活动。谁知道乐极生悲，船突然翻了，一个 30 岁左右的中年人掉进水中。旁边船上的人立刻像炸了锅似的，叫喊声震天，许多人不顾一切地跳进水里，把这位衣着华丽的中年人救上岸。这个人就是当时大明朝正德皇帝朱厚照。正德皇帝虽然保住了一条命，但受到了极大的惊吓，染上了重病。

原来，正德十四年（1519 年）朱厚照御驾亲征，平息宁王之乱，一路班师回朝。途经清江浦时，见水上风景优美，鱼儿在水中自由自在地游荡，朱厚照先是在水边钓鱼，后来干脆坐上小舟捕鱼起乐，可能是捕到鱼太兴奋了，他不慎落水。水呛入肺部，加之受惊过度，身体便每况愈下了。也可能他当时是受了惊吓，加上秋日着凉，引发了肺炎。

大运河淮安段的清江浦楼

总之，经过一路的旅途劳累，直到正德十六年（1521年）正月，正德皇帝一行才回到北京。正月十四日，他仍旧强撑，在南郊主持大祀礼。行初献礼时，他下拜天地，忽然口吐鲜血，瘫倒在地，再也爬不起来了。大礼不得不终止。当年三月，正德皇帝驾崩在豹房里，时年31岁。关于正德皇帝的死因众说纷纭，是否真是落水导致的死亡，真相不得而知。

明朝的衰亡

正德皇帝驾崩后，没有留下一个子嗣，也没有亲弟弟。群臣商议，将正德皇帝一位堂弟朱厚熜从封地请到北京，作为朱厚照父皇孝宗的过继儿子继承大统，这就是嘉靖皇帝。这位嘉靖皇帝最后闹出了“大礼议”事件，把大明朝廷折腾得天翻地覆，元气大伤。某种程度上说，正德皇帝在大运河上的落水，可以视为明朝命运的一个转折性事件，从此大明王朝不可逆转地走向衰落。

此后的明朝皇帝，几乎都是“宅男”，在位时间累加起来达93年的嘉靖、万历祖孙两任皇帝，更是长年隐居深宫，不肯接见大臣，使得朝中宦官当道，官场黑暗，明朝从此走向衰亡。明朝后期，由于国力已衰，内外交困，对运河的修缮也有心无力。如明朝中期为避开黄河运道的风险，先后开凿了南阳新河与泇运河，共费时60多年，但自邳州直河口以南到淮安清河一带仍旧借用黄河运道。一直到清代康熙年间才由靳辅开凿中河，运河方得以完全摆脱黄河运道。

明朝超大规模的漕运也激化了阶级矛盾。漕运制度的实行加重了老百姓的经济及劳役负担。有时，为了确保漕运还不惜害农，严重损害沿运河地区的农业生产。在淮扬运河沿线，洪水大时为了保运河河堤，官府实行分黄导淮，不惜打开归海五坝，放出运河水冲毁农民的田地，甚至房屋。而在山东会通河畔的缺水地区，为了保运河水源，严禁沿运地区农民开渠引水灌田，致使农田得不到及时灌溉，影响了农业生产。不断激化的阶级矛盾，引发了一系列的农民起义，如运河沿线的霸州刘六、刘七起义，山东郓城的徐鸿儒起义等。

明末此起彼伏的农民起义，严重动摇了明朝的统治。女真在东北崛起，多次进攻明皇朝的中枢北京。最终李自成农民起义军攻下北京城，而后吴三桂引清军入关，自北而南席卷全国，灭掉了明王朝，建立了清王朝。但大运河并没有随着明朝的衰亡而衰亡，反而在清代迎来了更加灿烂的落日辉煌。

第九章　满汉一统的权杖

清朝仍旧定都北京，继续沿用元明二代的南北大动脉——大运河，给王朝首都源源不断地运来粮食物资。大运河每年要为清朝运送数百万石的粮食，成为清王朝的生命线，因而，清朝的统治者十分重视大运河的修浚和漕运制度的完善。清代前期康熙、乾隆各六次南巡，主要目的就是为了治河，特别是清代对清口枢纽的多次维修，确保了大运河这条王朝生命线的畅通。

清朝末期，伴随着西方资本主义势力的不断涌入，清朝日趋衰落。第二次鸦片战争和席卷东南的太平天国起义，拦腰切断了北上的漕运线，清政府被迫将南方漕粮的大部分改为银钱征收，用作镇压起义的军饷。之后洋务运动的开展带来了新式的运输工具，以大运河为载体的漕运终于寿终正寝。

第一节
康熙、乾隆的运河南巡

康熙南巡与治河

康熙早年在宫廷的柱子上写了三藩、河务、漕运三件大事，作为他毕生要做的重要事情。河务和漕运实际上是一件事情，三藩平定后，实际上康熙重视的就是治河这一件事情。他穷毕生之力去治河，亲自钻研水利理论，从事广泛的实地调查，使河患大为降低。康熙帝在位期间，先后于康熙二十三年（1684 年）、二十八年（1689 年）、三十八年（1699 年）、四十三年（1704 年）、四十四年（1705 年）、四十六年（1707 年）六次沿大运河南巡。

康熙画像

治河和加强清朝对东南地区的统治是康熙南巡的主要目的。他详细视察了黄河下游和江苏境内的运河，提出了具体的治理要求和方案。他多次在淮安清口实地考察，在黄、淮、运交汇处进行水准测量，针对洪泽湖水位低于黄河水位的情况，当即提出了治理方案，有力地促进了治水工作的开展。后人将他的治水言论汇编成书，定名为《康熙帝治河方略》。康熙在大运河沿线留下了众多的治水遗迹。为了镇住淮河泛滥到运河中的洪水，康熙四十年（1701 年）曾经铸造了九头铁牛、两只壁虎

邵伯铁牛

和一只鸡，安置在淮扬运河的险工患段。淮扬运河沿线至今还流传着“九牛二虎一只鸡”的故事。

康熙的怀柔政策

康熙在南巡过程中，注重在政治、经济、文化上加强对东南地区的统治。在首次南巡归途经过山东曲阜时，他就亲自拜谒孔庙，行三跪九叩大礼，特地写了“万世师表”的匾额，悬挂在大成殿当中，并决定重修孔庙。康熙还到明朝的旧都江宁（南京），拜谒了明孝陵，并题写了“治隆唐宋”的碑文来褒奖明太祖朱元璋，目的是安抚东南一带乃至整个原大明版图内的汉人，同时也彰显清朝取代明朝的合法性，以这些举动笼络汉族士大夫阶层。康熙还沿袭明朝的科举制，特开博学鸿儒科，选拔才华出众的人才，开局纂修《明史》。康熙还在南巡江浙时，召试诸生 73 人，在被取中的 50 人中，江苏有 23 人、浙江有 13 人，江南的人数占了七成以上。康熙的这些做法不仅缓和了民族矛盾，而且为朝廷选择了适合于封建统治的人才，扩大了清朝政权的统治基础。

安作璋先生在其《中国运河文化史》中认为，从康熙六次南巡河工情况来看，他的治河思想前后有所变化。一是将民生提到重要位置，认定“百姓尽安畎亩之日，方是河工告成之时”；二是采取正确意见，改变了挑浚河口的主张；三是在总结研究前人治河经验和自己多年治河实践的基础上，形成了新的治河思想，即“上流既理，则下流自治”，并在第三次南巡中做了具体部署：深浚河底，改修清口，拆毁拦黄坝，引水归江，从而大大减轻了河患。

康熙巡河客观上推动了运河的治理，促进了东南社会安定，加快了社会生产的发展，不仅为清朝的强盛奠定了牢固的基础，而且开创了延及100多年的康乾盛世，为我国多民族、大一统的中央集权国家的发展和巩固做出了卓越贡献。

瘦西湖的五亭桥和白塔

乾隆六下江南

从乾隆十六年至四十九年（1751—1784年）三十余年间，乾隆六次南巡。前四次是陪着母亲前往江南，母亲病逝后，乾隆又两次率领臣下南巡。

乾隆历次南巡一般是正月从北京出发，陆路经直隶、山东到江苏的清口渡黄河，乘船沿运河南下，经扬州、镇江、丹阳、常州、苏州入浙江，再由嘉兴、石门抵杭州。回程时，绕道江宁，祭明太祖陵，检阅部队，于四五月间返回北京，往返水路行程约2900千米。

乾隆画像

江南地区是明末清初抗清斗争较激烈的地区，乾隆南巡对外所说是奉母览胜，其实是为了巩固清朝在东南地区的统治。乾隆南巡主要有五个目的：一是蠲免积欠钱粮，扩大减免范围，向百姓昭示仁爱之心。二是优待文人，加恩江浙士绅，还通过祀典形式，从思想上、文化上来笼络读书人。三是阅视河务、海塘，六次南巡中有五次视察河工，多次巡视海塘。四是巡视各地军队，加强对东南地区的军事统治。五是游览江南名胜，了解风土人情。

乾隆南巡的影响

乾隆六次南巡，对一向多事的东南地区的稳定确实起到了一定的积极作用。但是，六次南巡也对清朝社会产生了一些不良影响。乾隆在南巡过程中豪奢放纵，挥霍无度。与康熙南巡一般不让建行宫不同，乾隆巡幸所到之处的地方官员都要提前修路、建行宫。据《扬州行宫名胜图》记载，两淮盐商为迎接乾隆南巡扬州，曾先后集资修建和再建宫殿楼廊 5154 间、亭台 196 座，并大量购置其中的陈设景物。仅乾隆十一年至三十三年（1746—1768 年），两淮盐商就挪用应缴库银 460 多万两，代办贡品及预备差务之用。

关于乾隆南巡中的豪奢放纵，有一则“一夜成塔”的故事。相传当年乾隆南巡到扬州时，看到盐商所建的五亭桥，感慨说这里的景色很像北京北海的“琼岛春荫”，只可惜少了一座白塔。说者无意，听者有心，盐商为博龙心，便连夜用盐包堆了一座白塔。第二天，皇帝游湖时恰巧天公作美，下起了茫茫大雾，皇帝坐在龙舟上远远看去，隐隐约约确有白塔一座，不由得连声感慨：“盐商之财力伟哉！”但皇帝走后，盐商害怕起来：万一皇帝哪一次再来，看到白塔没有了，岂不犯了欺君之罪！于是，他们花万金购买北京北海白塔的图纸，建了瘦西湖上的这座白塔。

乾隆南巡时，地方官员为了讨好皇帝，探听爱好，访贫缉盗，拼凑政绩，盼着皇帝巡幸能够为自己打开升迁之路。皇帝身边的人也乘机打着皇帝的旗号向下面搜刮贡品，当时流行进呈玉器，由于督抚争取购买，致使玉价上扬。乾隆南巡沿途纵情山水，挥霍享受，回到北京后，还在北京和承德不惜人力、物力、财力，大兴土木，仿建东南名胜，兴建皇家园林，以图再现江南风光。乾隆六下江南浪费了大量人力、物力和财力，给民间带来了深重的灾难，也使吏治腐败不堪。

乾隆南巡过德州运河

乾隆六次下江南，五次住在宿迁皂河镇的龙王庙行宫，并建亭立碑。龙王庙行宫形成了现在占地 36 亩，周围红墙，三院九进封闭式合院的北方宫式建筑群。乾隆还曾多次经过杭州塘栖古镇，在塘栖留下了御马头和御碑。

康熙乾隆南巡的异同

安作璋先生认为，如果将康熙南巡和乾隆南巡的结果相比较，可以发现他们祖孙二人都是从封建统治者利益出发，在南巡过程中都注重宣扬封建的忠孝观念，通过祭祀孔庙、明陵以及有功的汉族大臣以笼络人心，都曾蠲免赋税、赈济百姓、治河、举行专门考试以招抚江南才子等。但由于康熙与乾隆所处的政治经济条件不同，加上两个人性格的差异，因而南巡的结果并不相同。康熙南巡，促进了运河区域社会的稳定，为运河区域以及整个清代社会的继续发展奠定了基础。乾隆南巡，客观上加重了封建政风的败坏，激化了阶级矛盾。乾隆中期以后是清朝由盛转衰的过渡时期，六次南巡则推动了这一转变的进程。

第二节
清口枢纽工程

清口的运河隐患

康熙、乾隆南巡治河的标志性工程就是清口枢纽。清口枢纽位于黄河、淮河与淮扬运河北段、中河交汇的位置，是明清两朝为了解决运河会淮穿黄的难题而修建的大型综合性水利水运枢纽，被称为“运河上的三峡大坝”。

12 世纪，由于人为的破坏，黄河向南改道，沿原淮河河道东流入海，这对淮河河水下泄造成了很大的影响。由于黄河泥沙含量较大，将原淮河河道不断淤积抬高，使淮河泄流日趋不畅，在清口上游潴积形成了洪泽湖。从 14 世纪起，黄河、淮河、运河交汇的清口地区就面临着由于黄河泥沙淤积而产生的河床抬升问题、黄河洪水倒灌入运河与洪泽湖的防汛问题、保障运河水位的供水问题，以及克服运河、淮河、黄河之间的水位差进行通航的工程问题。

明代的维修

明代就开始对黄淮运交汇的地区清口进行治理。15 世纪初，为了避免在黄河河道中行船面临的险滩等危险，疏浚宋代的沙河，将清江浦运河向西延长，使淮扬运河一直通到鸭陈口，漕船由清口附近进入黄河。同时在运河

清口枢纽葫芦岛俯瞰图

河道上建立一系列节制闸，以控制水流保障航运，其中包括清江大闸。

16 世纪，由于清口被黄河泥沙不断淤积抬高，使运河无法从淮河供水，并在汛期常常被黄河倒灌。为了解决泥沙淤积和运河供水问题，将西来的淮河河水储积在洪泽湖内，明代治水专家曾用不断加高加固洪泽湖大堤的方法，抬高洪泽湖水位，使其高过黄河水位，导引湖水从清口流出刷深黄河河道，并供应运河用水。同时将运口南移，远离黄河，以方便从洪泽湖供水，并在运口内建立多处闸坝，节制水位，防止淤塞，即所谓“束水攻沙”“蓄清刷黄”的方针。至此，具有防洪、挡沙和引水功能的清口枢纽初步形成。

清代的治理

到了清代，清口枢纽成为处置好与黄河、淮河的纠结关系，确保漕运畅通的关键。由于明末战争导致河道失修，在黄河水量大、泥沙含量高的情况下，清口枢纽持续受到泥沙淤积、河床抬高的影响。“河道淤塞，黄河逆灌，全淮南溃，屡塞屡决”[①]，严重影响着清朝南粮北运的漕运通道。

清代治理清口枢纽贡献最大的是康熙任命的河道总督靳辅及其助手陈潢。康熙

清前期运河与黄河、运河的关系示意图

① 靳辅：《治河方略》卷 4《漕运考》。

十七年（1678 年）治河正式开始，主要工程包括疏浚清江浦至云梯关下游河道，束水趋海；挑挖清口及烂泥浅引河 4 条，导淮放黄，防其倒灌；尽堵黄淮决口，创制坦坡以缓水势；深挑清口至清水潭 125 千米河道，开永安河。同时还开凿张家庄运口到清口的中河，使运河避开 90 千米的黄河之险。

陈潢沿袭明代的“束水攻沙”原理发明了“开引堵决法”，实现“缓水停沙”来治河，用沉积的泥沙加固堤防，使沙害变为沙利。在此基础上，张鹏翮于康熙四十一年（1702 年）开挖引河，导使黄河北行，远离清口，同时大挑清口内各引河，由 4 条增加为 7 条，此后十余年，清流顺畅，会黄入海，漕运无阻。经过清代对清口的大规模治理，彻底实现了黄运分离，大大降低了黄河对漕运的干扰和破坏，确保了清代的漕运安全。

清代的治水官员不断在清口枢纽调整改造相关工程设施，采取了导引淮河河水（引淮）、防御黄河决口（御黄）等多项综合措施，保障淮水顺利流出进行刷黄济运。引淮措施包括：不断加高洪泽湖大堤以蓄积淮河河水；开引河引洪泽湖水进入淮扬运河刷黄济运；建设转水墩、束清坝，以调控洪泽湖的水位来冲刷河床，并使湖水

洪泽湖大堤

三分济运，七分刷黄。公元1855年，黄河向北改道，夺大清河入渤海，清口水利枢组也失去了调整黄河、淮河与运河关系和保障运河航运的作用。

清口枢纽的价值

清口枢纽是为了解决运河会淮穿黄的难题而建设的大型综合性水利枢纽，体现了人类农业文明时期东方水利水运工程技术的最高水平，是大运河上最具科技价值的节点之一。针对黄河夺淮改变了淮河水系的状况，清口枢纽修筑了水流制导、调节、分水、平水、水文观测、防洪排涝等大型工程，成为枢纽工程组群，完整体现了“筑堤束水、以水攻沙、蓄清刷黄、济运保漕”的工程意图，堪称人类水运水利技术整体的杰出范例。

20世纪后，原清口枢纽陆续新建了淮阴船闸、淮沭新河、二河等水利设施，替代了原有清口水利枢纽调整淮河与运河的关系，运河与淮河的交汇处也采用了现代化的立交水道。而清口枢纽、洪泽湖大堤、清江大闸等大部分相关设施作为遗址或弃用，河道保存较好，总体格局基本维持历史原貌。

淮河入海水道的水上立交工程

第三节
满汉文化的融合通道

清王朝建立后，随着封建统治的稳固，经济得到全面恢复与发展，文化也出现了繁荣景象。清朝的运河连接了中国的政治中心和经济重心，促进了商业流通和发展，也促进了文化的交流和融合，特别是对清代文化的繁荣和满汉文化的融合起到了极大的促进作用。

融入中原文化

清王朝建立之初，最高统治者就强烈地意识到只有融入中原文化，才能稳固自己的统治。满人在征服和统治汉人的过程中，开始主动把自己的文化、语言和宗教

山东曲阜孔庙大成殿

与汉文化融合在一起。从清朝初年开始，清王朝便开展了以尊孔为主题的崇儒兴学活动。清朝皇帝不但授予孔子“大成至圣文宣先师”的尊号，还授予孔子后裔“衍圣公”等各种荣誉和特权。康熙每次沿大运河南巡，都要以天子之尊在曲阜向孔子像行三跪九叩之礼，并听取了孔子第六十四代孙孔尚任对儒家经典的讲解。在绍兴，康熙还拜谒中国儒家经典中上古圣君之一的大禹陵墓。

清朝统治者认为自古华夷本是一家，满族人本来就是广泛意义上的炎黄子孙，现在满族人只不过是重新回到华夏民族。清初要求汉人必须学满语，后来，则规定八旗子弟也必须接受汉文化教育，和汉人一样地拜孔子为尊，一样地参加科举考试，一样地使用汉文字作为科举考试的文字和使用汉语典籍作为考试参考书目。清朝初年统治者要求把汉人的文化典籍翻译为满文，但后来不但不这样要求，反而索性编纂了汉语的《四库全书》。

满族人作为第二个统一中国的少数民族，既没有刻意保留自己的宗教、语言、文化，也没有顽固抗拒满汉文化的融合。清政府编纂发行的《康熙字典》《四库全书》《古今图书集成》等书籍，在中国历史上占有重要的地位。这些书籍的形成，体现了清朝在继承汉文化的基础上，又进一步推进了中华文化的发展。清王朝的历代皇帝率先垂范，自身所拥有的文化造诣和人文修养，整体上不弱于之前的各代君主。这一点，与元朝统治中国时有着本质性的差异。其中关键就在于满族一开始就认同汉文化，之后又全面融入汉文化，加上清朝统治时间毕竟远远超过元朝，民族之间的隔阂逐渐消除，民族之间的习俗基本融合。

文学上的满汉融合

大运河对满汉文化的融合作用，在文学艺术上表现得尤为突出。清代运河流域的文学艺术，在发展过程中不仅广泛采纳黄河流域文化与长江流域文化的长处，还广泛吸收各民族，特别是满族的文学艺术精华，形成了一种体裁广泛、特点鲜明、感染力强、具有时代创新精神的区域文化。

小说是清代运河区域文化中的重要代表，其中以《红楼梦》为代表的一批白话小说，反映了满汉融合的时代大势。《红楼梦》的作者曹雪芹，本身就是正白旗人。他的祖父和父亲都是江宁织造，后家道中落，居住在北京西郊，创作了《红楼梦》

前80回。后40回，由汉族作家高鹗续写而成。《红楼梦》的作者和主要人物与大运河都有密切的关系，其中也写到了扬州、苏州等多个运河城市。这部作品通过剖析几大家族兴衰充分反映了运河地区社会现状，对运河沿岸风俗文化也多有描述，对研究清代运河区域文化有重要参考价值。

作为文学史上的一朵奇葩，清词是继宋词后的又一次高峰，而满人中能够填词的人数不胜数，最有名的就是写有 “人生若只如初见”的正黄旗纳兰性德。纳兰性德是一位笃好汉学而卓有成就的满族文人，创作了大量的诗词，其诗词既有汉家风范，亦有满族风情。在纳兰性德身上，满汉文化不再是对立的、冲突的，而是高度融合在一起，融入他的血液。他是清初满汉文化融合的一个典型代表人物，是满汉文化交融的一个使者。而因为饱读儒学经典，又在汉人知识分子群体中长期浸染熏陶，加上天赋过人，于是他作为一个满人在中国文学史上也占有了一席之地，尤其受到现今文艺青年的喜爱。他还主持编纂了一部儒学汇编——《通志堂经解》。

京剧与文化融合

大运河对文化融合起着促进作用的另一个实例是京剧的诞生。京剧源于明朝的昆曲和京腔，形成于乾隆、嘉庆年间，已有200年历史。历史上曾有皮黄、二黄、黄腔、京调、京戏、评剧、国剧等称谓。蔡桂林在《京剧：大运河留给世界的文化绝响》一文中介绍了大运河与京剧形成的关系。

乾隆四十五年（1780年）正月，乾隆帝第五次沿运河南巡。出发前乾隆就向各巡抚衙门发出御旨，要各地方戏曲班子汇集扬州，为他路经扬州时唱堂会。到达扬州的当晚，好戏开锣，十多个戏班使尽浑身解数，为乾隆献艺。乾隆离开扬州后，来自全国各地的戏班子并没有马上离开，他们聚集在扬州继续切磋交流。

在扬州演出的基础上，各戏班班主们商量后，一致决定结伴进京。戏班乘船沿着运河一路北上，

京剧始祖高朗亭雕像

每到一个集镇，戏班子就登岸演出，走一路演一路。在临清停留了一个月，培养了一大批京剧爱好者，因此，临清被称为京剧之乡之一。乾隆四十七年（1782 年）春天，一支荟萃了中国不同地方戏曲品种的演出队伍到达京城，在京城戏楼不断亮相，不同的戏曲文化相互切磋、不断融合，为京剧的诞生奠定了基础。到了乾隆五十五年（1790 年），在高朗亭的带领下，来自扬州的三庆、四喜、春台、三和“四大徽班”再次沿着大运河进京，为乾隆庆祝八十大寿。他们的演出唱红了宫廷，又走出红墙，唱红了民间。

就这样经过五六十年的融汇发展，徽班逐渐由诸腔杂呈局面走向和谐统一，与北京剧坛的昆曲、汉剧、弋阳、乱弹等剧种融合，最终衍变成以皮黄为主，兼容昆腔、吹腔、拨子、罗罗等地方声腔于一炉的新剧种。这样就诞生了红遍全国，甚至传播到世界各地，被称为“中国国粹”的京剧。

满汉融合与餐饮文化

在餐饮上最能体现文化融合的是满汉全席。这是一种集合中国满族和汉族饮食特色的巨型宴席，包括蒙古亲藩宴、廷臣宴、万寿宴、千叟宴、九白宴、节令宴 6 类宴席。满汉全席上菜一般至少一百零八种（南菜 54 道和北菜 54 道），菜式有咸有甜，有荤有素，取材广泛，用料精细，山珍海味无所不包。

清初，宫廷内满汉席是分开的，先吃满菜席，再上汉菜席，称作“翻台”。康熙年间，曾两次举办几千人参加的“千叟宴”，声势浩大，都是分满汉两次入宴。康熙 66 岁大寿举办宴席时，为了化解满汉不和，将两席的馔肴去芜存

红楼宴

精拼一席，由满人和汉人合做一种全席，称作满汉全席。后来沿袭这个传统，既有宫廷菜肴之特色，又有地方风味之精华；既突出满族菜点的特殊风味，烧烤、火锅、涮锅几乎不可缺少，同时又展示了汉族烹调的特色，扒、炸、炒、熘、烧等兼备，确实是中华菜系文化的瑰宝和最高境界。

建筑艺术与文化融合

清朝皇帝的多次南巡，将南方的园林艺术特点带到了北方，修建了承德避暑山庄、清漪园（颐和园的前身）、圆明园等皇家园林。被称为“万园之园”的圆明园也是文化融合的产物，乾隆六次南巡都有如意馆的画师一同前往，将他看到的江南名园绘成图样带回北京，在圆明园中仿建，艺术地再现江南风光。可以说，圆明园中的每座园子都是以江南名园为原型，有仿西湖的苏堤春晓、花港观鱼，有仿苏州的狮子林，有仿宁波的天一阁，有仿扬州的趣园。与此同时，满族的审美风格又影响到南方的园林，不少南方的园林建筑的也融合了北方皇家的建筑风格。如扬州瘦西湖的白塔就是仿照北京北海的白塔，瘦西湖的五亭桥、钓鱼台等建筑都具有北方皇家园林的风格。

扬州瘦西湖的钓鱼台和白塔

北京的皇家园林颐和园更是融合了江南园林和北方园林的长处建成的，是迄今保存最完整的一座皇家行宫御苑。颐和园利用昆明湖、万寿山为基址，以杭州西湖风景为蓝本，汲取江南园林的某些设计手法和意境建成，是一座大型天然山水园林，也是大运河沿线现存规模最大、保存最完整的皇家园林。颐和园诗情画意的构思、效法自然的布局、因地制宜的处理、建筑为主的组景、园中有园的手法等造园艺术，融合了苏州园林、扬州园林及北方园林的不同特点，亭台、长廊、殿堂、庙宇和小桥等人工景观与自然山峦和开阔湖面相互和谐、艺术地融为一体，是集中国园林建筑艺术之大成的杰作。今天我们对比西湖与颐和园的造景手法，可以看出颐和园对西湖的借鉴。

第四节
清末战争与运河漕运

1840年，中英爆发了第一次鸦片战争，最终以清朝的失败告终，随后英国军舰进入东南地区，延续两千多年的漕运被拦腰切断。接着爆发了席卷东南的太平天国起义，漕运再次被切断。从此，大运河和清廷的命运一样无可挽回地走向败落。同时，贡赋形式不得不发生改变，海运也代替了运河漕运。

吴淞之战与运河

清朝大运河的运输功能第一次受到严重打击是1842年的吴淞之战。当时第一次鸦片战争已经进行了两年，英国在东南沿海的广州、虎门、定海、宁波取得一系列的胜利，但对清廷的打击有限，而随后的吴淞之战对清政府的打击却是致命的。

道光二十二年（1842年）6月13日，英国军舰三十余艘侵入长江口，迫近吴淞口。两江总督牛鉴派人向英军求和，而提督陈化成坚持抗战。16日拂晓，英舰向吴淞炮台进攻。陈化成下令开炮，战斗空前激烈，持续达两个半小时。英军旗舰“皋华丽”号及其他各舰被击中多次，死伤20余人。尽管陈化成的部队坚持抗战，但因牛鉴从宝山溃逃，英军成功登陆。陈化成孤军奋战，最后和带领的官兵全部英勇战死。

民族英雄陈化成塑像

19日，英军水陆两路进犯上海县城。上海县城守军望风而逃，英军未遇任何抵挡就长驱直入占领上海县城。之后英军占据上海，长江入海口门户洞开。英军舰队得以溯长江西进，于7月20日进攻镇江。随后镇江失守，守军全

《南京条约》签订现场

部战死，江宁副都统海龄自焚殉国。攻下镇江后，英军又直逼南京。英军占领镇江后，便把大运河拦腰切断。南北交通大动脉由英军控制，漕运不能正常进行，这对清廷来说是致命的打击。没有大运河的漕运，清朝的统治就无法支持下去了，因此，道光皇帝才决定和英军谈判，清政府被迫签订了丧权辱国的中英《南京条约》。

太平天国起义与运河

第一次鸦片战争后，中国开始沦为半殖民地半封建社会。西方列强凭借不平等条约，从政治、经济等各方面大肆侵略中国。外国工业品大量倾销，使中国城乡手工业受到严重摧残，农民和手工业者纷纷破产。清政府为了支付战争赔款，弥补财政亏空，加紧横征暴敛，增加税收一至三倍以上。地主阶级乘机兼并土地，加重剥削。广大农民饥寒交迫，纷纷揭竿而起。鸦片战争后十年间，各族人民爆发的反清起义达 100 多次。

1851 年，洪秀全领导的大规模的太平天国农民起义终于爆发。1853 年，太平军一举攻克江南重镇南京，改南京为天京，正式建立了与清朝对峙的政权。之后太平军占据东南一带的富庶地区，运河沿线的主要城市包括扬州、清江浦、临清、苏州和杭州等遭受重创，1855 年 6 月，黄河在兰考铜瓦厢决口，于阳谷张秋镇穿过运河夺大清河入海，不仅影响航道，还造成了运道补水不足，通航困难，运河山东段逐渐淤废，运河漕运中断，再也不能正常地将南方的漕粮物资转运到北京。湘军、淮军平定太平天国后，大运河也没能因朝廷军事上的胜利而重现辉煌。清政府虽然采取了许多措施，但仍未能从根本上解决问题。到了清末，由于内忧外患，清政权岌岌可危，无力顾及运河之事，因此逐渐放弃了修复运河的计划。

贡赋形式的转变

太平天国起义另一个重要影响就是对清朝贡赋制度的影响，这直接导致了大运河漕运的终止。鸦片战争中英国人用坚船利炮打开了清朝的国门，西方列强发现了清政府的软弱，于是纷纷侵略清朝。清政府被迫与西方列强签订了一个又一个丧权辱国的不平等条约，要向列强赔付大批银两，使白银的需求上升，这又促使清政府改变贡赋的形式，用征收白银代替了征收粮食。特别是清政府在镇压太平天国起义的过程中，将江南诸省的漕粮改为折银征收，用于支付湘军、淮军的军饷。太平天国失败后，漕粮折征款项仍为湘、淮军阀及地方所有，并不上交朝廷。这一做法深深影响了运行了两千多年的漕运制度，并最终造成了漕运的终结。

漕运改以海运为主

长江以南地区过去一直是清政府重要的漕粮征集地，太平天国在这些地区活动或建立根据地，从根本上掐住了清政府漕运的喉咙。在长达 14 年的战乱中，仓廒和船只被焚毁殆尽，使大运河没有办法正常行漕，在一定程度上打乱了清政府的漕运秩序，使清政府在江浙一带的漕运几乎处于瘫痪状态。从咸丰三年（1853 年）开始，部分漕粮改由海运至天津。当时天津为沿海通商口岸，依托海运兼河运之利，很快成为一个近代口岸城市。同治年间（1862—1874 年），漕粮改以海运为主，仅十分之一仍由河运。之后，海运逐步取代了运河运输。同时，资本主义商品经济开始发展，市场上随时能够买到粮食，也使漕运的必要性大大下降。这些因素，最终导致了漕运的衰亡。

第五节
洋务运动与漕运终结

洋务派和洋务运动

经过两次鸦片战争的失败，以及太平天国的打击，清朝内外交困，开始认识到西方坚船利炮的威力。曾国藩、李鸿章等曾借助欧美外国人镇压太平军，见识过西方的军事力量和科技水平。为了解除内忧外患，实现富国强兵，以维护清朝统治，经过权衡和思考，他们开始学习西方文化及先进技术，这一部分人被称为洋务派。洋务运动是 19 世纪 60 年代到 90 年代晚清洋务派所进行的一场引进西方军事装备、机器生产和科学技术以挽救清朝统治的自救运动。

洋务运动前期，洋务派主要是以“自强”为旗号，采用西方先进生产技术，创办了一批近代军事工业。在李鸿章等人的主持下，江南机器制造总局、金陵制造局、福州船政局、天津机器局等一批大型近代化军事工业相继问世。短短几年中，清朝就已经具备了铸铁、炼钢以及机器生产各种军工产品的能力。他们还开办了天津北洋水师学堂、威海水师学堂、江南水师学堂、江南陆军学堂等一批军事学校。洋务运动后期，洋务派为解决军事工业资金、燃料、运输等方面的困难，打出“求富”的旗号，兴办了一批民用工业。

新式运输工具的出现

1872 年，李鸿章在上海建立了轮船招商局。这是洋务派创办的第一个民用企业。招商局开办仅三年时间，就为清政府回收了 1300 多万两银子，还将业务发展到外国，打破了外国航运公司的垄断局面。随着江南造船总局设立，中国能够制造用蒸汽机作动力的现代轮船。设在上海的轮船招商局开始使用吨位大、抗大风大浪的现代轮船走海路向北方运送粮食，从此，大运河在漕运中变得无足轻重了。

上海轮船招商局旧址

而铁路的修建对大运河的漕运影响最大。处于封建末世的中国先进知识分子，在观察到铁路这一惊人的新生事物之后，深深为之吸引。如林则徐编译的《四洲志》、魏源的《海国图志》、徐继畬的《瀛环志略》、洪仁玕的《资政新篇》等书都对铁路做了初步介绍。但铁路真正得以在中国修建，却经历了一个曲折的过程，直到光绪七年（1881 年）才建成从唐山到胥各庄全长 11 千米用于捡煤的铁路。1906 年，连接汉口和北京的京汉铁路全线通车。之后，北京至天津、南京至上海、南京至天津的铁路陆续通车。詹天佑于 1909 年主持修完建成中国自主设计并建造的第一条铁路——京张铁路。

洋务运动带来了轮船、铁路等现代交通工具，使以大运河为通道的漕运有了替代线路，大运河的漕运受到了致命的打击。1901 年，清廷停止了大运河的漕运，1904 年撤去了漕运总督之职。在铁路运输和轮船海运的夹击下，大运河终于完成了其历史使命。

海运与河运之争

因为漕运的耗费巨大，而且原漕运制度运行多年，各级管理机构腐败不堪，实际上，在清代后期就有人提出废止漕运。嘉庆年间，协办大学士刘权之就上疏说，从南方运来的漕粮运抵京仓，公私费用每石需要18两白银，一年400万石漕粮，需要7000多万两白银，再加上治河需要的巨额资金，浪费太大了。用于漕运和治河的巨大开支，也加剧了清政府的财政匮乏，加深了清王朝的统治危机。

据《清续通考》记载，嘉庆十五年（1810年），清廷曾打算将江浙漕米就近交给商船海运，但因遭到两江总督勒保等人的反对，未能付诸实施。道光四年（1824年）黄河水骤然暴涨，高家堰漫口，从高邮、宝应至清江浦，河道浅阻，漕船没办法行驶。因此，海运之议复起。道光六年（1826年），皇帝下诏将江苏的苏、松、常、镇、太仓四府一州的漕粮改为商船海运。两次往返，共计运粮156万石。海运航程虽远，但只花了10多天就能到达，不仅速度快，而且经济效益也高，仅耗米就比“屯丁长运”节省6万石。这一尝试，充分显示以大运河行漕的漕运已走向了穷途末路。

光绪二十七年（1901年），清政府决定“自本年开始，直省河运、海运，一

北京皇家粮仓南新仓遗址

过去的漕运码头成为今天的游客码头

律改征折色”，但未完全兑现。其后每年仍由招商局轮船海运百余万石漕粮抵达天津。因漕粮逐渐减少，漕运规模大为缩小，而且从原来纯粹由政府组织和经营的方式，转为政府出资、商人承运的新形式，与一般商运已无太大差别。这表明传统的漕运已走向末路。辛亥革命后，国民政府田赋全部改征现金，漕运没有了，运河上的一些漕运设施成为文化遗产，而大小码头则继续发挥作用，成为商业运输和民用的码头。

漕运废止的影响

漕运的衰亡体现了中国封建社会后期赋税的进一步货币化，有助于农村商品生产的发展，符合社会发展的规律。但是，作为延续两千多年的封建社会的大政方针，漕运的终止给当时的社会带来了很大的冲击，尤其是对大运河及沿运地区造成严重的社会问题。

一是河患频繁，运河废弃。漕运的衰亡使大运河不再是清朝的生命线，清政府不再在“治河保漕”上投入，对运河的治理放任不管。随后大运河逐渐中断，变为多条局部通航的地区性运河，除江南、淮扬、浙东、鲁南及南北运河等水段外，其他河段逐渐淤废。

二是带来失业人口的增长。靠漕运谋生的水手、纤夫及河工达数百万人，漕运的改制和废止促使一大批依赖漕运而生存的人口失业。漕运停止后，沿运河地区失业人口激增，很多人无家可归，于是加入反对清政府的农民起义中。更多的则因为没有其他的谋生手段，沦为流民。

三是沿线城镇商业的迅速衰败。漕运的废止，沿运的城镇商业明显凋敝，运河第一钞关所在地临清迅速衰落，沦为一个小镇，运河重镇济宁也失去了往昔的繁华。曾经是天下第一的扬州，也因漕运的废止，从国际化大都市沦为一个三线城市，而其地位被处在长江与大海交汇处的上海所代替。

1912 年，中国封建王朝的最后一位皇帝溥仪宣布退位，大运河漕运和古老的帝国一起成为历史。当然，作为中华民族骄傲的大运河并没有像漕运一样就此消亡，而是在经过一段时间沉寂后，在新中国又迎来了更加辉煌的新生。

附录 大运河申遗与运河文化复兴

大运河是中国古代创造的一项伟大工程，是世界上开凿较早、距离最长、规模最大的运河，充分展现了我国古代劳动人民的伟大智慧和勇气，一部运河史就是中华民族的发展史，大运河承载着中华民族的悠久文明和历史，是一部书写在华夏大地上的宏伟诗篇。新中国成立后，对大运河进行了多次整治，古老的运河又恢复了生机与活力，成为中国东部的交通大动脉、生态大走廊和文化遗产带。

进入 21 世纪，大运河更是在文化意义上获得了新生，大运河先后经历了申报世界文化遗产，大运河文化带建设，大运河国家文化公园建设的三个过程，大运河文化的保护传承利用成为全社会共同的责任，大运河文化带建设上升为国家战略，新时代大运河文化传承创新成为大运河的新使命。

第一节
大运河的整治与现状

大运河的整治

漕运停止后，大运河的功能并没有就此消亡。中华人民共和国成立后，一直对大运河进行着修复和整治。为了让古老的运河跟上时代前进的步伐，从20世纪50年代的大规模整治，裁弯取直，到21世纪的航道等级改造，国家对大运河进行了多次现代化改造，努力建成畅通、高效、平安、绿色的大运河。同时，国家还大力发展“绿色航运”，在航道整治中引入生态理念，以减少对原有生态环境的破坏。这不仅使货物运输量稳步提高，也使沿线水环境和生态环境得到不断改善。经过数十年的现代化治理，大运河北方段部分恢复航运，山东济宁以南的河段一直保持畅通，成为连接山东、江苏、浙江三省沟通淮河、长江、太湖和钱塘江水系，纵贯中国东部沿海地区的水运主通道。

千帆竞发的大运河

大运河的运输功能

大运河因水运而生，是南北物资运输和长三角经济的水上重要通道，也是世界上最繁忙的运输航道之一，有10万多艘船舶常年在运河上航行。山东济宁以南大运河全年通航河段达 875 千米，大运河黄河以南段季节性通航里程达 1050 千米，年货物运输量达 5 亿吨。[①]“十一五”期间，江苏投资 100 亿元对大运河江苏段进行改线扩容。2010 年底，苏北运河经过 6 年建设，全线达到二级航道标准，承担了江苏北部地区绝大部分经济发展所需原材料的运输。2019 年，大运河苏北段年船舶通过量达 4.2 亿吨，货物通过量达 3.15 亿吨，相当于 5 条京沪高速、10 条京沪高铁、3 个葛洲坝的运量。到“十二五”末期，苏南运河全线达到了三线航道标准，大量的煤炭、建材、农产品、工业原材料和产成品，均通过本段运河进出，年货运量到 2018 年达到 2.2 亿吨。

大运河的水利功能

大运河是我国古代伟大的水利工程，今天，古老的大运河成为国家南水北调东线工程的输水通道。1957 年，以大运河苏北段为输水主通道的江水北调水利工程建设开工，受益面积达 6.3 万平方千米。2002 年，国家又启动了南水北调东线工程，利用大运河为输水主干线逐级提水北送，南水北调东线送水一期工程设计抽江水能力为 500 立方米 / 秒。随着南水北调东线一期工程的完成，一江春水已通过大运河调到山东、河北、天津、北京。2013 年通水以来，6 年时间累计调水 40 亿立方米。此外，大运河还发挥着巨大的排涝、灌溉、供水、沿河城镇建设等综合功能。

大运河的生态功能

大运河还成为我国东部地区的生态调节器。全长 3200 千米的大运河，沟通五大自然水系，沿线有微山湖、骆马湖、洪泽湖、高邮湖及太湖，众多湖泊河流、水面湿地，是中国东部一个巨大的生态调节系统。我国政府从生态文明建设的高度出发，在运河沿线全面开展断污工程，关停一批沿线的工业企业，禁止周边的工厂工业污水、渔民生活污水、居民生活污水进入大运河。保护和建立了多样化的乡土生态系统，维护和恢复河道的自然形态，保护和恢复湿地系统，将运河两岸防护林体系与城市绿地系统相结合，实现人居环境的可持续性发展，为沿岸人民打造适宜人居的母亲河。

① 国家发改委：《大运河文化保护传承利用规划纲要》，2019 年 2 月。

第二节
大运河保护与申遗

保护与申遗之路

进入 21 世纪，随着世界遗产理念的深入人心，大运河遗产的保护与申遗进入国家决策层的视野。2006 年和 2012 年，京杭大运河和隋唐大运河、浙东运河分别被国务院公布为第六批和第七批全国重点文物保护单位。2009 年，大运河被列入中国 2014 年申报世界文化遗产项目。从 2006 年开始到 2014 年，大运河申遗经历了 8 年。

申遗的大运河名称叫作中国大运河，包括隋唐运河、京杭运河和浙东运河三部分，就是历史上承担漕运任务的大运河主航线。它有着 2500 多年的历史，流经 8 个省级行政区、35 座城市，长达 3200 千米的大运河流经地区的市域面积占国土面积的 3.22%，人口占全国人口的六分之一，GDP 占全国的四分之一。大运河被《国际

第 38 届世界遗产大会现场

古迹遗址名录》评价为世界科技史上最有价值的运河，大运河沿线蕴藏着丰富的物质遗存和非物质文化遗产。2014 年 6 月 22 日，在卡塔尔首都多哈召开的第 38 届世界遗产委员会会议上，大运河被列入世界遗产名录。成为世界遗产的大运河共包括 27 段河道、58 个遗产点，总长度 1011 千米。

申遗成功的意义

作为世界上开凿历史较早、沿用时期最久、长度最长的人工运河，大运河的价值非凡。大运河申遗成功对于提高大运河的国际知名度，提升沿线人民对运河遗产的保护意识，更好地保护传承运河文化都有着积极的意义。

一是大运河申遗使世界遗产的保护理念深入人心。在申遗过程中，世界遗产的保护理念在中国 8 省、直辖市和占中国总人口三分之一的人群中得到广泛传播并深入人心。沿线人民通过大运河申遗，对于自己历史文化的自觉和反思在提升，文化自信心在提升，自觉投入到大运河遗产保护的事业。

二是大运河申遗形成了跨部门跨地区的遗产保护协调机制，推进了运河遗产的保护。在申遗过程中，沿线 8 省（市）和国务院 13 个部门建立了跨地区、跨部门协商机制，颁布实施了大运河遗产的专项保护法规，制订了市级保护规划，完成了大运河全线遗产资源调查；组织实施了一批大运河遗产保护、展示工程，大运河遗产的保护管理水平得到显著提升。

三是大运河申遗唤起了全社会对运河遗产的保护意识。在大运河申遗巨大的影响力和号召力推动下，社会各界对大运河保护给予高度关注，掀起认识、研究、保护大运河的社会热潮。大运河不仅成为增强文化凝聚力、创造力、亲和力的精神家园，更逐步成为广大人民宜业宜居的美好家园，成为地方文化建设和经济社会发展的新亮点。

四是大运河申遗促进了运河沿线经济社会文化的大发展。大运河申遗成功，对于整合运河资源、扩大运河文化影响力、拓展运河经济起到重要作用。运河沿线有众多因运河而兴的城市，重新认识到作为王朝时代的“高速公路”——大运河的枢纽给城市带来的无穷福祉，也为之后大运河文化带建设和大运河国家文化公园建设的提出打下了坚实的基础。

第三节
大运河文化的传承与复兴

大运河文化带建设

与中华民族伟大复兴几乎同步，大运河在成为世界遗产后也迎来了复兴的机遇。2017 年，习近平总书记两次对大运河保护利用工作做出重要讲话和批示："保护大运河是运河沿线所有地区的共同责任。""大运河是祖先留给我们的宝贵遗产，是流动的文化，要统筹保护好、传承好、利用好。"习近平总书记讲话和批示为推进大运河文化带建设指明了方向。2019 年 5 月，中共中央办公厅、国务院办公厅印发了由国家发改委组织编制的《大运河文化保护传承利用规划纲要》（以下简称《规划纲要》）；2019 年 6 月，国务院办公厅发文同意建立由国家发改委牵头的大运河文化保护传承利用工作省部际联席会议制度，从而使大运河文化带建设上升为国家战略。大运河文化带建设的提出，使大运河文化的全面复兴成为可能。

《规划纲要》对大运河文化带的功能定位主要是打造"三个带"：继古开今的璀璨文化带、山水秀丽的绿色生态带、享誉中外的缤纷旅游带。同时，文件提出要建设京津、燕赵、齐鲁、中原、淮扬、吴越六大文化高地。另外，文件还确定了三个阶段性目标。到 2050 年，大运河各类文化遗产焕发新的生机与活力，河湖安澜有序，环境优美宜居，"千年运河"文化旅游品牌享誉中外，大运河宣传中国形象、展示中华文明、彰显文化自信的名片作用更加突出，成为中华民族伟大复兴中的一幅辉煌画卷。

在大运河文化带建设的热潮中，运河沿线城市普遍加强了对大运河文化的研究。一批运河研究机构相继成立。江苏省成立了大运河文化带建设研究院，并在沿线城市成立了分院。聊城大学成立了运河学研究院；扬州大学成立了大运河研究中心和中国大运河研究院。一批研究成果相继面世。"京杭大运河遗产保护出版工程系列丛书"、《中国大运河百问》《中国运河志》《中国大运河遗产》《中国大运河文化》

北京通州的大运河文化广场

《中国大运河·扬州》《大运河文化的传承与创新》等图书相继出版。反映运河题材的小说《北上》还获得了茅盾文学奖。

大运河国家文化公园

大运河国家文化公园建设是大运河文化带建设中的一个标志性工程。2019 年 7 月 24 日，中央全面深化改革委员会第九次会议审议通过了《长城、大运河、长征国家文化公园建设方案》（以下简称《建设方案》），提出计划用 4 年左右时间，到 2023 年基本完成长城、大运河、长征国家文化公园建设任务。

2021 年，国家发展改革委等七部门印发的《文化保护传承利用工程实施方案》要求，到 2025 年，大运河、长城、长征、黄河等国家文化公园建设基本完成。

按照《建设方案》，大运河国家文化公园根据文化遗产和文化资源整体布局、禀赋差异及周边人居环境、自然条件、配套设施等情况，结合国土空间规划，重点建设管控保护、主题展示、文旅融合、传统利用4类主体功能区。

联合国教科文组织特别授予《遇见大运河》团队"文化遗产传播保护使者"荣誉称号

2019年9月27日，大运河国家文化公园建设推进会在扬州召开。2020年1月9日，作为先行省的《江苏省大运河国家文化公园建设保护规划》通过了专家评审。沿线城市纷纷行动，积极投入大运河国家文化公园建设。无锡大运河国家文化公园规划为"两园三带十五点"。扬州以重点工程引领大运河国家文化公园建设，提出要打造"三带一廊"作为大运河文化带扬州段建设的总体布局，高质量打造扬州古运河文化旅游带、京杭运河绿色航运示范带和南水北调东线源头生态带、江淮生态大走廊。

大运河文化的传承与复兴

2020年11月13日，习近平总书记在视察扬州三湾运河公园时说："千百年来，运河滋养两岸城市和人民，是运河两岸人民的致富河、幸福河。希望大家共同保护好大运河，使运河永远造福人民。生态文明建设关系经济社会发展，关系人民生活幸福，关系青少年健康成长。加强生态文明建设，是推动经济社会高质量发展的必然要求，也是广大群众的共识和呼声。要把大运河文化遗产保护同生态环境保护提升、沿线名城名镇保护修复、文化旅游融合发展、运河航运转型提升统一起来，为大运河沿线区域经济社会发展、人民生活改善创造有利条件。"习近平总书记的重要讲话为大运河文化的传承与复兴指明了方向。

大运河是因为漕运而形成的共有文化长廊，经济文化建设都要作"带状"思考，无论保护和利用都要作为一个整体。因此，建设大运河文化带就是让沿线城市共同发力，要构建多省市、多部门合作的协调联动机制，同时还要对接国家重大发展战

《遇见大运河》剧组在国外演出时展示中国大运河长卷

略，包括对接京津冀协同发展，服务雄安新区建设，强化与长江经济带衔接，融入“一带一路”整体布局。另外，还要充分发挥大运河重要节点城市对外连接和窗口作用，拓展与东亚、东南亚、欧洲等地区的贸易、文化往来，将大运河建设成为传播中华优秀文化的前沿窗口。杭州歌舞剧院排练的歌舞剧《遇见大运河》，在大运河沿线城市演出106场后，又先后到法国、德国、希腊、埃及演出，并走进联合国教科文组织，成为传播大运河文化的一次成功尝试。

历史上的王朝大动脉——大运河，今天成为一条积淀丰厚的文化遗产长廊，沿线文化遗存众多，文化资源十分丰富。众多的文化资源为大运河文化的传承与复兴，提供了重要的资源、灵感与思路。切实保护和传承好大运河文化，不仅具有丰硕的历史文化价值，而且具有巨大的经济社会价值。推进大运河文化的传承与复兴，就是要更好地挖掘、保护、传承大运河文化，并创造新的运河文化，使大运河成为展示和传播中华优秀文化的大长廊。要加强对大运河文化的传承弘扬，打造新时代大运河文化，让大运河再次焕发青春，在中华民族伟大复兴的进程中继续发挥重要作用。

后　记

中国运河史就是一部中国的王朝史。中国大运河是世界上长度最长、沿用时间最久，发挥作用最突出的一条运河。如此宏伟壮阔的一项工程，充分体现了中国古代劳动人民的聪明与才智。大运河在维护和巩固中华多民族国家的统一，发展运河区域甚至全国的经济，推动中国南北以及中国和国外的经济、文化交流方面发挥了不可替代的作用。本书主要介绍大运河是如何影响王朝运行的，涉及年代是从东周到清代，最后也在《附录》中对 21 世纪大运河的申遗和运河文化的复兴做了简单介绍。

本书写作过程中，参考书目近百种，谭其骧、安作璋、邹逸麟、张廷皓、刘曙光、侯卫东、王永波、蔡蕃、张谨、赵云等诸位先生在此之前对运河所做的研究给予我正确的方向指引，在此表示感谢。本书参阅了国家文物局主持编制的《中国大运河申遗文本》、国家发改委主持编制的《大运河文化保护传承利用规划纲要》等资料。

本书的写作还得到了黄晓帆先生、李广春先生、侯振峰、崔道峰先生在资料收集与分析方面的大力帮助，得到了文蓉、陈跃、文啸、高南健、吴益群、张芸、张益、孙明光、谢青桐、李国耀、朱翔龙、刘奇斌、崔金、周泽华、黄建军、崔佳明、潘娟、姜跃岭、杨小茹、薛志坚、陈相辉、董辉、刘江瑞、张卓君、张元奇、吴同祥、郭梦源、王支援、刘东华、张秋、郭世军、季文静、张秉政、訾季红、刘颖、萧加、丁春勤、石晓光及大运河沿线城市的同行在图片、制表等方面的大力帮助，在此一并表示感谢。部分图片因时间久远，未能找到作者，请作者与本人联系，以便奉上稿酬。特别要感谢吴益群老师为本书绘图，潘娟老师为本书校稿，地图出版社的诸位老师，为本书所做的大量编辑校对工作。

因本人水平有限，本书写作时间仓促，难免有疏漏甚至谬误之处，还请诸位读者多多批评指正，以便以后修改提高。

作者于 2021 年 4 月 30 日